"十四五"职业教育国家规划教

"十二五"职业教育国家规划教材
经全国职业教育教材审定委员会审定

本书第3版曾获首届全国教材建设奖全国优秀教材二等奖
国家精品在线开放课程配套教材

文献信息检索
实用教程
第4版

文献检索——文献管理——文献分析——文献利用

陈萍秀◎主　编

徐春玲　于蓓莉◎副主编

蒲　攀　屈仁春◎参　编

机械工业出版社
CHINA MACHINE PRESS

本书第 3 版曾获首届全国教材建设奖全国优秀教材二等奖，是"十四五"职业教育国家规划教材，也是国家精品在线开放课程的配套教材。

第 4 版在汲取前三版精华的基础上，积极融入数字化技术和理念，实现了内容的全面升级，不仅保留了传统纸质教材的优点，更通过丰富的数字化资源和互动功能，为读者打造了一个高效的学习平台。

在数字化时代，本书注重培养读者的数字化思维和信息素养，让读者能够熟练地运用数字化技术进行信息检索和处理。全书共 8 个模块、28 个单元，深入浅出地介绍了文献信息检索的基本概念、原理和方法，同时结合大量数字化实践操作示例，帮助读者轻松掌握检索技巧，提升信息素养和竞争力。

本书内容实用、全面且系统，贯穿了文献信息检索与利用的全流程，是高职院校和本科院校文献信息检索课程的理想教材，也是科技人员和图书馆工作人员检索科技信息资源的实用指南，更是广大读者自学和提高信息素养的得力助手。

本书数字资源丰富，包含 49 个微课视频、57 个音频、16 个操作示例、36 套在线测试，读者扫描书中二维码，即可沉浸式学习文献信息检索技能。

本书配备了电子课件，凡选用本书作为教材的教师均可登录机械工业出版社教育服务网 www.cmpedu.com 免费下载。如有问题请致电 010 - 88379375 咨询。

图书在版编目（CIP）数据

文献信息检索实用教程／陈萍秀主编. -- 4 版.
北京：机械工业出版社，2024. 8（2025.7重印）.
ISBN 978 - 7 - 111 - 76513 - 4

Ⅰ. G254. 9
中国国家版本馆 CIP 数据核字第 20244MP609 号

机械工业出版社（北京市百万庄大街 22 号　邮政编码 100037）
策划编辑：杨晓昱　　　　　责任编辑：杨晓昱
责任校对：张爱妮　陈　越　　封面设计：马精明
责任印制：郜　敏
三河市航远印刷有限公司印刷
2025 年 7 月第 4 版第 2 次印刷
184mm×260mm · 19. 25 印张 · 490 千字
标准书号：ISBN 978 - 7 - 111 - 76513 - 4
定价：59. 00 元

电话服务　　　　　　　　　网络服务
客服电话：010 - 88361066　　机 工 官 网：www. cmpbook. com
　　　　　010 - 88379833　　机 工 官 博：weibo. com/cmp1952
　　　　　010 - 68326294　　金 书 网：www. golden-book. com
封底无防伪标均为盗版　　　机工教育服务网：www. cmpedu. com

关于"十四五"职业教育国家规划教材的出版说明

为贯彻落实《中共中央关于认真学习宣传贯彻党的二十大精神的决定》《习近平新时代中国特色社会主义思想进课程教材指南》《职业院校教材管理办法》等文件精神，机械工业出版社与教材编写团队一道，认真执行思政内容进教材、进课堂、进头脑要求，尊重教育规律，遵循学科特点，对教材内容进行了更新，着力落实以下要求：

1. 提升教材铸魂育人功能，培育、践行社会主义核心价值观，教育引导学生树立共产主义远大理想和中国特色社会主义共同理想，坚定"四个自信"，厚植爱国主义情怀，把爱国情、强国志、报国行自觉融入建设社会主义现代化强国、实现中华民族伟大复兴的奋斗之中。同时，弘扬中华优秀传统文化，深入开展宪法法治教育。

2. 注重科学思维方法训练和科学伦理教育，培养学生探索未知、追求真理、勇攀科学高峰的责任感和使命感；强化学生工程伦理教育，培养学生精益求精的大国工匠精神，激发学生科技报国的家国情怀和使命担当。加快构建中国特色哲学社会科学学科体系、学术体系、话语体系。帮助学生了解相关专业和行业领域的国家战略、法律法规和相关政策，引导学生深入社会实践、关注现实问题，培育学生经世济民、诚信服务、德法兼修的职业素养。

3. 教育引导学生深刻理解并自觉实践各行业的职业精神、职业规范，增强职业责任感，培养遵纪守法、爱岗敬业、无私奉献、诚实守信、公道办事、开拓创新的职业品格和行为习惯。

在此基础上，及时更新教材知识内容，体现产业发展的新技术、新工艺、新规范、新标准。加强教材数字化建设，丰富配套资源，形成可听、可视、可练、可互动的融媒体教材。

教材建设需要各方的共同努力，也欢迎相关教材使用院校的师生及时反馈意见和建议，我们将认真组织力量进行研究，在后续重印及再版时吸纳改进，不断推动高质量教材出版。

机械工业出版社

前　言

本书系编者基于三十余载教学成果之积淀，结合现代文献信息检索、管理及信息分析的新技术、新方法精心编纂而成。

视频 0-01
文献信息检索
与利用——宣传片

本书首版自 2006 年出版以来，承各界读者之厚爱，已逐渐成为高职院校及本科院校文献信息检索课程优选教材，以此教材为依托建设的"文献信息检索"课程于 2008 年被评为国家级精品课程，自此之后编者一直秉持课程与教材同步更新的理念，定期更新课程与教材内容。

2012 年，本书第 2 版应势而生，编者紧密契合国家级精品资源共享课程建设新标准与信息检索工具的升级需求，对教学内容进行了全面梳理与优化，删旧增新，进一步增强了教材与课程的融合度，教材入选"十二五"职业教育国家规划教材。2013 年"文献信息检索"课程被评为国家精品资源共享课程。

视频 0-02
前言——先定
一个小目标

2020 年，"文献信息检索与利用"课程荣膺国家精品在线开放课程，我们倍感欣慰、深感责任重大。同年，本书第 3 版顺利付梓。第 3 版教材与在线课程深度融合，为文献信息检索及信息素养教育提供了全新解决方案，这一创新举措使教材荣获首届全国优秀教材建设二等奖，并获评"十四五"职业教育国家规划教材。

时代在进步、技术在革新，大数据、人工智能、云计算及 5G 等新一代信息技术如日中天，人类社会正以前所未有的速度迈向智能化新时代。在此背景下，我们再次审视前三版教材，深感内容修订的必要性与紧迫性。特别是以 ChatGPT 为代表的 AI 技术崛起对文献情报工作产生了深远影响，要求教材必须紧跟时代步伐。

视频 0-03
前言——跟我学点
这些"招"儿

因此，本书第 4 版在继承前三版精华的基础上进行了全面而深入的修订与升级。我们采取纸质教材与数字教材同步出版的策略以满足不同学习者的需求；严格遵循职业教育特点与规律，进行科学、实用、全面的内容编排；及时反映信息技术研究前沿与应用探索动态，以保持教材的时代性与前瞻性；注重不同形态学习资源的整合与运用，以突显教材的实用性与工具性，提升学习效果与体验。

与前三版相比，本书第 4 版新变化主要体现在以下几个方面。

一、创新体例：凸显职业教育特质，强化应用导向。

我们按照模块化方式对教材体例进行了重构与优化，每个模块均从典型案例入手并设置明确内容体系：每个模块包含有培养目标、知识导图、模块小结和综合训练；每个单元包含有案例导入、培养子目标、活动与训练、单元小结、思考与练习。其中思考与练习中的题目均以二维码方式提供答案与解析，以帮助学习者提升实践技能与应用能力。

二、内容更新：适应信息技术发展，驱动内容全面升级。

本书针对过时及冗余内容进行了删减，并补充了大量前沿新知与技术进展。例如，第七模块新增了 MATLAB、SPSS 等文献信息分析工具。同时为凸显教材的实用性，我们在每个单元设计了"活动与训练"，其素材贴近实际的应用案例与实践活动。例如，本书关注了以 ChatGPT 为代表的 AI 技术对文献检索的影响，为此提供了与 AI 技术相关的实践活动和案例，以帮助读者更好地理解和应用新技术，让学生在实践中学习、在行动中成长。这些案例不仅涵盖了课程的核心知识点，还从实际应用场景中提炼了思政元素，以引导学生在具体情境中学习和掌握相关技能。

三、实战为先：行动与任务并行，深化教学理念。

我们深入贯彻了行动导向的教学理念，以"文献检索—文献管理—文献分析—文献利用"为主线，紧密围绕实际工作场景和需求设计了教学案例和实践活动。这样的编排方式符合读者的学习逻辑和认知规律，有助于他们建立正确的检索思维和信息道德意识。

四、数字教学：融合数字化教学系统，实现立体化学习。

为满足不同学习者个性化需求，提升学习效果与体验，本书的纸质教材与数字教材同步出版；数字教材不仅包含了纸质教材的所有内容，还增加了大量的互动元素和在线资源，如在线测试等，以实现更加个性化、高效的学习。

五、知识无界：新增大量拓展知识，学习方式灵活。

本书新增了大量拓展知识，如最新研究成果、前沿技术及实际应用案例等，并以音频二维码形式呈现给学习者。这些拓展知识不仅有助于拓宽学习者的视野与知识面，还可作为教师备课的重要参考资源，从而提升教学质量与效果。此外，本书还将重点、难点、练习题、检索案例等内容制作成视频、操作示例、在线测试等数字资源，并以二维码形式呈现在书中，读者可随时扫码学习，不受时间和地点的限制。这种灵活的学习方式更加符合现代读者的学习习惯和需求，有助于提高他们的学习积极性和效果。

本书编写工作由陈萍秀负责统筹协调，承担组稿、统稿及审稿工作，并编写了模块一、模块二、模块六、模块七第一单元、模块七第四单元、前言和内容简介；徐春玲编写了模块三；于蓓莉编写了模块四、模块五；蒲攀编写了模块八；屈仁春编写了模块七第二单元、模块七第三单元。在本书编写过程中，编者阅读和引用了大量参考文献，特向有关作者表示衷心的感谢。

由于编者水平有限，书中难免有疏漏和不当之处，诚望广大读者不吝指正。

编　者

如何使用本书

亲爱的读者：

欢迎选择《文献信息检索实用教程 第4版》作为您提升文献信息检索能力的参考书籍。本书深入浅出地介绍了文献信息检索的基本概念、原理和方法，同时结合大量案例和实践操作，帮助读者全面、系统地掌握文献信息检索的知识、方法、技巧和实践能力。在正式阅读本书之前，建议做到以下两点，这将大大提高您的学习效果。

首先，本书每个模块都提供了案例、培养目标和知识导图。您可以从头到尾浏览一遍，了解全书架构，然后根据自己的学习进度和兴趣点随时参阅。即使您已了解本书讲述的知识、方法和技巧，也建议多次温习本书，常阅常新。

其次，建议您在学习过程中实时扫码，边学边练，边阅读边思考，然后再参阅答案解析，养成良好的文献检索学习习惯、方法和技巧。

最后，衷心祝愿您在跟随本书学习的过程中，提高获取信息的能力，在良莠不齐的信息海洋里去伪存真，恣意翱翔！

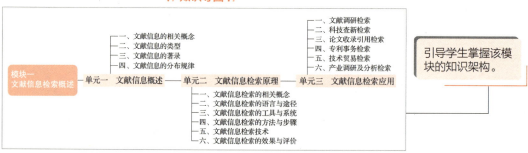

这些你没见过的老祖宗留下的记录钓鱼岛争端的珍稀文献证据

在围绕钓鱼岛主权问题而展开的争论中，日本政府一直宣扬着这样的观点：当日本发现钓鱼岛时，钓鱼岛是"无主地"，日本乃根据国际法中的"先占权"原则将其编入日本领土。事实真的如此吗？

钓鱼岛的归属权在中国，这是无可争辩的历史事实。

钓鱼岛自古以来就是中国的固有领土。有关钓鱼岛的明确记载始于明代，清政府对钓鱼岛及其附属岛屿进行有效的行政管辖之后，也留下了大量的著述。这些文献的类型一是航海指路的抄本；二是明清两代出使琉球使臣的出使记录；三是清朝地方官员的记录；四是地方志；五是明清时代的海防图和测量地图。这些文献既有官方记录，也有民间文书，各种文献形成了钓鱼岛归属中国的完整证据链，具有十分重要的历史价值和现实意义。

每个模块以真实案例开篇，开阔学生视野的同时，展示文献信息检索的魅力。

帮助学生明确学习目标。

// 培养目标 //

知识目标

了解文献信息、文献信息检索的基本概念和相关知识；理解文献信息检索应用的意义；掌握文献信息检索的基本原理、技术、方法、途径和步骤。

能力目标

能够准确识别各类文献信息、合理制定检索策略，并能灵活运用检索技术实施精准检索。

素质目标

具有信息意识，形成良好的文献信息检索思维，具备正确的信息道德观。

// 知识导图 //

模块一 文献信息检索概述

单元一 文献信息概述
- 一、文献信息的相关概念
- 二、文献信息的类型
- 三、文献信息的著录
- 四、文献信息的分布规律

单元二 文献信息检索原理
- 一、文献信息检索的相关概念
- 二、文献信息检索的语言与途径
- 三、文献信息检索的工具与系统
- 四、文献信息检索的方法与步骤
- 五、文献信息检索技术
- 六、文献信息检索的效果与评价

单元三 文献信息检索应用
- 一、文献调研检索
- 二、科技查新检索
- 三、论文收录引用检索
- 四、专利事务检索
- 五、技术贸易检索
- 六、产业调研及分析检索

引导学生掌握该模块的知识架构。

展开理论知识学习。

相关知识

一、文献信息的相关概念

1. 文献

用文字、图形、符号、声频、视频等手段记录下来的人类知识都可以称之为文献，即知识信息必须通过文献载体进行存储和传递，也可以将文献理解为"记录有知识的一切载体"的统称。

"文献"一词，在中国古代历史上早有解释。一般而论，"文"是指"典籍"，"献"则指"贤人"。

文献要素是我们认识文献的关键，从文献定义我们可以得出构成文献的三个基本要素：一是载体本身，二是载体所载信息、知识内容，三是载体内容的记录方式或手段。

图书的著录范例：

【中文图书】黄如花. 信息检索 [M] 武汉：武汉大学出版社，2010.

【外文图书】W. V. Etten，Foundamentals of optical fiber communication，London：Prentice—Hall，1991，xii＋407pp.

小贴士涵盖了不同领域、不同类型的文献信息检索场景，拓宽学生检索信息的思路。

活动与训练

一、活动描述

某高职院校图书馆作为"双高计划"建设院校图书馆，在该省开展的高校图书馆评比中获得历届"优秀高校图书馆"称号。该校图书馆已建成基于微服务架构的智慧图书馆服务平台，初步实现业务系统稳步运行，纸电资源一体化管理。在资源建设方面已初步形成以工业技术、航空航天等学科为主，同时兼顾人文、社会科学等多个学科、多种类型、多种载体的综合性馆藏资源体系。为服务学校"双高"建设工作，目前该校加大资金投入，加快资源建设工作。学校为了合理有效使用资金，需要图书馆进行文献成本的核算。表1－3为2013—2022年该校投入的文献购置费。

表1－3 某图书馆文献购置费

年度	2013	2014	2015	2016	2017	2018	2019	2020	2021	2022
文献购置费/万元	45	65	85	90	115	120	185	120	145	150

每个单元在理论知识讲解完毕后，设计了活动训练，提高学生文献信息检索的实践能力。

二、活动分析

文献作为图书馆的固定资产，其获得需要投入相应的文献购置费，与其他固定资产相比，其成本折旧分摊要复杂得多。这是因为图书馆的文献资产不是一次性买入，而且每年买入的文献量处于变化之中，文献价值耗损费又是以指数模型进行的，各年各类文献在同一年以不同情况发生衰变。这些正是测算图书馆文献成本的困难所在。

文献半衰期是指某学科或专业现时正在被利用的文献中的一半是在多长时间内发表出版的，通常记为 T。文献半衰期是根据统计得出的结果，它反映了文献老化的统计规律。应用文献半衰期可以科学测算图书馆文献的实有价值和每年的文献成本。

三、活动演练

1. 文献购置费数列

对于一个图书馆，每年都在新增文献，都会产生一笔文献购置费，因此可以假设文献购置费为数列 $\{a_n\}$，$n = 1，2，\cdots，N$。比如 a_3 就为某馆开馆后第三年的文献购置费。

2. 平均文献半衰期

文献半衰期一般是按学科或专业进行调查统计的，但对于一个图书馆的文献来说，它是多种学科专业的文献集合体，因此就存在文献加权平均半衰期了。假设 T_i 为某 i 类文献半衰期，i 为学科专业类别；k_i 为 i 类文献的加权数（比重），将该馆文献的平均半衰期记为 T，则

$$T = \sum k_i \times T_i$$

单元小结

> 信息源（Information Sources）是人们在科研活动、生产经营活动和其他一切活动中所产生的成果和各种原始记录，对这些成果和原始记录加工整理得到的成品都是借以获得信息的源泉。信息源的内涵丰富，它不仅仅包括各种信息载体，也包括各种信息机构；不仅包括传统印刷文献资料，也包括现代电子图书报刊；不仅包括各种信息储存和信息传递机构，也包括各种信息生产机构。
>
> 文献信息源是正式信息交流的利用对象，是人们获取全面系统信息的主要保障。而文献是在空间和时间上积累和传播信息的最有效的手段，是获取信息的最基本、最主要的来源。

巩固该单元的知识点。

思考与练习

一、判断题

1. 文献的属性不包括知识性、可传递性。　　　　　　　　　　　　（　　）
2. 文献按记录方式分为 6 种：手写型文献、印刷型文献、缩微型文献、声像型文献、电子型文献、多媒体信息。　　　　　　　　　　　　　　　（　　）
3. ISBN 指的是期刊的国际标准刊号。　　　　　　　　　　　　　　（　　）
4. 科技报告提供了许多最新研究课题与尖端学科的信息,内容比期刊论文要专深、详尽。　　　　　　　　　　　　　　　　　　　　　　　　　　　（　　）
5. 会议文献是在各种学术会议上发表的论文或报告。　　　　　　　（　　）
6. 标准按适用范围划分为：国际标准、国家标准、行业标准、地方标准、企业标准。　　　　　　　　　　　　　　　　　　　　　　　　　　　（　　）

二、简答题

1. 请解释信息、知识、文献的概念，并简述三者之间的关系。
2. 文献的三要素是什么？
3. 文献信息按照加工深度划分为哪些类型？

三、实训应用题

下面是一篇科技期刊论文的著录格式，请分别写出①～⑧各代表什么字段。

> 初景利①，刘敬仪②，张冬荣等. 从信息素养教育到泛信息素养教育——中国科学院大学 15 年的实践探索③ ［J］④. 图书情报工作⑤，2020，64⑥（06）⑦：3－9⑧. DOI：10.13266/j. issn. 0252－3116. 2020. 06. 001

在线测试 1－01

检测学习效果，深化理解，提高应用能力。

// 模块小结 //

> 如何从浩瀚的信息海洋中获取所需的信息已成为现代人的首要问题。对大学生来说，更重要的是那些有利于教学、科研和学习的重要资源。本模块主要内容包括文献信息的基本知识，信息检索原理、方法及意义，检索语言、检索工具的编制与评价，各种类型的检索工具如目录、索引、文摘、百科全书、年鉴、传记、字词典的特点，以及文献信息检索应用范围等。通过讲授文献信息检索的基本知识和治学入门的必备知识，旨在培养学生的信息意识和信息检索能力，掌握检索理论、检索语言、数据库、检索系统、检索策略、检索服务等知识，以在最短的时间内获得最多的所需信息，提高信息素养。

简要回顾该模块的重要知识点。

// 综合训练 //

在线测试 1－04

一、选择题

1. 布尔逻辑表达式：在职人员 NOT（青年 AND 教师）的检索结果是（　　）。
   A. 青年教师的数据　　　　　B. 青年和教师的数据
   C. 在职人员的数据　　　　　D. 除了青年教师以外的在职人员的数据
2. 布尔逻辑表达式"A OR B"或"A＋B"表示查找出（　　）。
   A. 含有 A、B 之一或同时包含 AB 两词的文献
   B. 含有检索词 B 而不含检索词 A 的文献
   C. 含有这两个词的文献集合
   D. 含有检索词 A 而不含检索词 B 的文献

每个模块设置"综合训练"，帮助学生巩固知识并提高文献信息检索的实际能力。

目　录

模块一 文献信息检索概述

这些你没见过的老祖宗留下的记录钓鱼岛争端的珍稀文献证据

在围绕钓鱼岛主权问题而展开的争论中，日本政府一直宣扬着这样的观点：当日本发现钓鱼岛时，钓鱼岛是"无主地"，日本乃根据国际法中的"先占权"原则将其编入日本领土。事实真的如此吗？

钓鱼岛的归属权在中国，这是无可争辩的历史事实。

钓鱼岛自古以来就是中国的固有领土。有关钓鱼岛的明确记载始于明代，清政府对钓鱼岛及其附属岛屿进行有效的行政管辖之后，也留下了大量的著述。这些文献的类型一是航海指路的抄本；二是明清两代出使琉球使臣的出使记录；三是清朝地方官员的记录；四是地方志；五是明清时代的海防图和测量地图。这些文献既有官方记录，也有民间文书，各种文献形成了钓鱼岛归属中国的完整证据链，具有十分重要的历史价值和现实意义。

// 培养目标 //

知识目标

了解文献信息、文献信息检索的基本概念和相关知识；理解文献信息检索应用的意义；掌握文献信息检索的基本原理、技术、方法、途径和步骤。

能力目标

能够准确识别各类文献信息、合理制定检索策略，并能灵活运用检索技术实施精准检索。

素质目标

具有信息意识，形成良好的文献信息检索思维，具备正确的信息道德观。

// 知识导图 //

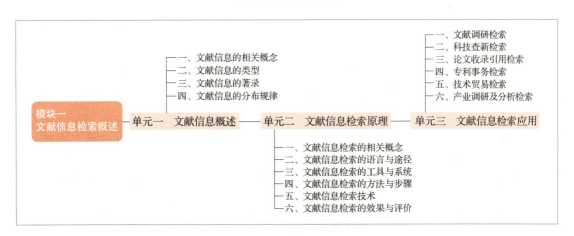

单元一　文献信息概述

案例导入

我国是世界上最早建立有组织信息传递的国家之一。远古时期，已采用击鼓传信等方式。商代甲骨文显示，那时候陆路交通网络初具规模。西周时期，为满足诸侯国间政治军事活动的需求，设立驿站，逐渐形成驿站体系。同时，邮驿制度得到完善，利用烽火台传递军事信息，此方式沿用至明清。春秋战国，邮驿通信完备。三国曹魏制定《邮驿令》，进行规范化管理。秦始皇统一全国后，修筑驰道、运河，促进了交通通信的发展，但尚无"邮局"概念。汉代继承并发展秦代邮驿制度，邮亭兼具传递文件与休憩功能。唐代邮政体系完备。宋代进行邮驿制度重大改革，包括"邮驿分离"与军事化管理。元朝邮驿制度进一步发展。明清沿袭前代，逐渐向近代邮政过渡。清末，西方邮政制度传入，古代邮驿制度逐渐被取代。

培养子目标

知识目标

了解文献信息的基本类型和分布规律；理解文献信息的相关概念及其之间的联系；掌握常用文献的著录规则。

能力目标

能够准确判断文献信息的类型、级别以及著录特征，规范地进行文末参考文献的著录。

素质目标

具备信息意识，形成良好的信息道德观。

相关知识

一、文献信息的相关概念

1. 文献

用文字、图形、符号、声频、视频等手段记录下来的人类知识都可以称之为文献，即知识信息必须通过文献载体进行存储和传递，也可以将文献理解为"记录有知识的一切载体"的统称。

"文献"一词，在中国古代历史上早有解释。一般而论，"文"是指"典籍"，"献"则指"贤人"。

文献要素是我们认识文献的关键，从文献定义我们可以得出构成文献的三个基本要素：一是载体本身，二是载体所载信息、知识内容，三是载体内容的记录方式或手段。

2. 信息

信息是指一切事物自身存在方式以及他们之间相互关系、相互作用等运动状态的表达。

信息是物质存在的一种方式，从作用角度来看，信息可以使所描述的事物的不确定性减少；从本体论和认识论角度来看，信息是物质的属性、规律、运动状态、存在标志等。

3. 知识

知识是人们在社会实践中积累起来的经验，是对客观世界物质形态和运动规律的认识。

　　人们在社会实践中不断接受客观事物发出的信号，经过人脑的思维加工，逐步认识客观事物的本质。这是一个由表及里、由浅入深、由感性到理性的认识过程。所以知识的产生来源于信息，通过信息传递，并对信息进行加工的结果。由此可见，知识是信息的一部分。

　　4. 情报

　　情报是指被传递的知识或事实，是知识的再激活，是运用一定的媒体（载体），越过空间和时间传递给特定用户，解决科研、生产中的具体问题所需要的特定知识和信息。知识性、传递性和效用性是情报的三个基本属性。

　　5. 文献、信息、知识、情报之间关系

　　宇宙间时时刻刻都在产生着信息，我们可以认为信息是宇宙的一切运动状态及对其的报道。人们正是通过获取这些不同信息来认识不同事物，并由此产生新的知识。知识是经人脑思维加工而成有序化的人类信息，是信息的一部分，文献则是被物化了的知识记录，是知识的一种载体，是被人们所认知并可进行长期管理的信息。情报蕴含于文献之中，是知识中的一部分，但不是所有文献都是情报，而所有情报几乎都是知识。文献又是存储传递知识、情报和信息的介质，但文献不仅是情报传递的主要物质形式，也是吸收利用情报的主要手段。他们四者之间的逻辑关系是一种包含关系，见图1-1所示。

二、文献信息的类型

　　文献类型涵盖广泛，包含了文学、科技、历史、法律、哲学、社会学等多个领域。了解文献类型可以方便人们有效地认识、管理、开发、利用文献信息资源，从而减少检索的盲目性，使结果更准确、更直接。文献分类的依据有许多种，本书主要介绍依据载体形式、出版类型和加工深度划分的文献类型。

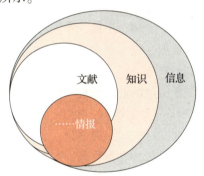

图1-1　文献、信息、知识、情报之间的关系图

　　1. 按照载体形式划分

　　根据出版物载体的不同，文献信息主要划分为纸介型文献、缩微资料、声像型文献、电子出版物和网络出版物

　　（1）纸介型文献

　　纸介型文献是以纸张为载体的文献，又可分为手抄型和印刷型两种，如图书、期刊以及各种印刷资料等都是目前文献的主体。

　　（2）缩微资料

　　缩微资料又称缩微复制品。它是以印刷型文献为母本，采用光学摄影技术、摄影方法，把文献的影像缩小记录在感光胶卷和胶片上，然后借助于专门的阅读设备进行阅读的一种文献形式，分为缩微胶卷、缩微胶片、缩微卡片。

　　（3）声像型文献

　　声像文献也称视听资料，是一种非文字形式的文献。它通过特定设备，使用声、光、磁、电等技术将信息转换为声音、图像、影视和动画等形式，给人以直观、形象感受的知识载体。如唱片、录音带、录像带、CD、VCD、DVD等。

　　（4）电子出版物

　　电子出版物也称计算机阅读型，是指以数字代码方式将图、文、声、像等信息存储在磁光点介质上，通过计算机或具有类似功能的设备阅读使用的文献，常见的有各种记录内容的磁带、磁盘和光盘。

（5）网络出版物

网络出版物是集文字、声音、图像等于一体，通过计算机网络出版发行的正式出版物。通过互联网，人们可以从任一节点开始，检索、阅读到各种数据库、联机杂志、电子杂志、电子版工具书、报纸、专利信息等相关信息。

2．按照出版类型划分

按照出版类型，文献信息可以划分为图书、期刊、会议文献、学位论文、标准文献、专利文献、科技报告、档案文献、政府出版物以及产品样本等十种类型。

3．按照加工深度划分

根据文献传递知识（信息）的质量不同以及加工层次的不同，文献分为零次文献、一次文献、二次文献和三次文献。

（1）零次文献

零次文献是指未经出版发行或未进入社会交流的最原始的文献。它是一种特殊形式的情报信息源，是最原始、最不正式的记录。如人们的"出你之口，入我之耳"的口头交谈、私人笔记、底稿、手稿、个人通信、新闻稿、工程图纸、考察笔记、实验记录、调查稿、原始统计数据、技术档案、备忘录等等一些内部使用，且通过公开正式的订购途径所不能获得的书刊资料等。

零次文献的获取途径一般是通过口头交谈、参观展览、参加报告会等方式。

（2）一次文献

一次文献也叫一级文献。它是以作者本人取得的成果为依据而创作的论文、报告等经公开发表或出版的各种文献，习惯上称作原始文献。如期刊论文、学术论文、学位论文、科技报告、会议论文、专利说明书、技术标准等。

一次文献是人们学习参考的最基本的文献类型，也是最主要的文献情报源。同时，一次文献是产生二、三次文献的基础，是我们检索的最终对象和利用的主要对象。

（3）二次文献

二次文献也称二级文献。它是按一定的方法对一次文献进行整理加工，以使之有序化而形成的文献，是报道和查找一次文献的检索工具书刊。主要包括目录、索引、文摘等。

二次具有明显的汇集性、工具性、综合性、系统性、交流性和检索性，提供的文献线索集中、系统、有序。它的重要性在于使查找一次文献所花费的时间大大减少。

（4）三次文献

三次文献也称三级文献。它是根据二次文献提供的线索，选用大量一次文献的内容，经过筛选、分析、综合和浓缩而再度出版的文献。主要包括三种类型：

1）综述研究类：专题述评、总结报告、动态综述、进展通讯、信息预测、未来展望等。

2）参考工具类：年鉴、手册、百科全书、词典、大全等。

3）文献指南类：专科文献指南、索引与文献服务目录、书目之书目、工具书目录等。

人们利用文献信息的顺序一般是先利用三次文献，找到二次文献线索，通过线索找到一次文献（原始文献）。图1-2主要反映文献出版类型与加工层次的关系。

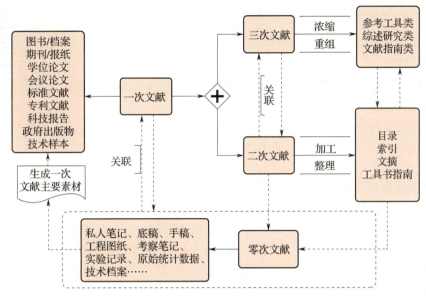

图 1-2 文献出版类型与加工层次的关系

一般来说，零次文献由于没有进入出版、发行和流通这些渠道，收集利用十分困难，一般不作为我们利用的文献类型。而后三种文献是一个从分散的原始文献到系统化、密集化的过程：其中一次文献是基础，是最基本的信息源，是检索利用的对象；二次文献是一次文献的集中提炼和有序化，是文献信息检索和利用的主要对象，也称之为检索工具；三次文献是把分散的一、二次文献按专题或知识的门类进行综合分析研究加工而成的成果，是高度浓缩的文献信息，既是文献信息检索利用的对象，又可作为检索文献信息的工具。

三、文献信息的著录

（一）文献著录的定义

文献著录是指在编制文献目录时对文献的形式特征和内容特征进行分析、选择和记录的过程，又称目录著录、书目著录，简称著录。其结果是产生款目，进而组成目录。它是文献编目的基础工作，也是决定其质量的关键。

（二）文献著录的规则

为了保证著录的一致性，正确地揭示文献，需要制定出供编目人员共同遵循的文献著录规则。根据其实施范围，通常可区分为一个系统、一个国家以及国际性的统一著录规则。世界上著名的著录规则有《普鲁士图书馆字顺目录适用规则》《英美编目条例》（AACR）和《国际标准书目著录》（ISBD）等，其中 ISBD 系列已被各国广泛承认和采用。

音频 1-01
《国际标准书目著录》
（ISBD）

我国根据 ISBD 的原则、方法，制定了一系列文献著录方面的国家标准。自 1979 年起陆续制定和颁布的有《文献著录总则》《普通图书著录规则》《连续出版物著录规则》《非书资料著录规则》《档案著录规则》《地图资料著录规则》《古籍著录规则》《检索期刊条目著录规则》等。此外，与文献著录有关的国家标准还有《文后参考文献著录规则》《文摘编写规则》等。这些著录规则均在全国范围内得到广泛实施。

音频 1-02
《文献著录总则》

（三）常用文献信息的著录特征与标识

视频 1-01
图书阅读小汇

1. 图书

（1）图书相关知识

1）图书的定义。我国著作权法中所指图书，是由国家正式批准的出版单位出版，标有中国标准书号（ISBN）的出版物。

ISO 将书定义为："50 页及 49 页以上构成一个书单元的文献（不包括封面和扉页）"，是论述或介绍某一学科或领域知识的出版物，阅读量占到文献总量的 15% 左右。

2）图书的类型。图书按其用途可以分为以下三种类型：阅读图书、参考工具书、检索用书。阅读图书包括教科书、专著和文集；参考工具书包括字典、词典、百科全书、年鉴、手册、名录、图录、年表、历表等，是供人们释疑解难、翻检查考的出版物；检索用书则是以图书形式刊行的书目、题录、目录、文摘等，供人们查找一定范围内信息线索的出版物。

3）图书的特点。图书具有论述的内容系统、全面、成熟、可靠，也有涉及面广，品种多，出版量大、作者群与读者群大等特点。

（2）著录特征及识别标识

图书的著录特征从形式上主要有：书名、责任者、出版社等，从内容上主要有出版时间、ISBN、版次、印刷时间、页码、字数等信息。

识别图书的主要依据有：书名、著者、出版地、出版社、出版时间、总页数、国际标准书号（ISBN）等。其中 ISBN 号是识别图书的最主要依据，如果是馆藏图书，一般还包括索书号。

1）ISBN。国际标准书号（International Standard Book Number），简称 ISBN，是专门为识别图书等文献而设计的国际编号。

ISO 于 1972 年颁布了 ISBN 国际标准，并在西柏林普鲁士图书馆设立了实施该标准的管理机构——国际 ISBN 中心。2007 年 1 月 1 日前，ISBN 由 10 位数字组成，分四个部分：组号（国家、地区、语言的代号）– 出版者号 – 书序号 – 检验码。2007 年 1 月 1 日起，实行新版 ISBN，新版 ISBN 由 13 位数字组成，分为 5 段，即在原来的 10 位数字前加上 3 位 EAN（欧洲商品编号）图书产品代码 "978"。

2）索书号。图书馆藏书排架用的编码，又称索取号，是文献外借和馆藏清点的主要依据。索书号一般由分行排列的几组号码组成，常被印在目录卡片的左上角、书脊下方的书标上以及图书书名页或封底的上方。一个索书号只能代表一种书，在馆藏系统中每种索书号是唯一的，可以准确地确定馆藏图书在书架上的排列位置，是读者查找图书非常必要的代码信息。

（3）著录格式与范例

图书的著录格式为 "作者. 书名［M］. 出版地：出版社，出版年."。

图书的著录范例：

【中文图书】黄如花. 信息检索［M］武汉：武汉大学出版社，2010.

【外文图书】W. V. Etten, Foundamentals of optical fiber communication, London：Prentice—Hall, 1991, xii + 407pp.

---

2. 期刊

（1）期刊相关知识

1）期刊的定义。期刊（Periodicals）又称连续出版物，它是指有固定名称和版式、统一开本、连续的编号、汇集多位著者的多篇著述、定期或不定期编辑发行、长期出版的出版物，也称杂志（Journals）。

自 1665 年 1 月在法国巴黎创刊的《学者杂志》和 1665 年 3 月英国皇家学会创办的《哲学汇刊》问世以来，期刊成为科技人员进行信息交流的正式、公开而有秩序的工具，被称为"整个科学史上最成功的无处不在的科学信息载体"。

核心期刊是对某学科或专业领域而言，登载该学科或专业大量相关论文的少数权威性期刊，称为该学科或专业的核心期刊。这类期刊所含专业情报信息量大，质量高，能够代表专业学科发展水平并受到本学科读者重视。根据 B. C. Brookes 等人的研究，一个学科或专业领域的核心期刊一般占该领域相关期刊总量的 10% 左右，但这些核心期刊所提供的相关文章数却占相关文章总数的 50%~60%。

视频 1-02
中文核心期刊
体系的那些事

2）期刊的类型。

① 按出版周期：周刊、双周刊、半月刊、月刊、双月刊、季刊、半年刊、年刊等。

② 按报道范围：综合性期刊、专业性期刊。

③ 按内容、性质和用途：学术性、技术性期刊；检索性期刊；通信性期刊；评述性期刊；数据资料性期刊。

3）期刊的特点。期刊是传递科技信息，交流学术思想的最简便、最基本的手段，是获取信息的最主要的信息源，占阅读量的 70%。其特点相比图书，主要具有以下特点：① 期刊出版周期短，发表文章快。② 内容新颖，能迅速反映国内外的各种学科专业的水平和动向。③ 品种多数量大。④ 作者队伍及检索者队伍均非常庞大。

（2）著录特征与识别标识

著录和识别期刊的主要依据有：期刊名称，期刊出版的年、卷、期，国际标准刊号（ISSN）等。

ISSN（国际标准连续出版物编号，International Standard Serial Number）是根据国际标准 ISO3297 制定的连续出版物国际标准编码，其目的是使世界上每一种不同题名、不同版本的连续出版物都有一个国际性的唯一代码标识。ISSN 由设在法国巴黎的国际 ISDS 中心管理。该编号是以 ISSN 为前缀，由 8 位数字组成。8 位数字分为前后两段各 4 位，中间用连接号相连，格式如下：ISSN XXXX - XXXX，如：Science（print ISSN 0036 - 8075；online ISSN 1095 -9203），前 7 位数字为顺序号，最后一位是校验位。

ISSN 通常都印在期刊的封面或版权页上。我国正式出版的期刊都有国内统一刊号（CN），它由地区号、报刊登记号和《中图法》分类号组成，如 CN11 - 2257/G3。地区号依《中华人民共和国行政区划编码表 GB2260 - 82》取前两位，如北京为 11、天津 12、上海 31、辽宁 21、吉林 22 等。

（3）著录格式与范例

期刊的著录格式为"作者. 期刊论文篇名［J］. 刊名，出版年，卷（期）号：起止页码．"。

期刊的著录范例：

【中文图书】邱均平. 网络环境下国内学者引证行为变化与学科间差异——基于历时角度的分析［J］中国图书馆学报，2016，（2）：18 - 31.

【外文图书】Williamson, John；Fitz-Gibbon, C. T. The Lack of Impact of Informafion：Performance Indicators for A Levels［J］. Educational Management Administration and Leadership，18（1）：37 -45.

3．会议文献

（1）会议文献相关知识

1）会议文献的定义。会议文献是指各种科学技术会议上宣读和交流的论文、报告、讲演稿等与会议有关的文献。

会议文献是一种重要的情报源，是科技文献的重要组成部分，它能及时反映科学技术中的新发现、新成果、新成就以及学科发展趋向。

2）会议文献的类型。

① 按照出版形式分为期刊类、专题论文集、连续性会议文献和系统性科技报告形式出版的文献。

② 按照文献产生的时间分为会前、会中和会后文献。会前文献包括会议日程预告、会议论文预印本和会议论文摘要；会中文献包括会议期间的开幕词、演讲稿、闭幕词、讨论记录、会议记录等；会后文献是指会议结束后出版的会议文献，包括会议记录、专题论文集、会议论文汇编、会议论文集、会议出版物以及会议纪要。

3）会议文献的特点。会议文献学术性强，具有专业性和针对性强，传递情报及时，内容新颖，种类繁多，出版形式多样等特点，是获得最新情报的一个重要来源。

（2）著录特征与识别标识

会议文献的著录特征包括论文名称、著者和著者工作单位；会议录名称、会议地点、会议时间；会议录出版情况，论文页码。

会议文献的识别标识主要有会议录名称、会议地点、会议时间、会议届次。其中会议录名称常含有：congress（会议）、convention（大会）、symposium（专题讨论会）、workshop（专题学术讨论会）、seminar（学术研讨会）、proceedings（会议录）等。

（3）著录格式与范例

会议文献参考文献的著录格式为"作者. 文献题名［C］. 文集名. 出版地：出版者，出版年：起止页码。"。

会议文献的著录范例：

邱均平；楼雯. 我国索引研究二十年回顾与展望——纪念中国索引学会成立20周年［C］. 2011年中国索引学会年会暨成立二十周年庆典论文集. 济南：山东大学出版社，2011，1－23.

4．学位论文

（1）学位论文相关知识

1）学位论文的定义。学位论文是随着学位制度的实施而产生的一种学术论文，它是高等院校或研究机构的学生为了获得所修学位，按要求提交并通过答辩委员会认可的学术性研究论文。学位论文大都是就某一专题进行研究而作的总结，对科研生产的相关领域具有重要的借鉴作用。

2）学位论文的类型。

① 根据所申请的学位不同，可分为学士论文、硕士论文、博士论文三种。

② 按照研究方法不同，学位论文可分理论型、实验型、描述型三类。

③ 按照研究领域不同，学位论文又可分人文科学学术论文、自然科学学术论文与工程技

术学术论文三大类，这三类论文的文本结构具有共性，而且均具有长期使用和参考的价值。

3）学位论文的特点。

① 探究问题比较专一，阐述较系统详尽。

② 学位论文是非卖品，除极少数以科技报告、期刊论文的形式发表外，一般不公开出版。

③ 学位论文多数有一定的独创性，拥有详尽的参考文献和课堂研究现状综述。

（2）著录特征与识别标识

学位论文著录项目主要包括论文名称、著者、学位、授予学位的大学名称、时间、论文页码、导师或答辩委员会顾问的姓名等。

学位论文的识别标识主要有学位名称、大学名称。如"Dissertation""Thesis"等。

（3）著录格式与范例

学位论文的著录格式为"论文作者．题名［D］．学位论文授予地址：学位论文授予单位，年份．"。

学位论文的著录范例：

仇前程．高速铁路列车运行计划动态性能评价与仿真研究［D］．成都：西南交通大学，2015．

5．标准文献

（1）标准文献相关知识

1）标准文献的定义。标准文献是指经公认的权威当局（一般指各国国家标准局）批准的，以文件形式固定下来的标准化工作成果，也可以说是技术标准、技术规格和技术规则等文献的总称。

狭义的标准文献是指按规定程序制订，经公认权威机构（主管机关）批准的一整套在特定范围（领域）内必须执行的规格、规则、技术要求等规范性文献，简称标准。广义的则是指与标准化工作有关的一切文献，包括标准形成过程中的各种档案、宣传推广标准的手册及其他出版物、揭示报道标准文献信息的目录、索引等。

2）标准文献的类型。

① 按性质可划分为技术标准和管理标准。技术标准按内容又可分为基础标准、产品标准、方法标准、安全和环境保护标准等。管理标准按内容分为技术管理标准、生产组织标准、经济管理标准、行政管理标准、管理业务标准、工作标准等。

② 按适用范围可划分为国际标准、区域性标准、国家标准、专业（部）标准和企业标准。

③ 按成熟程度可划分为法定标准、推荐标准、试行标准和标准草案等。

3）标准文献的特点。

① 每个国家对于标准的制订和审批程序都有专门的规定，并有固定的代号，标准格式整齐划一。

② 它是从事生产、设计、管理、产品检验、商品流通、科学研究的共同依据，在一定条件下具有某种法律效力，有一定的约束力。

③ 时效性强，它只以某时间阶段的科技发展水平为基础，具有一定的陈旧性。随着经济发展和科学技术水平的提高，标准不断地进行修订、补充、替代或废止。

④ 一个标准一般只解决一个问题，文字准确简练。

⑤ 不同种类和级别的标准在不同范围内贯彻执行。

⑥ 标准文献具有其自身的检索系统，拥有标准专门的技术分类体系和工具（标准目录）。

4）标准的代号和编号。

标准编号有国际标准编号和我国的国家标准编号两种。

标准号的基本结构为：标准代号＋专业类号＋顺序号＋年代号，如图1-3所示。

中华人民共和国国家标准的编号由标准代号、标准发布顺序号和标准发布年代号构成，如图1-4所示。

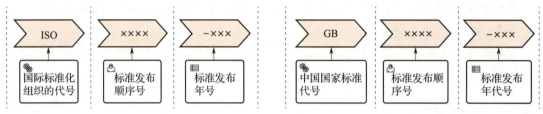

图1-3　国际标准化组织的标准号　　　　　　图1-4　我国标准的标准号

① 国家标准代号由大写汉字拼音字母构成，强制性国家标准代号为 GB，推荐性国家标准代号为 GB/T。

② 行业标准代号由汉语拼音大写字母组成，再加上/T 组成推荐性行业标准，如 ××/T。行业标准代号由国务院各有关行政主管部门提出其所管理的行业标准范围的申请报告，由国务院标准化行政主管部门审查确定并正式公布该行业标准代号。已经正式发布的行业代号有 QJ（航天）、SJ（电子）、JR（金融系统）等。

③ 地方标准代号由大写汉语拼音 DB 加上省、自治区、直辖市行政区划代码的前面两位数字（北京市 11、天津市 12、上海市 13 等），再加上/T 组成推荐性地方标准（DB××/T），不加/T 为强制性地方标准（DB××）。

④ 企业标准的代号由汉字大写拼音字母 Q 加/再加企业代号组成（Q/×××），企业代号可用大写拼音字母或阿拉伯数字或者两者兼用所组成。

⑤ 1998 年通过的《国家标准化指导性技术文件管理规定》出台了标准化体制改革，即在四级标准（国家标准、行业标准、地方标准和企业标准）之外，又增设了一种"国家标准化指导性技术文件"，作为对四级标准的补充。此类标准在编号上表示为"/Z"。如 SJ-Z11352-2006 集成电路 IP 核测试数据交换格式和准则规范。

各国各组织都拥有各自专有代码，表1-1为主要国家和组织的标准代码。

表1-1　主要国家和组织标准代码

标准代码	国家、地区或组织名称	标准代码	国家、地区或组织名称	标准代码	国家、地区或组织名称
AECMA	欧洲航空工业协会	EN	欧盟	ISO	国际标准化组织
ANSI	美国国家标准学会	ETSI	欧洲电信标准协会	ITU	国际电信联盟
AS	澳大利亚标准协会	DIN	德国国家标准化学会	JIS	日本工业标准调查会
ASTM	美国实验与材料协会	GB	中国国家标准	MIL	美国军用标准
BS	英国标准学会	IEC	国际电工委员会	NF	法国标准化协会
CENELEC	欧洲电工标准化委员会	INCITS	国际信息技术标准委员会	PIPM	国际计量局

（2）著录特征与识别标识

标准文献的著录特征主要有标准名称、标准号、关键词、摘要、发布单位、起草单位、起草人、批准日期和实施日期等。

标准文献的识别特征为标准号，标准号通常由标准代号、顺序号、颁布年份构成标号和代号。

（3）著录格式与范例

标准文献著录格式为"标准代号 标准名称［S］. 出版地：出版者，出版年. "。

标准文献的著录范例：

GB/T 7714—2005 文后参考文献著录规则［S］. 北京：中国标准出版社. 2005.

6．专利文献

（1）专利文献相关知识

1）专利文献的定义。专利文献是实行专利制度的国际及国际性专利组织在审批专利过程中产生的官方文件及其出版物的总称。从广义讲，专利文献包括专利说明书、专利公报、专利检索工具、专利分类表以及其他与专利有关的法律文件及诉讼资料等。从狭义上讲，专利文献就是专利说明书，是专利申请人向专利局递交的说明发明创造内容及指明专利权利要求的书面文件。专利文献既是技术性文献，又是法律性文件。

2）专利文献的类型。

① 发明专利：指国际上公认的具备新颖性、创造性和实用性的新产品或新方法。

② 实用新型专利：是对机器、设备、装置、器具等产品的形状、构造或其结构所提出的实用技术方案。其审查手续简单，保护期较短，主要涉及产品的功能。

③ 外观设计专利：指产品的外形、图案、色彩或其结合做出的富有美感而又适用于工业应用的新设计，只涉及产品的外表。

3）专利文献的特点。专利文献在传递经济信息和科技信息方面发挥着重要的作用，全世界 90%～95% 的新技术是通过专利文献公之于世的。统计表明，只要系统地搜集美、日、德、英、法五国专利，就可以了解西方科技发展情况的 60%～90%。因此，专利文献成为制订科研规划、产品组合战略，确定工艺路线，实施技术改造的一个主要技术信息源。专利文献的特点主要有：

① 数量庞大、报道快、学科领域广阔、内容新颖、具有实用性和可靠性。

② 统一的出版形式，出版及时迅速，分类标引标准化，文字严谨。按月或半月、旬、周定期出版专利公报、报道出版专利公报、报道新公布（公开、公告、授权）的专利申请或专利目录、专利文摘。

③ 集技术、法律、经济信息为一体。每一件专利说明书都记载着解决一项技术课题的新方案，包含发明的所有权、权利要求的有效期、地域性等法律信息以及市场、产品信息。

④ 局限性。各国专利法几乎都规定一项发明申请一件专利的单一检索原则，但单件文献有时只能解决局部问题，如果要了解某项产品或某项技术，就必须查阅该项目涉及的各个环节的专利说明书。

（2）著录特征与识别标识

专利文献的重要著录特征有专利号、申请号、国际专利分类号、公开号、公告号等，专利文献的识别标识为专利号。专利号由两个字母的国别代码、流水号和公布阶段代码组成。

1）专利号（Patent Number）。专利号是专利申请人被正式授予专利权时，在专利证书上反映出来的一种数据号码，是文献号的一种。

2）申请号（Application Number）。在专利申请人向国家知识产权局提出专利申请后，国家知识产权局给予专利申请受理通知书，并给予专利的申请号。申请号由12位数字组成，前4位表示年份，后面的数字表示种类号，其他的是流水号。

3）国际专利分类号（IPC）。《国际专利分类表》（IPC分类）是根据1971年签订的《国际专利分类斯特拉斯堡协定》编制的，是国际上公认的按照专利文献的技术内容或主题进行分类的代码，也是目前唯一国际通用的专利文献分类和检索工具。

4）公开号。申请专利的发明在公开时给予的号码，是发明专利公开标志，拿到公开号说明专利开始进入实审阶段。

5）公告号。申请专利的发明在授予专利权并公告时给予的号码，即对《发明专利说明书》和《实用新型专利说明书》的编号以及对公告的外观设计专利的编号。

（3）著录格式与范例

专利文献的著录格式为"专利申请者或所有者. 专利题名：专科国别，专利号［专利类型标识P］. 公告日期或［公开日期］. 获取和访问路径."。

专利文献的著录范例：

洪恩. 快接型单向阀式弯头：中国，2005100224728［P/OL］. 2005–12–30. http://cpquery. sipo. gov. cn/txnQueryOrdinaryPatents. do? select-key：shenqingh = &select-key：zhuanlimc = &select-key：shenqingrxm = % E6% B4% AA% E6% 81% A9&select-key：zhuanlilx = &select-key：shenqingr_from = &select-key：shenqingr_to = &verycode =4&inner-flag：open-type = window&inner-flag：flowno = 1491878492029

7. 科技报告

（1）科技报告相关知识

1）科技报告的定义。科技报告（Scientific and Technical Report）是国家政府部门或科研生产单位关于某项研究成果的总结报告，或是研究过程中的阶段进展报告，又称研究报告和技术报告。

2）科技报告的类型。科技报告按产生过程和形式，分为五种。

① 技术报告书（R—Technical Reports）：研究结束后产生的较为正式的文件。

② 札记（N—Notes）：研究过程中的临时性记录或小结，往往是撰写报告书的素材。

③ 论文（P—Papers）：打算在会议上或刊物上发表的文章，一般是报告的一个部分。

④ 技术备忘录（M—Technical Memorandums）：供同一专业或机构内部研究人员之间沟通情况的材料。

⑤ 通报（B—Bulletins）：一般是对外公布的内容成熟的摘要性材料。

有些科技报告因涉及尖端技术或国防等问题，又分绝密、秘密、内部限制发行和公开发行几个等级。

3）科技报告的特点。科技报告研究内容专深具体，层次水平高，往往涉及尖端学科的最新研究领域，是一种不可多得的情报源，是科研人员的重要参考资料，是获取最新信息的重要文献信息源，具有很高的信息利用价值。主要具有以下特点：

① 在形式上，每份报告自成一册，有连续编号，在版发行不规则，具有保密性和时间性。

② 在内容上，成文叙述详尽，理论性强，数据完整、准确可靠，具有新颖、专深的特点。

③ 在传递速度上，所报道的科研成果要比期刊论文快得多，情报价值高。

④ 在流通范围上，时滞短，但保密性强，难以获取。

（2）著录特征与识别标识

科技报告的著录项目主要有篇名、著者、著者工作单位、报告号、出版年月等，识别标识主要是科技报告号。科技报告号有许多种形式，主要为：PR（Progress Report）进展报告、AR（Annual Report）年度报告、FR（Final Report）年终报告、CR（Contract Report）合同报告、TR（Technical Report）技术报告等。

（3）著录格式与范例

科技报告的著录格式为"主要责任者. 题名：其他题名信息［文献类型标识 R］其他责任者. 版本项. 出版地：出版者，出版年：起－止页码."。

科技报告的著录范例：

冯西桥. 核反应堆压力容器的 LBB 分析［R］. 北京：清华大学核能技术设计研究院，1997.

World Health Organization. Factor regulating the response: report of WHO Science Group［R］. Geneva: WHO，1970.

为了便于我们更好地识别各种文献类型，表 1－2 综合以上各类文献的识别标识展示供查阅。

表1-2 常用文献的识别要素

类型	文献类型识别标识	识别（检索）要素	显著标志
图书	［M］	书名、作者、出版社名称、ISBN、出版年等	ISBN
期刊	［J］	期刊名称、卷号、期号、出版年、ISSN 等	ISSN
会议文献	［C］	会议名称、会址、主办单位、会议录的出版单位等	Proceedings（会后出版物特征词）、Conference（会议）、Meeting、Symposium、Workshop、Colloquium、Convention、Paper（会前出版物特征词）
学位论文	［D］	学位名称、导师姓名、作者姓名、学位授予机构等	Ph. D. Dissertation（博士论文）Master Thesis（硕士论文）
标准文献	［S］	标准名称、标准号、颁布时间等	Standard，Recommendation
专利文献	［P］	专利号、专利名称、发明人、申请人等	Patent
科技报告	［R］	报告名称、报告号、研究机构等	Report
电子文献	［EB/OL］	—	—

四、文献信息的分布规律

文献信息中所含信息或者情报的汇流称为文献信息流。文献信息流具有静态和动态两个特征。静态特性反映了文献在空间的分布特性，而动态特征则反映了文献随时间而变化的规律。人们尤其是科技人员熟悉和了解自己所从事的研究领域的科技文献空间分布规律，对于快速、准确、全面地获取及利用信息提高科研水平是大有裨益的。此外，掌握和应用这些规律性，对于确定文献的合理收藏范围、选择核心期刊、计算馆藏的完整性、二次加工情报量、确定文献保存年限等图书情报业务工作，都是十分必要和有益的。

1. 文献信息的时间分布规律

文献信息资源的时间分布规律通俗地讲就是资源随时间变化发生的"增减规律"，即文献增长规律和文献老化规律。

（1）文献信息的增长规律

对科技文献的定量研究始于 20 世纪 40 年代，至今已建立了多种描述增长规律的数学模型，比较著名的有"文献指数增长率"和"文献逻辑增长率"。

1）文献指数增长率。科技文献指数增长的规律性，首先是由著名科技史学家和情报学家德里克·普赖斯（Derek de Solla Price）提出来的。他考察统计了科学期刊的增长情况，发现科学期刊的数量大约每 50 年增长 10 倍。他在《巴比伦以来的科学》（*Science Since Babylon*）一书中指出："似乎没有理由怀疑任何正常的、日益增长的科学领域内的文献是按指数增加的，每隔 10~15 年时间增加一倍""每年增长 5%~7%"。他还以科学文献量为纵轴，以历史年代为横轴，把各个不同年代的科学文献量在坐标图上逐点描绘出来，然后以一条光滑曲线连结各点，十分近似地表征了科学文献随时间增长的规律，这就是著名的普赖斯曲线。通过对该曲线的分析研究，普赖斯最先注意到文献量与时间成指数函数关系，可用下式表示：

$$F(t) = aebt \ (a>0,\ b>0)$$

式中　$F(t)$——表示时刻 t 的文献量；

　　　　t——时间，以年为单位；

　　　　a——条件常数，即统计的初始时刻的文献量；

　　　　e——自然对数的底（$e \approx 2.718$）；

　　　　b——时间常数，即持续增长率。

2）文献逻辑增长率。文献的指数增长定律作为一个理想模型，在一定程度上正确反映了文献的实际增长情况，但由于没有考虑许多复杂因素对科学文献增长的限制，在实际应用中，该定律还有许多局限性。鉴于此，有些学者又提出了科技文献按逻辑曲线增长的理论，作为对指数增长的一种补充和修正，其方程式为

$$F(t) = K/(1 + ae - bt) \ (b>0)$$

式中　$F(t)$——表示时刻 t 的文献量；

　　　　K——文献增长的最大值。

逻辑曲线表明，在科学文献增长的初始阶段，是符合指数增长规律的。但这种增长趋势到一定时期将会减弱。当文献增至最大值的一半时，其增长率开始变小，最后缓慢增长，并以 K 为极限。

音频 1-03
普赖斯简介

（2）文献信息的老化规律

科技文献随着时间的推移逐渐失去使用价值而不再被人们利用或越来越少地被人利用的现象就是文献的老化现象。科技文献的老化既与文献内容的失效有关，又与文献的增长有关；既与文献的学科特点及发展阶段、文献的类型有关，又与用户的文献信息需求有关。所以，研究文献的老化规律，寻求描述文献老化的正确方法和指标，不仅可以揭示文献传播的动态规律，指导文献采购、剔旧、排架等，还能对未来文献的利用情况做出预测，进而对整个文献情报的组织管理具有一定指导意义，同时还能为科学学及科技史的研究提供定量依据和途径。

一般来讲，利用半衰期及普赖斯指数等具体指标来衡量文献的老化过程，能够比较客观地反映科技文献老化的规律。

1）半衰期。所谓半衰期是指某学科领域现实尚在使用的全部文献中新的一半文献的发表年限所覆盖的时段。

2）普赖斯指数。普赖斯指数即可用于某一领域的全部文献，也可用于评价某种期刊、某一机构、有一作者和某篇文章。

普赖斯指数 = 近五年的被引用的文献数量 / 被引用的文献总量 ×100%

以上两个指标，是按不同方式反映了影响老化因素的相关关系。当把半衰期作为一个常量来计算时，采用的是某一年中所有引文的一半，并以其出版的年度作为引文年龄。当把普赖斯指数作为一个常量计算时，采用的是不超过 5 年的引文，并计算这部分引文占全部引文的百分比。

2. 文献信息的空间分布规律

科技文献空间分布规律的研究内容包括文献按照著者分布、词汇在文献中的分布、文献的集中 - 离散分布等。其中文献的集中 - 离散分布是文献空间分布最重要的内容。在 20 世纪早期，英国文献学家布拉德福（S. C. Bradford）在这方面做了许多富有创建性的研究，并发现了科技文献在空间分布上的"离散定律"（Law of Scat-tering），这就是著名的"布拉德福定律"或者说"布氏定律"。

音频 1 - 04
布拉德福定律

布拉德福于 1934 年公开发表了《特定学科的信息源》（*Sources of Information on Specific Subject*）一文，首次揭示报道了某一学科的文献在期刊中的离散分布规律的经验定律。这一定律在 14 年后被维克利（B. C. Vickery）确定为"布拉德福离散定律"，也称文献分散定律。经过后来的许多研究者的修正和研究，发展成为著名的文献分布理论。

一般认为，布拉德福定律由其区域描述和图像描述两部分组成。布拉德福定律的区域描述表述为：若将科学期刊按其刊载某一学科文献数量的多少，以递减顺序排列，便可把期刊划分为直接服务于该学科的核心区域及其他几个区域，每个区域的期刊所载的文献总数相同。这时，核心区域与相继各区域的期刊数量呈 1：a：a^2：…：a^{n-1} 的关系。布拉德福定律的图像描述表述为：取上述等级排列的期刊序号（级数）的对数（$\lg n$）为横坐标，以相应论文量对数 $R(n)$ 为纵坐标，进行图像描述，便可得到一条曲线。我们将绘制出的曲线称为布拉德福分散曲线，如图 1 - 5 所示。

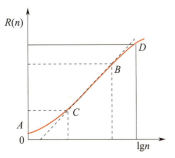

图 1-5　布拉德福分散曲线

区域描述方法是根据实际统计的具体数据出发，取近似值而归纳出公式的，这是一种近似的经验方法。图像描述法所依据的是与区域描述定量相同的统计数据，只是图像描述将统计的期刊数取对数，并利用了3个区中的相关论文量相等这一近似条件而得到结论的。我们在研究布拉德福定律时，不应该只从数学上的差别去强调两个结果矛盾的一面，也不应该只从定律的字面表述去否定图像描述的方法和结论，而应该从与统计数据相符合或相似的事实去强调其有效性和实用性的一面。

活动与训练

一、活动描述

某高职院校图书馆作为"双高计划"建设院校图书馆，在该省开展的高校图书馆评比中获得历届"优秀高校图书馆"称号。该校图书馆已建成基于微服务架构的智慧图书馆服务平台，初步实现业务系统稳步运行，纸电资源一体化管理。在资源建设方面已初步形成以工业技术、航空航天等学科为主，同时兼顾人文、社会科学等多个学科、多种类型、多种载体的综合性馆藏资源体系。为服务学校"双高"建设工作，目前该校加大资金投入，加快资源建设工作。学校为了合理有效使用资金，需要图书馆进行文献成本的核算。表1-3为2013—2022年该校投入的文献购置费。

表1-3　某图书馆文献购置费

年度	2013	2014	2015	2016	2017	2018	2019	2020	2021	2022
文献购置费/万元	45	65	85	90	115	120	185	120	145	150

二、活动分析

文献作为图书馆的固定资产，其获得需要投入相应的文献购置费，与其他固定资产相比，其成本折旧分摊要复杂得多。这是因为图书馆的文献资产不是一次性买入，而且每年买入的文献量处于变化之中，文献价值耗费又是以指数模型进行的，各年各类文献在同一年以不同情况发生衰变。这些正是测算图书馆文献成本的困难所在。

文献半衰期是指某学科或专业现时正在被利用的文献中的一半是在多长时间内发表出版的，通常记为T。文献半衰期是根据统计得出的结果，它反映了文献老化的统计规律。应用文献半衰期可以科学测算图书馆文献的实有价值和每年的文献成本。

三、活动演练

1. 文献购置费数列

对于一个图书馆，每年都在新增文献，都会产生一笔文献购置费，因此可以假设文献购置费为数列$\{a_n\}$，$n = 1, 2, \cdots, N$。比如a_3就为某馆开馆后第三年的文献购置费。

2. 平均文献半衰期

文献半衰期一般是按学科或专业进行调查统计的，但对于一个图书馆的文献来说，它是多种学科专业的文献集合体，因此就存在文献加权平均半衰期了。假设T_i为某馆i类文献半衰期，i为学科专业类别；k_i为i类文献的加权数（比重），将该馆文献的平均半衰期记为T，则

$$T = \sum k_i \times T_i$$

3. 文献半年余值及衰变值

假设文献为 1 个单位，根据半衰期理论，可以分析得出文献当年余值及衰变值，见表 1-4（表中 $y = 1, 2, \cdots, N$，y 的最大取值为该馆馆龄）。

表 1-4 文献年末余值及年衰变值

值	第 1 年	第 2 年	第 3 年	…	第 y 年
年末余值	$0.5^1/T$	$0.5^2/T$	$0.5^3/T$	…	$0.5^y/T$
年衰变值	$1 - 0.5^1/T$	$0.5^1/T - 0.5^2/T$	$0.5^2/T - 0.5^3/T$	…	$0.5^{y-1}/T - 0.5^y/T$

从表 1-5 可知，当半衰期为 3 年的 1 个单位文献，第 1 年衰减值为 0.21，第 2 年的衰减值为 0.16，第 3 年的衰减值为 0.13，3 年后累计刚好衰减一半，6 年后余值刚好为 1/4。

表 1-5 $T=3$ 时的文献年末余值及年衰变值

值	第 1 年	第 2 年	第 3 年	第 4 年	第 5 年	第 6 年	…
年末余值	$0.5^1/3 = 0.79$	$0.5^2/3 = 0.63$	$0.5^3/3 = 0.5$	$0.5^4/3 = 0.4$	$0.5^5/3 = 0.31$	$0.5^6/3 = 0.25$	…
年衰变值	0.21	0.16	0.13	0.1	0.09	0.06	…

如果将某馆第 j 年的文献成本记为 C_j，则文献成本公式为

$$C_j = a_j \times (1 - 0.5^{1/T}) + a_{j-1} \times (0.5^{1/T} - 0.5^{2/T}) + a_{j-2} \times (0.5^{2/T} - 0.5^{3/T}) + \cdots + a_{j-y} \times (0.5^{y/T} - 0.5^{(y+1)/T})$$

其中 $y = 0, 1, \cdots, N$，y 的最大取值为该馆馆龄。

4. 相关参数设置

高职院校是以培养高技术技能型人才为目标的高校，且该馆 99% 的文献均为中文文献，因此本书不再通过加权来计算，直接将该馆文献平均半衰期近似取为 6 年，即 $T=6$。

5. 文献成本计算

在 $T=6$ 时，1 个文献年末余值及年衰变值对照表见表 1-6。

表 1-6 $T=6$ 时的文献年末余值及年衰变值

值	第 1 年	第 2 年	第 3 年	第 4 年	第 5 年	第 6 年	第 7 年	第 8 年	第 9 年	第 10 年
年末余值	$0.5^1/6$ $= 0.89$	$0.5^2/6$ $= 0.79$	$0.5^3/6$ $= 0.71$	$0.5^4/6$ $= 0.63$	$0.5^5/6$ $= 0.56$	$0.5^6/6$ $= 0.50$	$0.5^7/6$ $= 0.45$	$0.5^8/6$ $= 0.40$	$0.5^9/6$ $= 0.35$	$0.5^{10}/6$ $= 0.31$
年衰变值	0.11	0.10	0.08	0.08	0.07	0.06	0.05	0.05	0.05	0.04

综合以上数据和公式推导，可以得出某高职院校图书馆的 2022 年的文献成本为

$$C_{2022年} = 150 \times 0.11 + 145 \times 0.10 + 120 \times 0.08 + 185 \times 0.08 + 120 \times 0.07 + 115 \times 0.06 + 90 \times 0.05 + 85 \times 0.05 + 65 \times 0.05 + 45 \times 0.04 = 84.5（万元）$$

四、活动反思

从上述计算中核算出的 2022 年的文献成本为 84.5 万元，与该馆实际文献购置费 150 万元有很大的差距，从数据分析中可以得出，图书馆在文献资源建设中需要重视以下四个方面的问题：

1. 图书馆的文献价值发挥不是在一年内完成的，应科学、广泛宣传图书馆的馆藏，同时加强文献的保护工作。

2. 图书馆不能搞文献突击采购，文献资源建设工作应均衡开展。

3. 充分重视原有文献资源的开发利用，不要认为有了新文献就可以忽视原有文献的宣传利用，不能因为书架有限就随意将其打包束之高阁。

4. 文献剔旧应持谨慎原则，不能随意剔除原有文献。

单元小结

信息源（Information Sources）是人们在科研活动、生产经营活动和其他一切活动中所产生的成果和各种原始记录，对这些成果和原始记录加工整理得到的成品都是借以获得信息的源泉。信息源的内涵丰富，它不仅仅包括各种信息载体，也包括各种信息机构；不仅包括传统印刷文献资料，也包括现代电子图书报刊；不仅包括各种信息储存和信息传递机构，也包括各种信息生产机构。

文献信息源是正式信息交流的利用对象，是人们获取全面系统信息的主要保障。而文献是在空间和时间上积累和传播信息的最有效的手段，是获取信息的最基本、最主要的来源。

思考与练习

在线测试 1-01

一、判断题

1. 文献的属性不包括知识性、可传递性。　　　　　　　　　　　　　（　　）

2. 文献按记录方式分为 6 种：手写型文献、印刷型文献、缩微型文献、声像型文献、电子型文献、多媒体信息。　　　　　　　　　　　　　　　　　　　（　　）

3. ISBN 指的是期刊的国际标准刊号。　　　　　　　　　　　　　　（　　）

4. 科技报告提供了许多最新研究课题与尖端学科的信息，内容比期刊论文要专深、详尽。　　　　　　　　　　　　　　　　　　　　　　　　　　　　　（　　）

5. 会议文献是在各种学术会议上发表的论文或报告。　　　　　　　　（　　）

6. 标准按适用范围划分为：国际标准、国家标准、行业标准、地方标准、企业标准。（　　）

二、简答题

1. 请解释信息、知识、文献的概念，并简述三者之间的关系。

2. 文献的三要素是什么？

3. 文献信息按照加工深度划分为哪些类型？

三、实训应用题

下面是一篇科技期刊论文的著录格式，请分别写出①~⑧各代表什么字段。

初景利①，刘敬仪②，张冬荣等. 从信息素养教育到泛信息素养教育——中国科学院大学 15 年的实践探索③ ［J］④. 图书情报工作⑤，2020，64⑥（06）⑦：3-9⑧. DOI：10.13266/j. issn. 0252-3116.2020.06.001

单元二　文献信息检索原理

案例导入

20 世纪 70 年代，美国核专家泰勒收到一份题为《制造核弹的方法》的报告，他被报告精湛的技术设计所吸引，惊叹地说："至今在我看到的报告中，它是最详细、最全面的一份。"但使他更为惊异的是，这份报告竟出自于哈佛大学经济专业的青年学生之手，而这个四百多页的技术报告的全部信息来源又都是从图书馆那些极为平常的、完全公开的图书资料中所获得的。

培养子目标

知识目标

了解文献信息检索的基础知识，包括文献信息检索的相关概念、检索语言与途径、检索工具与系统、检索方法等；理解文献信息检索技术及其重要性；掌握文献信息检索的基本流程与步骤。

能力目标

能认识到文献信息检索的重要性和必要性，会利用信息检索技术为学习、生活、工作服务。

素质目标

培养文献信息检索意识，建立正确的文献信息检索观念和方法，增强科研素养。

相关知识

一、文献信息检索的相关概念

1. 文献信息检索的定义

信息检索（Information Retrieval）有广义和狭义之分。广义的信息检索全称为"信息存储与检索"，是指将信息按一定的方式组织和存储起来，并根据用户的需要找出有关信息的过程。狭义的信息检索为"信息存储与检索"的后半部分，通常称为"信息查找"或"信息搜索"（Information Search 或 Information Seek）。它是指从信息集合中找出用户所需要的有关信息的过程，包括三个方面的含义：①了解用户的信息需求；②信息检索的技术或方法；③满足信息用户的需求。

2. 文献信息检索的含义

信息检索一词出现于 20 世纪 50 年代，又称信息存储与检索、情报检索，是指将信息按一定的方式组织和存储起来，并根据信息用户的需要找出有关的信息的过程和技术。也就是说，包括"存"和"取"两个环节和内容。

广义的信息检索见图 1-6 所示，它包括信息的存储和检索（Storage and Retrieval）两个过程。信息存储包括以下三个步骤。

第一步：信息的选择与收集。它是指检索系统根据本系统的服务目的，确定信息收集、处理的原则，对分布在各处的离散的信息进行收集加工。

第二步：信息的标引。标引是信息加工人员对收集到的信息内容特征进行分析之后，对每条信息加上系统能够识别的检索标识的过程。

第三步：形成大量有序可检的信息集合。工作人员将标引后的信息条目录入，并将其按照一定的顺序排列起来，形成有序的信息集合即数据库，从而为信息检索奠定基础。

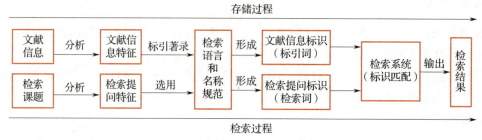

图1-6　信息存储与检索流程图

由此可见，信息的检索过程是信息存储的逆过程。信息用户根据自己的需求对主题和概念进行认真分析后，将自己的信息需求转化为检索表达式，该检索表达式与系统标识的比较匹配过程就是检索的过程。

3. 文献信息检索的种类

文献信息检索从不同的角度划分，有不同的类型。

1）按存储与检索对象划分，可以分为：文献检索、数据检索、事实检索。这三种类型的主要区别在于：数据检索和事实检索是要检索出包含在文献中的信息本身，而文献检索则检索出包含所需要信息的文献即可。

2）按存储的载体和实现查找的技术手段划分，可以分为：手工检索、机械检索和计算机检索。其中发展比较迅速的计算机检索是"网络信息检索"，也即网络信息搜索，是指互联网用户在网络终端，通过特定的网络搜索工具或是通过浏览的方式，查找并获取信息的行为。

3）按检索途径划分，可以分为：直接检索和间接检索。

二、文献信息检索的语言与途径

（一）检索语言

1. 定义

检索语言即情报检索语言，是专门用于各种手工和计算机化的文献信息检索与存储系统描述文献信息中信息的内容特征和外部特征的表达检索提问的人工语言。它是标引与检索提问之间约定的语言，是人与检索系统对话的基础。

2. 作用

检索语言在信息检索中起着极其重要的作用，它是沟通信息存储与信息检索两个过程的桥梁。在信息存储过程中，用它来描述信息的内容和外部特征，从而形成检索标识；在检索过程中，用它来描述检索提问，从而形成提问标识；当提问标识与检索标识完全匹配或部分匹配时，结果即为命中文献。

3. 类型

检索语言简言之是用来描述信息源特征和进行检索的人工语言，检索语言一般来说由语词和词表两部分构成。语词也称检索标识，是表达主题概念的名词术语或逻辑分类的分类号及代码。如分类号（F23）、关键词（计算机）、叙词（计算机应用）；词表是指汇集了各种语词，并按一定规则排列的系统化词表。如《中国图书资料分类表》《汉语主题词表》等。

目前，世界上的信息检索语言有很多种，依其划分方法的不同，其类型也不一样。就其描述文献的有关特征而言，可分为描述文献外表特征的检索文和描述文献内容特征的语言范畴。这两大范畴又可细分为若干具体的语言，见表1-7。

表1-7　检索语言体系

（书目引文语言）外表特征语言			题名	书名，篇名
			著者姓名	—
			文献序号	如专利号、报告号、ISBN、ISSN 等
			书目引文	—
			出版事项	—
			文献类型	—
内容特征语言	非句法语言	分类语言	体系分类语言	—
			组配分类语言	—
			混合分类语言	—
		主题语言	关键词语言	固定词汇的关键词、自由关键词
			单元词语言	—
			标题词语言	—
			叙词语言	—
	句法语言		加标识的叙词	—
			组面词	—
			短语	—
			文献全文的自然语言	纯自然语言

不同的检索语言构成不同的标识和索引系统，提供用户不同的检索点和检索途径。检索语言种类很多，本节介绍最常用的分类语言和主题语言。

（1）分类语言

分类语言是指以数字、字母或字母与数字结合作为基本字符，采用字符直接连接并以圆点（或其他符号）作为分隔符的书写法，以基本类目作为基本词汇，以类目的从属关系来表达复杂概念的一类检索语言。分类语言又可分为体系分类语言、组配分类语言和混合分类语言。《国际专利分类表》《中国图书馆图书分类法》等都是分类法的工具书。我国先后出版了30多种综合性和专门性的体系分类法，如《中国人民大学图书馆图书分类法》（简称《人大法》）、《中小型图书馆图书分类表草案》、《中国科学院图书馆图书分类法》（简称《科图法》）、《中国图书馆分类法》（简称《中图法》）等。

音频1-05
《人大法》

音频1-06
《科图法》

《中国图书馆分类法》（Chinese Library Classification，CLC）原名《中国图书馆图书分类法》，简称《中图法》。《中图法》始编于1971年，先后出版了五版，是我国图书馆和情报单位指定使用的一部综合性的分类法。

《中图法》是在科学分类的基础上，结合图书的特性所编制的分类法。它将学科分5个基本部类、22个大类。采用汉语拼音字母与阿拉伯数字相结合的

音频1-07
《中图法》

混合号码，用一个字母代表一个大类，以字母顺序反映大类的次序，在字母后用数字作标记。为适应工业技术发展及该类文献的分类，对工业技术二级类目，采用双字母。表1-8为《中国图书分类法》简表。

表1-8 《中国图书分类法》简表

基本序列	基本大类	二级类目
马、列、毛思想	A 马克思主义、列宁主义、毛泽东思想	1 马克思、恩格斯著作 /2 列宁著作 /3 斯大林著作 /4 毛泽东著作/……
哲学	B 哲学	0 哲学理论/1 世界哲学/2 中国哲学/3 亚洲哲学/4 非洲哲学/5 欧洲哲学/6 大洋洲哲学/7 美洲哲学……
社会科学	C 社会科学总论	0 社会科学理论与方法论/1 社会科学现状、概况 /……
	D 政治、法律	0 政治理论 1/3 共产主义运动、共产党 /4 工人、农民、青年、妇女运动与组织 5/7 各国政治 /6 中国政治 /8 外交、国际关系/9 法律
	E 军事	0 军事理论/1 世界军事/2 中国军事 /3/7 各国军事 /8 战略、战役、战术/9 军事技术
	F 经济	0 政治经济学 /1 世界各国经济概况、经济史、经济地理/2 经济计划与管理 /3 农业经济/4 工业经济 /5 交通运输经济 /6 邮电经济 /7 贸易经济/8 财政、金融
	G 文化、科学、教育、体育	0 文化理论/1 世界各国文化事业概况 /2 信息与知识传播 /3 科学、科学研究 /4 教育 /8 体育
	H 语言、文字	0 语言学/1 汉语/2 中国少数民族语言/3 常用外国语/4 汉藏语系/5/7 各语系
	I 文学	0 文学理论/1 世界文学/2 中国文学/3/7 各国文学
	J 艺术	0 艺术理论/1 世界各国艺术概况/2 绘画/3 雕塑/4 摄影艺术/5 工艺美术/6 音乐/7 舞蹈/8 戏剧艺术/9 电影、电视艺术
	K 历史、地理	0 史学理论/1 世界史/2 中国史/3 亚洲史/4 非洲史/5 欧洲史/6 大洋洲史/7 美洲史/81 传记//9 地理
自然科学	N 自然科学总论	—
	O 数理科学和化学	—
	Q 生物科学	—
	R 医药、卫生	1 预防医学、卫生学/2 中国医学/3 基础医学/4 临床医学/5 内科学/6 外科学/9 药学
	S 农业科学	—
	T 工业技术	TB 一般工业技术/TD 矿业工程/TE 石油、天然气工业/TF 冶金工业 TG 金属学、金属工艺/TH 机械、仪表工业/TJ 武器工业/TK 动力工程/TL 原子能技术/TM 电工技术/TN 无线电电子学、电信技术/TP 自动化技术、计算技术/TQ 化学工业/TS 轻工业、手工业/TU 建筑科学/TV 水利工程
	U 交通运输	1 综合运输 /2 铁路运输 /4 公路运输 /6 水路运输
	V 航空、航天	
	X 环境科学、安全科学	—
综合性图书	Z 综合性图书	—

目前，我国各大文献数据库如《中国科学引文数据库》《中国学术期刊综合评价数据库》以及数字化图书馆、中国期刊网等都要求学术论文按《中图法》标注中图分类号。

（2）主题语言

主题语言是指以自然语言的字符为字符，以名词术语为基本词汇，用一组名词术语作为检索标识的一类检索语言。主题语言表达的概念比较准确，具有较好的直观性、灵活性和专指性，满足用户从主题概念角度检索新兴专业学科、交叉学科文献信息的要求。

主题语言可按规范化程度来划分，分为规范性主题语言和非规范性主题语言。常见的规范性主题语言主要有叙词语言、标题词语言、单元词语言三种。其中叙词语言是应用最为广泛最为先进的一种语言。

1）叙词语言。叙词法综合了多种信息检索语言的原理和方法，具有多种优越性，现已占据主题检索语言的主导地位，非常适用于计算机检索。

叙词语言有一套严格完整的参照系统。参照系统把各个分散的独立的叙词字语义逻辑上构成一个有机整体。它一般由叙词的等同关系、属分关系、相关关系三类组成，见表1-9。

表1-9　叙词语言参照系统

参照系统	参照项	符号	含义	作用	英文符号	英文名
等同关系	用项	Y	用	用于将非叙词指向叙词	USE	Use
	代项	D	代	指明所代替的非叙词	UF	Used for
属分关系	分项	F	分	狭义（下位）词	NT	Narrow term
	属项	S	属	广义（上位）词	BT	Broad term
	族项	Z	族	最上位叙词（族首词）	TT	Top term
相关关系	参项	C	参	相关叙词	RT	Related term

通过参照系统可以帮助我们合理地选用叙词，并可自主地扩大或缩小检索范围。《CA》《EI》等著名检索工具都采用了叙词法进行编排。中文叙词语言检索工具的典型代表则是《汉语主题词表》。

2）标题词语言。标题词是主题语言系统中最早的一种类型，它通过主标题词和副标题词固定组配来构成检索标识。英国的《科学引文索引》中的"轮排主题索引"、美国《工程索引》中的《SHE》（Subject Headings for Engineering）就是典型的标题词语言。

3）单元词语言。单元词语言多用于机械检索，适于用简单的标识和检索手段（如穿孔卡片等）来标识信息。《化学专利单元词索引》和《世界专利索引（EPI）——规范化主题词表》等就是典型的单元词语言词表。

4）关键词语言。关键词是指出现在文献标题、文摘、正文中，对表征文献主题内容具有实质意义的语词，对揭示和描述文献主题内容是重要的、关键性的语词。关键词不受词表控制，常用的检索工具如《科学引文索引》中的"轮排主题索引"等。

5）纯自然语言。纯自然语言完全使用自然语言，即对一条完整的信息中任何词汇都可以进行检索。它采用全文匹配法检索，主要运用于计算机全文数据库和网络信息检索。

关键词语言和纯自然语言属于非规范性主题语言，也称自然语言，是目前使用最频繁、最广泛的一种检索语言。它具有不编制词表、选词灵活多变、标引和检索速度快、及时反映事物发展变化、准确表达新概念等优点，但其缺陷也是十分明显的，即误检率非常高。

（二）检索途径

文献信息检索途径是指在对文献的外部特征和内容特征进行描述时，其结果产生不同的文献标识，而大量的文献标识按照字顺的次序或逻辑的次序排列起来，就产生了系列化的、可供检索的文献描述体。信息用户在检索时，把所需信息的某种特征标识转换为文献标识，以此为入口进行检索，这个检索入口就叫作检索途径。多种多样的索引就可以提供多种多样的检索途径，见表1-10。

表1-10　检索途径的类型

文献特征	文献标识	索引类别	检索途径
描述文献外部特征	书名、篇名	书名索引 篇名索引 题名索引	书名检索途径 篇名检索途径 题名检索途径
	著者名称	著者索引	著者检索途径
	文献序号	序号索引	号码检索途径
	引用文献	引文索引	引文检索途径
描述文献内容特征	学科分野	分类索引	分类检索途径
	研究对象	主题索引	检索途径
	所包含的关键词	关键词索引	关键词检索途径
	分子式、结构式	分子式索引 结构式索引	分子式检索途径 结构式检索途径
	地理位置等特种内容	经纬度索引	经纬度等特种检索途径

一般来讲，常用的检索途径主要是以下几种。

1. 主题途径

主题途径是文献检索的一种主要的检索途径，是指通过文献资料的内容主题进行检索的途径，它依据的是各种主题索引或关键词索引，检索者只要根据项目确定检索词（主题词或关键词），便可以实施检索。

从主题途径查找文献的关键在于分析项目、提炼主题概念，运用词语来表达主题概念，选准主题词。

2. 分类途径

分类途径是以知识体系为中心分类排检，按学科分类体系来检索文献。因此，分类途径体现学科系统性，反映学科与事物的隶属、派生与平行的关系，便于我们从学科所属范围来查找文献资料，并且可以起到"触类旁通"的作用。从分类途径检索文献资料，主要是利用分类目录和分类索引。

3. 著者途径

著者途径是指根据已知文献著者来查找文献的途径，许多检索系统备有著者索引、机构索引，专利文献检索系统有专利权人索引，利用这些索引从著者、编者、译者、专利权人的姓名或机关团体名称字顺进行检索的途径统称为著者途径。著者途径可以提供一定的族性检索，以著者为线索可以系统、连续地掌握著者的研究水平和研究方向。

4. 题名途径

题名途径指通过文献的题名来查找文献的途径。题名包括文献的篇名、书名、刊号、标准号、数据库名等，检索时可以利用检索工具的书名索引、刊名索引、会议论文索引等进行。

5. 代码途径

代码途径是通过信息的某种代码来检索信息的途径。例如，图书的 ISBN 号、期刊的 ISSN 号、专利号、报告号、合同号、索书号等。

三、文献信息检索的工具与系统

（一）检索工具

1. 检索工具的概念

文献信息检索工具是指以压缩形式存储、报道和查找文献信息的工具，它是按照一定规则和方式，将分散、无序且数量庞大的原始文献信息，加以压缩、组织、存储而形成的文献信息著录的集合。在这个集合中，所收录的信息的外部特征和内部特征都按照需要有着详略不同的描述，每条描述记录都标有可供检索用的标识，并按照一定的序列编排，科学地组织成一个有机的整体。它具有报道文献、存储文献、检索文献三大基本功能。

从定义中可见：文献、检索语言、文献条目是检索工具的三个基本要素。其中，文献是构成检索工具的主体，检索语言为文献的组织方式，文献条目则是文献的存在方式，如名称、作者、时间、机构、文献出处、简介等。

2. 检索工具的类型

文献信息检索从检索工具的著录特征、报道范围、载体形式和检索手段等特征的不同，检索工具可以分为不同的类型。从载体形式的角度划分为书本式检索工具、缩微检索工具、卡片式检索工具和磁性检索工具；从收录内容的角度划分为综合型和专业型两种；从检索手段的角度划分为手工检索工具、计算机检索工具和网络检索工具等类型。

在手工检索时代，检索工具是指各种印刷版的检索工具，按照编制特点主要包括书目、文摘、索引、参考工具书等。参考工具书又包含类书、政书、百科全书、手册、字典、词典、年鉴、名录、表谱、图集、丛集、汇要等。

在计算机检索时代，检索工具就是各种检索系统，其核心是各种数据库。网络检索是计算机检索发展的新阶段，在网络检索时代诞生了各种新型的检索工具，如搜索引擎，它的检索原理还是以手工检索和计算机检索原理为基础的，并在此基础上发展而成。

无论是手工检索还是计算机检索都会以文献信息的著录信息特征构建检索系统（如图 1-7 所示），主要方式包括目录（Catalog）、题录（Title）、文摘（Abstract）、索引（Index）等。

（1）目录

目录是揭示文献外表特征的检索工具，它不涉及书中的具体文章，一般只记录如书名（刊名）、著者、出版项和载体形态等。我们常见的目录有：国家书目、出版发行目录、馆藏目录、联合目录以及专题文献目录和引用出版物目录等。

（2）题录

题录也是揭示文献外表特征的检索工具。题录报道信息的深度比目录大，信息检索的功能比目录强，是用来查找最新文献的重要工具。

（3）文摘

文摘是揭示外表特征和内容特征的检索工具。检索者通过阅读文摘内容就可以很快地掌握文献的基本内容，从而决定文献的取舍，起到筛选文献的作用。因此文摘是存储和检索文献的主要工具，是检索工具的主体，是二次文献的核心。国际上著名的《工程索引》和《科学文摘》等就是典型的文摘检索工具。

（4）索引

索引是揭示具有重要检索意义的内容特征标识或外部特征标识，按照一定顺序排列，并注明文献条目线索的检索工具。其系统的完善性是衡量一个检索工具质量高低的一个重要标志，但是索引也只是一种附属性的检索工具，主要起检索作用。索引常常附于检索工具的后部，但也有的工具本身全部是由索引构成，如美国的《科学引文索引》（SCI）等。

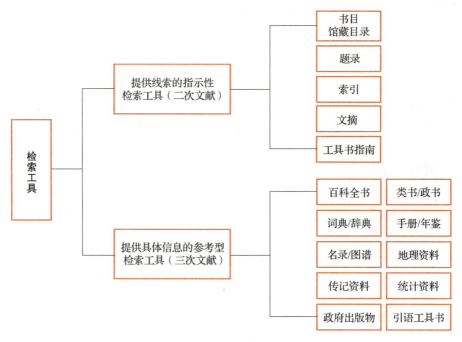

图1-7 检索工具的类型

（二）检索系统

1. 检索系统的概念

文献检索系统是指按某种方式、方法建立起来的供读者查检信息的一种有层次的体系，是表征有序的信息特征的集合体。在这个集合体中，对所收录的信息的外部特征和内容特征都按需要有着详略不同的描述，每条描述记录（即款目）都标明可供检索用的标识，按一定序列编排，科学地组织成一个有机的整体，同时应具有多种必要的检索手段。其中二次文献信息或三次文献信息是文献信息系统的核心和概括。

2. 检索系统的类型

1）按照文献存储与检索所采用的设备和手段划分，可分为手工信息检索系统和计算机信息检索系统两种类型。

①手工信息检索系统主要包括书本式和卡片式两种。它是在电子数据库及因特网出现以前进行文献信息检索的主要检索工具，一般由使用说明、目次表、正文、辅助索引、附录等五个部分组成。

②计算机信息检索系统主要由计算机硬件及软件系统、数据库、数据通信等设施组成。根据其内容的不同，计算机信息检索系统又可分为计算机光盘检索系统、计算机联机检索系统、计算机网络检索系统等三种。

2）按揭示信息内容的程度划分其可为书目、题录、文摘、全文数据库。

①书目揭示信息的单元是种/册，其主要作用是帮助检索者了解某种文献的出版情况或了解某种（某类）图书、期刊在有关文献收藏单位是否订购及是否有收藏。书目系统的载体也是多样的，手工信息系统有卡片目录、书本目录等。提供计算机检索的电子版目录包括机读目录 MARC 以及在网络上运行的联机公共检索目录 OPCA 等。

②题录揭示一篇文章的题目，其作用是帮助人们查找并掌握某篇文章的标题、作者及准确的信息出处（线索）等。

③文摘是在题录基础上增加了文章摘要的检索系统，主要为人们提供有关文献的准确出处（线索）。

④全文数据库是能揭示文献全貌的检索系统。它满足了人们方便、快速地检索到原始文献信息的需求。

四、文献信息检索的方法与步骤

（一）检索方法

检索方法（Retrieval Methods）是为实现检索方案中的检索目标所采用的具体操作方法和手段的总称。选择检索方法的目的在于寻求一种高效查找文献资料的有效快捷的方法。

检索的方法很多，在检索过程中应根据检索系统的功能和检索者的实际需求，灵活运用各种检索方法，以达到满意的检索效果。下面介绍几种常用的方法。

1. 常用法

常用法又称直接法，是指直接利用检索工具（系统）检索文献信息的方法，这是文献检索中最常用的一种方法。它又分为顺查法、倒查法和抽查法。

（1）顺查法

顺查法是指按照时间的顺序，由远及近地利用检索系统进行文献信息检索的方法。这种方法能收集到某一课题的系统文献，适用于较大课题的文献检索。例如，已知某课题的起始年代，现在需要了解其发展的全过程，就可以用顺查法从最初的年代开始，逐渐向近期查找。顺查法的优点是漏检率和误检率低；缺点是劳动量大。

（2）倒查法

倒查法是由近及远，从新到旧，逆着时间的顺序利用检索工具进行文献检索的方法。这种方法的重点是在近期文献上，因此可以最快地获得最新资料。如进行新课题立项前的调研就可用此法。使用这种方法劳动量虽小，却容易造成漏检。

（3）抽查法

抽查法是指针对检索课题的特点，选择有关该课题的文献信息最可能出现或最多出现的时间段，利用检索工具进行重点检索的方法。

它适于检索某一领域研究高峰很明显的，某一学科的发展阶段很清晰的，某一事物出现频率在某一阶段很突出的课题。这是一种检准率较高又比较省时的方法。

2．追溯法

追溯法是指利用已经掌握的文献末尾所列的参考文献，进行逐一追溯查找"引文"的一种最简便的扩大情报来源的方法。它还可以从查到的"引文"中再追溯查找"引文"，像滚雪球一样，依据文献间的引用关系，获得越来越多的内容相关文献。

3．综合法

综合法又称为循环法，它是把上述两种方法加以综合运用的方法，也是实践中采用较多的一种方法，它兼有常用法和追溯法的优点，可以查得较为全面而准确的文献。

（二）检索步骤

文献检索工作是一项实践性和经验性很强的工作，检索程序与检索的具体要求有密切关系，对于不同的项目，可能采取不同的检索方法和程序。文献信息检索大致可分为 4 个步骤，检索步骤流程图如图 1－8 所示。

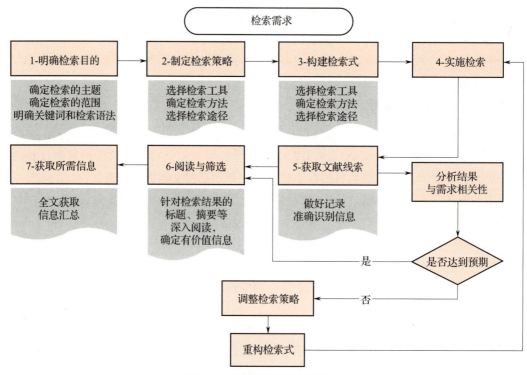

图1-8　文献信息检索步骤流程图

1．分析研究课题，明确文献需求

分析研究课题的目的就在于明确课题所要解决的问题，把握关键，有的放矢，这是检索效率高低或成败的关键。

1）分析用户对检索的评价指标，判定用户的真实诉求，明确用户需求是查新、查全还是查准，用户需要提供的是题录、文摘还是全文。根据用户的检索要求，再归纳课题已知的检索线索，如专业名词、术语、分类号、主题词、著者姓名等，为下一步检索实践提供准确可靠的依据。

2）分析课题的内容实质、所涉及的学科范围及其相互关系，明确所要检索的文献内容、性质等，根据检索课题的要点抽提出能准确反映课题核心内容的主题概念，明确主要概念与次要概念，并初步确定出逻辑组配。明确课题所属学科范围，是社会学、管理学、经济学，还是工程学。

3）根据检索课题的检索目的和要求，确定检索年限、语种，文献类型等。

确定文献检索的年代范围，主要根据研究课题的背景信息，如起始年代和研究的高峰期。一般来说，检索的时间范围应根据检索课题的具体情景而定。如查新检索时，检索时限应为最近 10 年的文献，若是学术动态或解决某一个问题，则以满足需要为准，时间可长可短。

检索语种的范围主要依据课题的检索范围而定。

确定文献类型时应在主题分析的基础上，根据检索目的和要求，明确课题对检索深度的要求。如果课题属于探讨基础理论性的，则所检索的文献类型应以期刊论文、会议文献的一次文献为主；如果课题属尖端科技，则应侧重于查科技报告等；如果需要查新，则应以检索专利文献为主等。

2. 制定检索策略

检索策略的好坏，直接影响检索的效果。检索策略具体表现为检索提问逻辑表达式，即在分析用户信息提问实质的基础上，确定检索途径与检索用词，并明确各主题词之间的逻辑关系与查找步骤的安排。

制定检索策略，优化检索过程，主要涉及以下方面的问题。

（1）选择检索工具

选择恰当的检索工具是成功实施检索的关键。选择检索工具一定要根据检索课题的内容、性质来确定。主要应从以下几个方面来考虑。

1）从内容上考虑检索工具的报道文献的学科专业范围。

2）从技术和手段上考虑检索工具的收录范围，检索语法、检索字段、检索功能以及结果呈现方式等。

3）从工具的类型上考虑应以专业性检索工具为主，综合性检索工具进行配合、补充。如果只有手工检索工具，应选择专业对口、文种熟悉、收录文献丰富、索引体系完善、报道及时、揭示文献信息准确、有一定深度的手工检索工具。

（2）确定检索途径

检索工具确定后，就需要根据具体的检索工具确定检索点，即检索途径。每种检索途径都有各自的特点和长处，选用何种检索途径，应根据检索课题的要求及所包含的检索标识和检索系统所提供的检索途径来确定。当课题内容涉及面广，文献需求范围较宽，泛指性较强时，宜选用分类途径；当课题内容较窄，文献需求的专指性较强时，宜选用主题途径。当选用的检索系统提供的检索途径较多时，应综合应用各种检索，互相补充，避免单一种途径不足所造成的漏检。

（3）优选检索方法

优选检索方法的目的在于寻求一种快速、准确、全面地获得文献信息的检索效果。

（4）制定、调整检索策略

检索工具、检索途径、检索方法确定后，就需要制定一种可执行的方案。手工检索系统的检索策略由于检索系统的限制，每次检索只能从一个检索点出发，因此也就只能一边检索一边分析取舍，从而获得用户所需的文献信息。在计算机检索的条件下，由于信息提取与文献标识之间的匹配工作是由计算机进行的，因此，构造精确的检索式是执行计算机检索的前提。它能将各检索单元之间的逻辑关系、位置关系等用检索系统规定的各种组配符连接起来，实施有效检索。但这个检索式不是一成不变的，要把检索结果与用户需求不断地进行判断、比较之后，对检索式进行相应的修改和调整。

3. 查找文献线索

在明确了检索要求，确定了检索系统，选定了检索方法，就可以应用检索工具实施检索，所获得的检索结果即为文献线索，对文献线索的整理、分析、识别是检索过程中极其重要的一个环节。需要做好以下工作。

（1）做好检索记录

做好检索记录的目的在于必要时进行有效核对。包括记录好使用检索工具的名称、年、卷、期、文献号（索引号）；文献题名（书名）、著者姓名及其工作单位、文献出处等。

（2）准确识别文献类型

在检索工具中，文摘、题录所著录的文献出处是索取原始文献的关键因素。文献出处项对摘录的文献类型不加明显区分，需由检索者自己进行辨别。只有识别出文献类型，才能确定该文献可能收藏在何处，查何种馆藏目录，如何借阅和复制。识别文献类型是根据各种类型文献在检索工具中的著录特征项。各种文献的著录及其识别特征见表1-2。

4. 索取原始文献信息

信息检索的最终目的就是获取原始文献。当检索到文献线索并识别文献类型以后，即可根据不同的文献类型和语种索取原始文献。传统的原文获取方法是根据检索到的文献线索，再利用馆藏目录查找收藏单位、收藏点，采取借阅或复制等方式获取的。但是，随着网络技术的飞速发展，全文数据库的兴起，使得原始文献信息的获取方式多种多样。归纳起来，原始文献的获取方法有如下几种。

（1）掌握两种还原法

一是出版物缩写换全称。外文检索工具，其出版物名称多为缩写，应使用相应检索工具所附的"引用出版物目录""出版物一览表"或"来源索引"等来还原出版物的全称。二是非拉丁语系出版物名称的还原。当使用西文检索工具得到的文献语种为非拉丁语系文种（如俄文、日文）时，需用音译或字译的规则还原原文语种名称。检索者可利用《俄文字母和拉丁文字母音译对照表》以及《日文和拉丁文字母音译对照表》等进行还原。

（2）向著者索取原始文献

根据文献线索所提供的著者姓名及其工作单位等可直接与作者联系，索取原始文献。

（3）利用馆藏目录、公共查询系统、联合目录获取原始文献

查到本馆文献检索者可利用馆藏目录，但是独立的一个馆，其馆藏毕竟有限。检索者需要的文献若是本馆没有收藏的，就需要借助 OPAC 和联合目录实施馆际互借，或者通过文献传递获取。

（4）利用网上全文数据库获取原始文献

现在有许多全文数据库可以为用户提供直接检索。提供中文期刊全文的数据库如"维普中文科技期刊数据库""中国期刊全文数据库""万方数字化期刊"等；提供中文图书全文的数据库如"书生之家""超星数字图书馆"等。

（5）利用网上全文传递服务检索原始文献

为了满足日益增长的文献需求，文献传递服务应运而生。如国家科技图书文献中心、CALIS 等均建立了文献传递服务。

（6）利用网上出版社、杂志

网上有许多提供电子期刊的网站，如著名的 Springer 就是其中一例。

（7）OA 获取

目前许多国家、机构都提供了开放获取。

以上 4 个步骤是文献信息检索的一般程序，对于一些研究范围固定的研究人员，他们常常跨越几个步骤，直接利用已熟悉的检索工具或机检系统查找文献线索，或直接利用核心期刊来查找所需文献信息。另外需要强调的是，利用文献传递系统、文摘数据库的全文服务、网上全文数据库检索，实施馆际互借等大都是需要预付款的。用户在有检索需求时，可委托情报检索的专门机构检索，既省事又省钱。

五、文献信息检索技术

计算机信息检索的过程实际上是将检索提问词与文献记录标引词进行对比匹配的过程，为了提高检索效率，计算机检索系统常采用一些运算方法，从概念相关性、位置相对性等方面对检索提问进行技术处理。常用的信息检索技术方法主要有：检索词技术、布尔逻辑检索、截词检索、位置算符、限制检索、模糊检索与精确检索、算符优先级等。

（一）检索词技术

无论是手工检索还是计算机检索，检索词的选择都非常重要。检索式由检索词和检索算符组成。检索词分为两类：受控词和非受控词。受控词是事先规范化的检索语言，取自主题词表、叙词表、分类表等。如果数据库对数据采用了受控词汇标引，并有机读式或印本式主题词表时，应优先选用其中的受控词。在一些专业性较强的检索刊物中大多使用受控词汇，以减少标引词汇量。

目前应用最成熟也最广泛的是基于关键词的检索技术，所以要想真正提高自己的检索水准，必须从关键词开始。利用关键词检索时，有些技巧可以提高检索效率，归纳起来为如下几点。

1）足够多的关键词是快速定位目标信息的关键。

2）检索时应当避免停用词和单独使用常用词。检索工具为了提高检索效率，常常忽略一些常用词，英文词如 and，about，the，of，a，in，as，if，not，why，never，before，it 等，汉语词中如"了""这""那""很""的"等。

3）利用检索词的上、下位词选定合适的关键词级别。为了提高查全率，可以采用上位词实现。因为上位词是指概念上外延更广的关键词，或者可以说每一个关键词所覆盖的信息范围都是它的上位词所覆盖信息范围的子集。

4）尽量使用词组检索。词组检索强制检索结果必须与词组的形式完全一致（顺序和间隔都不变），这样对检索结果限制得更严，检准率也更高。

5）在检索提问时避免使用行为关键词，谨慎使用修饰词，也可使用一定数量的同义词参加检索，以覆盖目标信息的范围。

（二）布尔逻辑检索

布尔逻辑检索（Boolean Logical）是用布尔逻辑算符将检索词、短语或代码进行逻辑组配，指定文献的命中条件和组配次序，凡符合逻辑组配所规定条件的为命中文献，否则为非命中文献。它是计算机检索系统中最常用的一种检索方法。逻辑算符主要有：AND/与、OR/或、NOT/非，分述如下。

1. 逻辑"与"

运算符为 AND 或*。检索词 A 和检索词 B 用"与"组配，检索式为：A AND B 或者 A*B，它表示检出同时含有 A、B 两个检索词的记录。逻辑"与"检索能增强检索的专指性，使检索范围缩小，此算符适于连接有限定关系或交叉关系的词。

2. 逻辑"或"

运算符为 OR 或+。检索词 A 和检索词 B 用"或"组配，检索式为：A OR B 或者 A +B，它表示检出所有含有 A 词或者 B 词的记录。逻辑"或"检索扩大了检索范围，此算符适于连接有同义关系或相关关系的词。

3. 逻辑"非"

运算符为 NOT 或 –。检索词 A 和检索词 B 用"非"组配，检索式为：A NOT B 或者 A – B，它表示检出含有 A 词，但同时不含 B 词的记录。逻辑"非"和逻辑"与"运算的作用类似，可以缩小检索范围，增强检索的准确性。此运算适于排除那些含有某个指定检索词的记录。但如果使用不当，将会排除有用文献，从而导致漏检。

上述三种逻辑运算的关系如图 1–9 所示，对于一个复杂的逻辑检索式，检索系统的处理是从左向右进行的。在有括号的情况下，先执行括号内的运算；有多层括号时，先执行最内层括号中的运算，逐层向外进行。在没有括号的情况下，AND、OR、NOT 的运算次序在不同的系统中有不同的规定，例如，DIALOG 系统中依次为 NOT→AND→OR；STAIRS 系统和 ORBIT 系统中依次为 AND 和 NOT 按自然顺序执行，然后执行 OR 运算。检索时应注意了解各检索系统的规定。

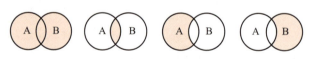

图 1-9　布尔逻辑关系图

（三）截词检索

截词检索（Truncation）是指用给定的词干做检索词，查找含有该词干的全部检索词的记录，也称词干检索或字符屏蔽检索。它可以起到提高查全率，减少检索词的输入量，节省检索时间，降低检索费用等作用。

截词的方式有多种，按截断部位可分为右截断、左截断、中间截断、复合截断等；按截断长度可以分为有限截断和无限截断。

1. 右截断

截去某个词的尾部，是词的前方一致比较，也称前方一致检索。例如，输入 geolog?（?为截断符号），将会把含有 geological、geologic、geologist、geologize、geology 等词的记录检索出来。若输入 PY =199?，会把 90 年代的记录全部查出来。

2. 左截断

截去某个词的前部，是词的后方一致比较，也称后方一致检索。例如，输入? magnetic，能够检出含有 magnetic、electromagnetic、paramagnetic、thermo – magnetic 等词的记录。

3. 中间截断

截去某个词的中间部分，是词的两边一致比较，也称两边一致检索。例如，输入 organi?ation，可以检出 organization、organisation；输入 f??t，可查出 foot、feet。

4. 复合截断

复合截断是指同时采用两种以上的截断方式。例如，输入 ? chemi?，可以检出 chemical、chemist、chemistry、electrochemistry、electrochemical、physicochemical、thermochemistry 等。

5. 有限截断

有限截断是指允许截去有限个字符。例如，"acid?　?"表示截去一个字符，它可检出 acid、acids，但不能检出 acidic、acidicity、acidity 等词。又如 comput???　? 可检出 compute、computer、computers、computing 等词，不能检出 computable、computation、computerize 等词。注意：词干后面连续的数个问号是截断符，表示允许截去字符的个数，最后一个问号是终止符，它与截断符之间要有一个空格，输入时一定要注意。

6. 无限截断

无限截断是指允许截去的字符数量不限，也称开放式截断。上文右截断、左截断所举的例子均属此类型。任何一种截词检索都隐含着布尔逻辑检索的"或"运算。不同的机检系统使用的截词符不同、各数据库所支持的截断类型也不同，例如，DIALOG 系统和 STN 系统用"?"、ORBIT 系统用":"、BRS 系统用"$"、ESA – IRS 系统用"＋"等。

(四) 位置算符

当检索的概念要用词组表达，或者要求两个词在记录中位置相邻/相连时，可使用位置算符 (Proximate)，以提高检准率。机检系统中常用的位置算符 (按限制强度递增顺序排列) 如下。

1. (f) 算符 Field

要求被连接的检索词出现在同一字段中，字段类型和词序均不限。例如，happiness(f) sadness and crying；又如 pollution(f)control/ti, ab。

2. (s) 算符 Sub –field/Sentence

要求被连接的检索词出现在同一句子 (同一子字段) 中，词序不限。例如, machine (s) plant。

3. (n) 算符 Near

(n) 要求被连接的检索词必须紧密相连，词之间除允许有空格、标点、连字符外，不得夹单词或字母，词序不限；(Nn) 表示两个检索词之间最多可以夹 N 个词 (N 为自然数)，且词序任意。例如, information (n) retrieval 可以检出 information retrieval 和 retrieval information，又，如，econom??? (2n) recovery 可以检出 economic recovery、recovery of the economy、recovery from economic troubles。

4. (w) 算符 With

(w) 要求检索词必须按指定顺序紧密相连，词序不可变，词之间除允许有空格、标点、连字符外，不得夹单词或字母；(Nw) 表示连接的两个词之间最多可夹入 N 个词 (N 为自然数)，词序不得颠倒。例如, input (w) output 可检出 input output，而 wear (1w) materials

可检出 wear materials、wear of materials european（w）economic（w）community（f）patio，redwood（3n）deck?（s）（swimming（w）pool?）。

需要说明的是，不同的机检系统，位置检索的功能及算符不同，应参看各系统的说明。

（五）限制检索

限制检索（Range）是通过限制检索范围，达到优化检索结果的方法。限制检索的方式有多种，例如，进行字段检索、使用限制符、使用范围符号、使用限制指令等。

1. 进行字段检索

字段检索是最主要的限制检索技术。字段检索是把检索词限定在某个/些字段中，如果记录的相应字段中含有输入的检索词，则为命中记录，否则检不中。各种字段标识如下。

（1）主题字段

标题—Title

主题词—Controlled

关键词—Keyword

文摘—Abstract

分类号—Classification code

（2）非主题字段

作者—Author

作者工作单位—Author affiliation

连续出版物编号—ISSN

文献类型—Document

语言—Language

出版者—Publisher

例如，查找微型机和个人计算机方面的文章。要求"微型机"一词出现在叙词字段、标题字段或文摘字段中，"个人计算机"一词出现在标题字段或文摘字段中，检索式可写为：microcomputer?? /de,ti,ab OR personal computer/ti,ab。又如，查找 wang wei 写的文章，可以输入检索式：au =wang wei。

2. 使用限制符

使用限制符就是用表示语种、文献类型、出版国家、出版年代等的字段标识符来限制检索范围。例如，要查找 1999 年出版的英文或法文的微型机或个人计算机方面的期刊，则检索式为：（microcomputer?? /de,ti,ab OR personal computer/ ti,ab）AND PY =1999 AND（LA = EN OR FR）AND DT = Serial。

3. 使用范围符号

使用范围符号有：Less than、Greater than、From to 等。如查找 1989 ~ 1999 年的文献，可表示为：PY =1989：1999 或者 PY =1989 to PY =1999；又如查找 2000 年以来的计算机方面的文献，可表示为 computer?? AND Greater than 1999；若查找在指定的文摘号范围内有关地震方面的文献，可表示为 earthquake? /635000 – 800000。

4. 使用限制指令

限制指令可以分为：一般限制指令（Limit，它对事先生成的检索集合进行限制）、全限制指令（Limit all，它是在输入检索式之前向系统发出的，它把检索的全过程限制在某些指定的字段内）。

例如，Limit S5/328000 - 560000 表示把先前生成的第 5 个检索集合限定在指定的文摘号内。又如，Limit all/de，ti 表示将后续检索限定在叙词和题名字段。

上述几种限制检索方法既可独立使用，也可以混合使用。

限制检索的另一种常见形式就是"二次检索"，即用户可在检索结果中进行再次检索，使检索结果更加准确、专指性更强。

（六）模糊检索与精确检索

1. 模糊检索

模糊检索是一种灵活的检索方式，它允许用户在不完全确定检索词的情况下进行搜索。

使用模糊检索时，用户可以在检索词的前面或后面加上模糊符号，以匹配更多可能的结果。这种方式特别适用于那些只记得部分信息或不确定确切词汇的情况。

不同的数据库可能使用不同的模糊检索符号。例如，在某些数据库中，"＊"代表任意数量的任意字符，而在专利检索数据库中，"％"则作为模糊检索符号。

模糊检索通常返回的结果数量较多，因为它会匹配包含检索词片段的所有可能组合。

2. 精确检索

精确检索要求输入的检索词与数据库中的记录完全匹配。在精确检索中，检索词之间的相对顺序和距离都必须固定，不能颠倒或拆分。

为了实现精确检索，用户可以将检索词用双引号（""）括起来。这样，搜索引擎将包含这些关键字的完整短语作为一个整体进行检索，而不是将其中的单词分开检索。

精确检索通常返回的结果数量较少，但准确性更高，因为它只匹配完全符合用户输入条件的记录。

（七）算符优先级

1. 括号检索

用于改变运算的先后次序，括号内的做优先运算。用"（）"可以表示优先级。如比较

（GPS OR GIS）AND China

GPS OR GIS AND China

2. 词组检索

将一个词组或短语用双引号（""）括起作为一个独立运算单元，进行严格匹配，以提高检索准确度。如"Global Positioning System"，只检索出规定字段中包含完整词组的记录。

六、文献信息检索的效果与评价

检索效果是指利用检索系统（或工具）开展检索服务时所产生的有效结果。判定一个检索系统的优劣，主要用检索效率来评价。评价检索效率的指标包括质量、费用和时间三方面。质量标准主要通过查全率、查准率、误检率与漏检率等进行评价。费用标准即检索费用，是指用户为检索课题所投入的费用。时间标准是指响应时间，包括检索准备时间、检索过程时间、获取文献时间等。查全率和查准率是判定检索效果的主要标准，两者相结合起来，描述了检索系统的检索成功率。

1. 查全率

查全率是指系统在进行某一检索时，检出的相关文献量（W）与系统文献库中相关文献总量（X）的比率，它反映该系统文献库中实有的相关文献量在多大程度上被检索出来。

$$查全率(R)=[检出相关文献量(W)/文献库内相关文献总量(X)]×100\%$$

例如，要利用某个检索系统查某课题。假设在该系统文献库中共有相关文献为 40 篇，而只检索出来 30 篇，那么查全率就等于 75%。

2. 查准率

查准率是指系统在进行某一检索时，检出的相关文献量（W）与检出文献总量（M）的比率，它反映每次从该系统文献库中实际检出的全部文献中有多少是相关的。

$$查准率(P)=[检出相关文献量(W)/检出文献总量(M)]×100\%$$

如果检出的文献总篇数为 50 篇，经审查确定其中与项目相关的只有 40 篇，另外 10 篇与该课题无关。那么，这次检索的查准率就等于 80%。显然，查准率是用来描述系统拒绝不相关文献的能力，有人也称查准率为"相关率"。

3. 误检率和漏检率

在实际检索中，由于种种原因，总会出现一些误差，即漏检或误检，从而影响检索效果。漏检和误检的比率可用下列公式计算：

$$误检率(N)=1-W/M；漏检率(O)=1-W/X$$

综上所述，检索效率的高低不仅与检索系统的服务性能的优劣有关，还与用户的检索技能有关。随着科学技术的不断进步与发展，文献信息系统自动化程度的提高，计算机信息检索的普及，用户检索文献信息技能的提高，检索效率也将会随之提高。

活动与训练

一、活动描述

某学院教师急需检索关于"低温湿度标准"方面的外文文献，他在百度中直接用"低温湿度标准"作为检索词检索，效果不佳，请教如何确定检索词？如何构建检索式？

二、活动分析

遵循检索词技术要点以及文献检索的一般步骤如下。

首先，将课题分成若干概念，每个概念用一个或一个以上的检索词来描述。

然后，每个概念作为独立小课题进行查找。

最后，将所有概念组合起来查找（逻辑"与"），得到所需结果。

如果结果不够理想，优化检索策略后，再次检索直到满足检索需求。

三、活动演练

1. 选取主题词

因为检索需求为外文文献，故而将"低温湿度标准"拆分为"low temperature""humidity""standard?"

2. 构建检索式

为保证查全率和查准率，构建为两个检索式：

1）low temperature * standard?（中英文扩展）。

2）low temperature * humidity * standard?（中英文扩展）。

3. 检索效果评价

（1）实施检索

利用以上检索式在万方数据知识服务平台实施检索，结果见表1-11。

表1-11　检索结果1

序号	检索式	检索结果
1	主题：（low temperature）（中英文扩展）	678675
2	主题：（humidity）（中英文扩展）	165631
3	主题：（standard?）（中英文扩展）	357
4	主题：（"low temperature"）and 主题：（"standard?"）（中英文扩展）	2
5	主题：（"humidity"）and　主题：（"low temperature"）and 主题：（"standard"）（中英文扩展）	0

注：本检索基于万方数据服务平台。

从表中可见此检索策略检索结果为0，无法满足检索需求。

（2）调整检索策略并检验检索效果

为扩大检索结果，基于检索词技术要点，取"湿度"的上位词和同义词，并将本位词与上位词、同义词进行逻辑或组合，执行检索式实施检索后，结果见表1-12，满足检索需求。

表1-12　检索结果2

序号	检索式	检索结果
1	主题：（low temperature）（中英文扩展）	678675
2	主题：（humidity）（中英文扩展）	165631
3	主题：（moisture）（中英文扩展）	231035
4	主题：（wet）（中英文扩展）	211435
5	主题：（standard?）（中英文扩展）	357
6	主题：（"wet"）and 主题：（"humidity"）and 主题：（"moisture"）and 主题：（"low temperature"）（中英文扩展）	10
7	主题：（"wet"）and 主题：（"humidity"）and 主题：（"moisture"）and 主题：（"low temperature"）and 主题：（"standard"）（中英文扩展）	1

注：本检索基于万方数据服务平台。

四、活动反思

1. 逻辑运算检索在应用中的注意事项

1）逻辑算符使用是最频繁的，对逻辑算符使用的技巧决定了对检索结果的满意程度。用布尔逻辑表达检索要求，除了要掌握检索课题的相关因素外，还应注意布尔运算符对检索结果的影响。另外，对同一个布尔逻辑提问式来说，不同的运算次序会有不同的检索结果。

2）布尔检索比较容易掌握，但使用不当会造成大量漏检和误检，特别是非运算符的运用应特别小心，否则会把有用的文献排除了。当多个布尔运算符同时在一个检索式中出现时，它们的级别是不同的。优先执行顺序通常是"NOT""AND""OR"，在有括号的情况下，先执行括号内的逻辑运算；在多层括号时，先执行最内层括号中的运算。

2. 兼顾查全率和查准率的方法

1）跨库检索，并结合专业的检索工具。

2）分类途径和主题途径等多途径结合使用。

3）尝试多次检索，在失败中调节检索策略，阅读已知信息，增加背景知识。

4）预防操作错误，采用严谨的科学态度，耐心细致地检查检索步骤的各环节。例如，检查输入内容是否与字段符合，检索式是否多了空格等。

✏️ 单元小结

文献信息检索是一门"关于哪儿可以获得这些知识的知识"的课程。本单元通过对文献信息检索基本原理以及检索技术等相关知识的阐述，给读者讲明文献信息检索的概念、文献信息检索的类型、文献信息检索的目的、检索语言、检索工具、检索方法、检索步骤、检索效果评价等相关知识，明确文献信息检索就是在信息用户与信息源之间充当媒介的作用，为后续的学习奠定基础。

❓ 思考与练习

在线测试 1-02

一、填空题

1. 《中国图书馆图书分类法》共分＿＿＿＿＿＿＿个基本部类，下分＿＿＿＿＿＿＿个大类。

2. 计算机信息检索过程实际上是将＿＿＿＿＿＿＿与＿＿＿＿＿＿＿进行对比匹配的过程。

3. 追溯法是指利用已经掌握的文献末尾所列的＿＿＿＿＿＿＿，进行逐一追溯查找的＿＿＿＿＿＿＿一种最简便的扩大情报来源的方法。

二、判断题

1. 在检索信息时，使用逻辑符 "AND" 可以缩小检索范围。　　　　　　（　　）

2. 逆查法是由近及远地查找，顺着时间顺序利用检索工具进行文献信息检索的方法。（　　）

3. 请判断下面图书的国际标准书号的格式是否正确。

ISBN：978 - 7 - 030 - 26151 - X。　　　　　　　　　　　　（　　）

三、简答题

1. 什么是信息检索？信息检索的目的和意义是什么？

2. 常用的信息检索方法有哪些？

单元三　文献信息检索应用

案例导入

美国普林斯顿大学物理系一个名叫约翰·菲利普的年轻大学生，通过在图书馆里借阅有关公开资料，仅用 4 个月时间，就画出一张制造原子弹的设计图。他设计的原子弹，体积小（棒球大小），重量轻（7.5kg），威力大（相当广岛原子弹 3/4 的威力），造价低（当时仅需两千美元），致使一些国家纷纷致函美国大使馆，争相购买他的设计拷贝。

培养子目标

知识目标

了解文献信息检索的应用范围；理解文献信息检索应用的作用和意义。

能力目标

能够合理地制定检索策略并应用到对应的检索场景。

素质目标

具有良好的信息检索思维。

相关知识

文献信息检索应用是指通过使用特定的软件或在线平台来搜索、获取和管理学术文献的工具，被广泛应用于人们的日常学习、生产、生活以及学术研究中，这些应用程序在帮助研究人员快速有效地找到所需的文献方面起了作用，主要为以下几个方面。

一、文献调研检索

文献调研指的是为了进行某项科学研究而进行的信息检索和信息利用活动。科学研究中，科研人员在科研课题开题之前，为了确定课题研究方向、研究重点和研究的技术路线，首先要熟悉所选课题领域的研究现状，掌握研究动向。因此，必须进行文献调研，收集整理大量的文献信息。根据不同的科研阶段，文献调研分为泛调研、精调研两种，如图 1-10 所示。

视频 1-03
文献调研的常见
误区与科学原则

文献调研检索则是指在科学研究、技术研究、论文撰写等过程中，为了解有关科学技术研究历史、现状、趋势、现有技术方案、流派观点等情况而进行的检索。其目的在于获取与研究内容相关的文献信息，以达到提高研发水平、避免重复研究目的。

文献调研检索的主要包含以下几个方面的内容。

1）领域主题分析，确定检索词和检索边界。

2）数据源选择，如搜索引擎、文献数据库、门户网站、专业数据库等。

3）检索策略制定，根据检索需求制定检索表达式。

4）文献采集与整理，针对不同数据源，执行相应检索式，采集并整理所获取的文献。

5）文献阅读对比分析，针对不同的需求采取不同的阅读方法。

对一般文献采取泛读加重点阅读相结合的方法，阅读文章的摘要和结论；对综述性文献，则采取重点阅读方法，以获取研究领域内的主要研究成果、最新进展、研究动态、前沿问题或历史背景、前人工作、争论焦点、研究现状和发展前景等内容。在精调研时，应精选文献，注重分析与研究项目相关的文献内容，提炼对研究有帮助的方法和观点。

综述性文献具有综合性、描述性、扼要性、评价性等特征，常常包含了大量参考文献，在泛调研和精调研阶段均应作为起步文献加以利用。

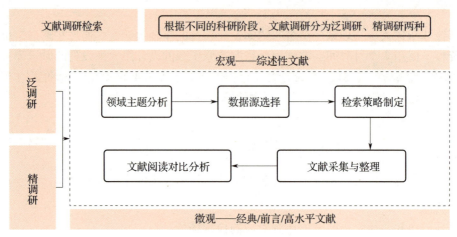

图1-10　文献调研检索的方法

二、科技查新检索

科技查新是指具有查新业务资质的查新机构根据查新委托人提供的需要查证其新颖性的科学技术内容，按照《科技查新规范》进行操作，并做出结论。

这里的新颖性是指在查新委托日以前查新项目的科学技术内容部分或者全部没有在国内外出版物上公开发表过。

科技查新与一般的文献检索有较大差别，文献检索对具体课题的需要，仅提供文献线索和文献，对课题不进行分析和评价，侧重于对相关文献的查全率。科技查新则是文献检索和情报调研相结合的情报研究工作，它以文献为基础，以文献检索和情报调研为手段，以检出结果为依据，通过综合分析，对查新项目的新颖性进行情报学审查，写出有依据、有分析、有对比、有结论的查新报告。因此，查新有较严格的年限、范围和程序规定，有查全、查准尤其是查准率的严格要求，要求给出明确的结论，查新结论具有鉴证性。这些都是单纯的文献检索所不具备的。

科技查新一般可分为立项查新、成果查新、专利查新3种。其中专利查新类似于专利性检索。科技查新一般用于专利申请，科技项目立项，博士论文开题，科技成果鉴定、验收、评估、转化等4个方面。

三、论文收录引用检索

论文收录引用检索是指通过检索科研论文在SCIE、SSCI、EI、ISTP（CPCI-S）以及CSCD（《中国科学引文索引》）、CNKI（《中国知网》）等国内外著名检索工具中的收录和引用情况，达到科研论文质量评估的目的。

音频1-08
论文收录引用检索

论文收录引用检索方法还常常被用于申报两院院士、国家自然科学基金、杰出青年基金等国家各类教育科研基金或高校及科研院所研究人员的科研产出评估、职称评审、引进人才的科研实力评估，以及实验室、专业、机构的学术水平评估以及科研竞争力评估。

四、专利事务检索

专利事务包括专利申请、专利授权、专利纠纷等，与之相对应的检索有专利性检索、专利法律状态检索、专利侵权检索。

1. 专利性检索

一项发明必须具备新颖性、创造性和实用性才可被授予专利权。其中，新颖性、创造性和实用性即为通常所称的"专利性"。

专利性检索是以被检索的专利或者专利申请为对象，对包括专利文献在内的各种科技信息进行检索，从中获得评价该对象专利性的对比文件。

一件专利从申请、专利局审批乃至授权之后的整个专利生命周期内，申请人、专利审查员和社会公众都可能进行不同目的的专利性检索。

2. 专利法律状态检索

专利法律状态检索属于比较简单和客观的检索，可分为专利有效性检索和专利地域性检索。

（1）专利有效性检索

专利有效性检索是指对一项专利或专利申请当前所处的法律状态进行的检索，其目的是了解该项专利申请是否被授权，授权专利是否有效。

（2）专利地域性检索

专利地域性检索是指对一项发明创造都在哪些国家和地区申请了专利所进行的检索，其目的是确定该项专利申请的地域范围。

3. 专利侵权检索

专利侵权检索是为做出专利权是否被侵权的结论而进行的检索，一般是指为确定所生产的产品或者所使用的工艺等是否纳入已授权的专利权的保护范围以内而进行的检索，属于一种与专利技术的应用有关的检索种类。根据侵权方、被侵权方与检索者的关系，专利侵权检索包括防止侵权检索和被控侵权检索。

防止侵权检索是指为避免发生侵权纠纷而主动针对某一新技术新产品进行的专利文献检索，其目的是要找出可能侵犯了专利权保护范围的专利。

被控侵权检索是指在被别人指控侵权时为进行自我防卫而进行的专利检索，其目的在于找出请求宣告被控侵犯的专利权无效或不侵权的证据。

五、技术贸易检索

技术贸易检索是一种集技术信息、产业信息与法律信息于一体的综合性检索，包括查新检索、专利有效性检索、防止侵权检索、产业调研及分析检索。

技术贸易检索目的在于评估技术贸易收益，规避贸易风险。因此，技术贸易检索是在技术贸易过程中，通过文献信息检索了解有关技术的发展进程、专利申请及保护情况，以便切实掌握实际情况。

六、产业调研及分析检索

产业调研及分析检索是指在产业调研、分析过程中，为了解有关产业发展现状、竞争者分布与竞合关系、技术发展进程与趋势、研发团队以及人员情况等而进行的检索。产业调研及分析检索目的在于从现有公开文献中挖掘出有利于制定产业和技术发展战略的情报。

活动与训练

一、活动描述

文献调研检索案例：检索"城际高速磁浮列车的紧急制动控制及其应用研究"的资料。

二、活动分析

本案例的学科分类主要属于交通运输中的列车制动装置（中国图书馆图书分类号 U260.35，国际专利分类号大类号码 F16D）方面，涉及的知识学科门类比较专指，可以采用"分类号"结合其他限定性关键词的方式进行检索。该案例属自然科学领域一般层次的应用型研究，通常情况下需要首先检索时间跨度为 5 年左右的文献，再视具体情况回溯 5 ~ 10 年。信息类型涉及中外文专利、期刊、学位论文、会议文献等。

三、活动演练

1. 领域主题分析

根据前序描述与分析，析出相关检索信息。

1）主题确定：列车制动装置。

2）学科范围：交通运输。

3）分类号：中国图书馆图书分类号 U260.35，国际专利分类号大类号码 F16D。

4）时间限定：5 年左右。

5）空间范畴：世界各国。

6）文献类型：专利、期刊、学位论文、会议文献等。

7）语种类型：文种不限。

2. 数据源的选择

1）维普中文科技期刊数据库。

2）万方中国科技文献数据库群。

3）万方中国科学技术成果数据库。

4）万方中国学术会议论文数据库。

5）万方中国学位论文数据库。

6）CNKI 中国优秀博硕士学位论文全文数据库。

7）CNKI 中国重要会议论文集全文数据库。

8）CNKI 中国期刊全文数据库。

9）NSTL 中文库：中文期刊，中文会议论文，中文学位论文。

10）西文库：西文期刊，外文会议论文，外文学位论文，国外科技报告。

11）EBSCO Host。

12）AIP/APS（美国物理所/物理协会）数据库。

13）CSA（剑桥科学文摘数据库）。

14）Engineering Village 2（EI）。

15）中国国家知识产权局专利检索。

16）欧洲专利局。

17）美国专利商标局。

3．检索策略制定

（1）检索途径

选用主题（关键词）途径，必要时可结合分类途径，检索方法选用交替法，即时间法与引文法交替进行。

（2）检索词

首选检索词：本课题可以选用的关键词有：城际铁路（intercity railroad）；高速列车（high-speed train）；高速铁路（high-speed railway）；磁浮（maglev、magnetic levitation）；紧急制动（emergency braking）；制动控制（braking control）；涡流制动（eddy-current brake）。

（3）备选检索词

快速列车（express trains）；有限元（finite element analysis）；距离限值（stance limit）；模糊控制（fuzzy control）；刹车（brake）；制动力学（braking dynamics）。

（4）检索式

1）k =（（城际铁路 + 高速铁路 + 磁浮）*（制动力学 + 紧急制动 + 涡流制动））+ c = U260. 35。

2）（城际铁路 OR 高速铁路 OR 磁浮）AND（制动力学 OR 紧急制动 OR 涡流制动）。

4．文献采集与整理

将检索策略应用到相关数据库实施检索，进行文献采集与整理，获得相关信息（部分）如下。

（1）期刊论文

1）骆廷勇，郭其一．基于涡流制动技术的高速磁悬浮列车安全制动控制研究．铁道机车车辆，2006.

2）应之丁．涡流制动技术在高速列车上的应用．电力机车与城轨车辆，2004.

（2）学术会议论文

1）胡波，姜靖国，吴萌岭．高速列车与动车制动系统电空转换装置的研究．中国铁道学会车辆委员会制动分会第一次学术研讨会，1999.

2）Hong-Je Ryoo；Jong-Soo Kim．Design and analysis of an eddy current brake for a high-speed railway train with constant torque control．Industry Applications Conference，2000．Conference Record of the 2000 IEEE.

（3）专利文献

1）郭其一，朱龙驹等．车辆涡流制动实验装置．CN03129355. 7.

2）KUNZ SIEGBERT. MAGNETIC LEVITATION TRAIN PROVIDED WITH AN EDDY-CURRENT BRAKE. WO2005DE00456.

（4）博硕士论文

1）翟智民．高速列车制动控制系统研究．北方交通大学，1995.

2）邓妮．磁浮列车涡流制动系统建模及紧急制动控制策略的研究．浙江大学，2006.

5．文献阅读与对比分析

高速铁路制动系统的研究目前仍是国内外相关领域学者研究的一个热点问题。我国一些高校及研究机构的部分研究成果已经达到或者处于世界先进水平，如浙江大学、西南交通大学等。但目前类似的研究大多停留在理论层面上，从检索的结果看，其具体的应用性研究（如应用于城际高速铁路）较少，因此，此课题——"城际高速磁浮列车的紧急制动控制及其应用研究"的社会价值及学术意义显著，具有一定的研究价值。

阅读文献的技巧：

1. 多数文章看摘要，少数文章看全文。
2. 集中时间阅读文献。
3. 做好记录和标记。
4. 准备引用的文章要亲自看过。
5. 注意文章的参考价值。

四、活动反思

1）在检索过程中，所采用的方法是很多的，特别是在网络环境下的今天，资料信息的丰富和检索方法的快捷已经不能和往日同日而语。与此同时，我们还要防止在检索过程中出现"纯工具论"，要用我们检索者充满智慧的头脑和娴熟的检索技巧来解决一个又一个的难题。

2）正确的思维方法是开启检索思路的钥匙。文献检索活动包含有两种知识结构在里面，一种是方法技能，也就是我们通常所说的工具书、数据库的使用和上网技巧，我们可以把它称之为"硬知识"；另一种是属于思维性、智能性的东西，是选择检索方略和查寻手段的心智能力，我们把它称作"软知识"。在整个文献检索活动过程中，"硬知识"表露于外，"软知识"作用于内，两者有机结合，相辅相成。

资料累积的方法：

1. 明确收集目标。
2. 建立分类系统，条理清楚地整理归档。
3. 有序存储，精选资料。
4. 重视目录线索（检索工具），处处留心皆学问。
5. 做好备份，注重版权与隐私。

📝 单元小结

文献检索应用是现代学术研究中不可或缺的工具之一。它们通过提供高效的搜索、集中管理和引用功能，极大地方便了研究人员的工作。用户可以使用关键词、标题、作者等多种检索方式来快速定位所需的文献。这种高效的搜索功能可以大大节省研究人员的时间，减少他们需要阅读大量无关文献的困扰。未来，随着科技的不断发展，文献检索应用有望进一步完善和创新，为学术研究提供更好的支持和服务。

在线测试 1-03

思考与练习

一、选择题

1. 文献调研检索主要用于什么目的？（　　　）

　　A. 查找专利信息　　　　　　　　B. 进行学术论文的引用检索

　　C. 进行产业调研和分析　　　　　D. 进行技术贸易检索

2. 专利事务检索主要用于什么目的？（　　　）

　　A. 查找专利信息　　　　　　　　B. 进行学术论文的引用检索

　　C. 进行产业调研和分析　　　　　D. 进行技术贸易检索

3. 论文收录引用检索主要用于什么目的？（　　　）

　　A. 查找专利信息　　　　　　　　B. 进行学术论文的引用检索

　　C. 进行产业调研和分析　　　　　D. 进行技术贸易检索

二、简答题

1. 文献调研检索的主要内容有哪些？

2. 专利事务检索主要有哪些类型？

3. 科技查新与一般文献检索的差异表现在哪些方面？

// 模块小结 //

　　如何从浩瀚的信息海洋中获取所需的信息已成为现代人的首要问题。对大学生来说，更重要的是那些有利于教学、科研和学习的重要资源。本模块主要内容包括文献信息的基本知识，信息检索原理、方法及意义，检索语言、检索工具的编制与评价，各种类型的检索工具如目录、索引、文摘、百科全书、年鉴、传记、字词典的特点，以及文献信息检索应用范围等。通过讲授文献信息检索的基本知识和治学入门的必备知识，旨在培养学生的信息意识和信息检索能力，掌握检索理论、检索语言、数据库、检索系统、检索策略、检索服务等知识，以在最短的时间内获得最多的所需信息，提高信息素养。

// 综合训练 //

在线测试 1-04

一、选择题

1. 布尔逻辑表达式：在职人员 NOT（青年 AND 教师）的检索结果是（　　　）。

　　A. 青年教师的数据　　　　　　　B. 青年和教师的数据

　　C. 在职人员的数据　　　　　　　D. 除了青年教师以外的在职人员的数据

2. 布尔逻辑表达式"A OR B"或"A＋B"表示查找出（　　　）。

　　A. 含有 A、B 之一或同时包含 AB 两词的文献

　　B. 含有检索词 B 而不含检索词 A 的文献

　　C. 含有这两个词的文献集合

　　D. 含有检索词 A 而不含检索词 B 的文献

3. 布尔逻辑表达式"A AND B"或"A×B"表示查找出（　　　）。

　　A. 含有 A、B 之一或同时包含 AB 两词的文献

  B. 含有检索词 A 而不含检索词 B 的文献

  C. 含有这两个词的文献集合

  D. 含有检索词 B 而不含检索词 A 的文献

二、思考题

1. 除了提供检索功能外，文献信息检索应用还可以具备哪些功能？

2. 在使用文献信息检索应用进行文献调研时，有哪些注意事项？

三、实训应用题

1. 按照基本大类，在《中国图书馆图书分类法》中查找以下相关类目编号。

  （1）经济：中国农业经济

  （2）历史地理：索马里

  （3）工业技术：植物生长调节剂

  （4）航空、航天：飞行试验

  （5）哲学：辩证逻辑

2. CNKI 数据库中共有"农村数字经济"方面的相关文献 1128 篇，而小李同学在 CNKI 数据库中只检索出 860 篇，而且其检索出的结果中还有 32 篇是不相关的，那么小李这次检索的查全率和查准率各是多少？

3. 某读者编写著作时引用了一句马列主义经典作家的话："有条件的相对的同一性的无条件的绝对的斗争性相结合，构成了一切事物的矛盾运动。"注明出自列宁的《哲学笔记》161 页，现需要核对原文，请写出操作方法和过程。

模块二　因特网信息检索

谁泄露了公民的个人信息？

近些年来，个人信息遭泄露的事件频频发生，给人们的生活造成严重困扰。中国青年报社会调查中心通过网站对1958人进行的在线调查显示，86.5%的受访者表示自己的个人信息曾遭泄露，49.8%的人抱怨信息遭泄露已严重影响自己的生活。

北京的刘业（化名）自从在一家房屋中介公司留了手机号后，他几乎每天都能接到某保险公司的推销电话，最后他不得不警告对方，要再打来就报警，对方才作罢。

公众的哪些个人信息最容易遭到泄露？调查显示排在前五位的分别是"电话号码"（88.4%）、"姓名、性别、年龄等个人基本信息"（74.6%）、"家庭住址"（38.1%）、"职业和单位信息"（38.0%）、"身份证号"（30.9%）。调查还发现，受访者认为最有可能泄露个人信息的机构排在前五位的依次是"电信部门"（49.5%）、"需要注册个人信息的网站"（45.2%）、"银行"（39.8%）、保险公司（37.0%）、房屋中介（28.8%）。

中国社会科学院法学研究所研究员周汉华认为：现代社会，信息即利益。汇聚在一起的个人信息，能帮助商家预测消费者的消费习惯，向消费者推销商品，给商家带来直接经济收益。所以，就有人打个人信息的歪主意，通过各种渠道搜集、贩卖个人信息，从中牟利。

2021年国家互联网信息办公室发布的《互联网信息服务管理办法（修订草案征求意见稿)》中明确提出了："有关部门及其工作人员在履行互联网信息监督管理过程中获取的信息，应当予以保密，只能用于相关监督管理和执法工作的需要，不得泄露、篡改、非法毁损，不得出售或者非法向他人提供。"

|| 培养目标 ||

知识目标

了解网络信息资源检索的流程，了解不同信息检索方式的检索效果；理解网络信息资源的概念、定义和特点；掌握主题分析方法。

能力目标

能够制定良好的检索策略，学会根据检索需求提炼检索词，具有信息筛选和信息评估的能力；能根据检索实际进行检索策略的调整。

素质目标

建立网络信息资源检索策略，培养批判性思维，初步形成在生活、学习中充分运用网络工具的意识，初步体会信息资源管理中文件管理的重要性，树立合法获取信息的意识。

// 知识导图 //

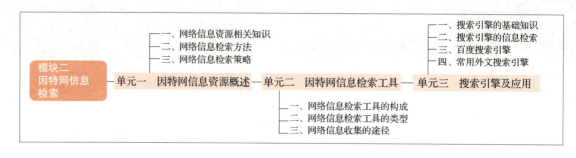

I 单元一　因特网信息资源概述

✉ 案例导入

1957 年 10 月 4 日，苏联成功发射人造卫星，美国震动。艾森豪威尔总统紧急召集科学顾问委员会商讨对策。1978 年 1 月 7 日，白宫成功地从国会申请到一笔 5 亿美元的特殊经费，设立了专门从事高科技方面先进研究的单位——先进研究项目局（Advanced Research Projects，简称 ARPA）。ARPA 的一个主要研究方向是信息处理，为此专门成立了一个部门——信息处理技术办公室（简称 IPTO）。

ARPA 和 IPTO 的职责是选择有前景的技术方向，从全国的学术界和企业界组织科研项目和团队，并出资帮助这些团队完成科研项目。

音频 2-01
利克莱德

IPTO 的第一任主任名叫利克莱德（J. C. R. Licklider），他是个有远见卓识的心理学家。1960 年，他发表了一篇题为《人与电脑的共生》（*Man-Computer Symbiosis*）的文章，他在文中勾画了人们应该研制的未来电脑的模样。他在 20 世纪 60 年代倡导的远景（Vision），直到今天人们还没有完全达到。可以说，利克莱德创造了因特网的太极。

◎ 培养子目标

知识目标

了解网络信息资源检索的流程；理解网络信息资源的概念、定义和特点；熟悉网络信息检索的方法；掌握主题分析方法和关键词检索技术。

能力目标

能够制定良好的检索策略，学会根据检索需求提炼检索词，能够根据检索实际进行检索策略的调整。

素质目标

建立网络信息资源检索工作流程化，初步形成在生活、学习中充分运用网络工具的意识，初步体会信息资源管理中文件管理的重要性，树立合法获取信息的意识。

 相关知识

一、网络信息资源相关知识

互联网的出现，改变了人们获取信息资源的方式。人们从传统的通过图书馆来获取信息，发展到后来的联机检索和光盘检索，到现在的网络检索。如今，人们的生活、工作、学习已离不开网络。网络信息越来越广泛地渗透社会生活的方方面面，网络用户获取网络信息资源的需求不断提高，网络信息检索已经受到了越来越多的信息检索研究者和网络用户的重视。

（一）网络信息资源概念

网络信息资源也称虚拟信息资源，它是以数字化形式记录的，以多媒体形式表达的，存储在网络计算机磁介质，光介质以及各类通信介质上的，并通过计算机网络通信方式进行传递信息内容的集合。简而言之，网络信息资源就是通过计算机网络可以利用的各种信息资源的总和。目前网络信息资源以因特网信息资源为主，同时也包括其他没有连入因特网的信息资源。

（二）网络信息检索类型

网络信息资源以其内容丰富、形式多样著称。根据不同的分类标准，可以将网络信息资源分为不同的类型。

1）按信息源提供信息的加工深度划分，可分为一次信息源、二次信息源、三次信息源。

2）按信息源的信息内容划分，可分为八类：一是联机数据库，即各类数据库是联机存储电子信息源的主体；二是联机馆藏目录；三是电子图书；四是电子期刊；五是电子报纸；六是软件与娱乐游戏类；七是教育培训类；八是动态性信息。

3）按对网络信息资源的可使用程度以及网络信息资源的安全级别划分，可分为三类：完全公开的信息资源、半公开的信息资源、不对外公开的信息资源（机密信息资源）。

4）按网络信息资源的主题划分，可分为政府信息资源、商业信息资源、学术信息资源、新闻信息资源、文化娱乐信息资源等五种。

（三）网络信息检索特点

1. 检索对象丰富，覆盖因特网上所有资源

互联网的出现，将全球的信息资源汇集成了一个巨大的全球信息资源宝库，网络资源的内容、类型和形式均较传统的信息资源丰富了许多。网络信息资源检索面对的是全球的信息资源，检索使用不同的自然语言描述各种信息，形成了不同语种的信息检索系统，为访问和获取广泛存在于世界各地、成千上万的服务器和主机的信息提供了可能。

2. 传统检索方法与全新检索技术相结合，检索空间得到了极大的扩展

网络信息资源检索网上的各类信息资源，而无须提前知道各种资源的地址。传统的信息资源在很大程度上受到了地域空间的限制，现代信息资源检索则冲破了空间的局限性，大大扩展了检索空间。

3. 用户界面友好，检索趋于简单方便

网络信息检索一改以往信息检索专业性强的特点，以简单方便的检索方式受到了广大用户的欢迎。主要体现在三个方面：

1）网络信息检索在用户检索界面、检索结果的提供方式等方面都体现了良好的交互性，具有较好的反馈功能。

2）超文本超媒体技术为用户提供了超链接的浏览方式，用户可以采取直接浏览的方式，获取自己所需要的信息。

3）自然语言在网络检索中的广泛应用，使得网络检索变得日益简洁；关键词检索在网络信息检索中的普遍使用，智能信息技术的发展，使得用户的信息检索过程变得轻松、随意，无须考虑烦琐的检索规则，与之相关的交互性也进一步提高。

二、网络信息检索方法

（一）网络信息检索模型

1. 布尔逻辑模型

视频2-01
初入行者：与或非

布尔型信息检索是最简单的信息检索模型，用户利用布尔逻辑关系构造查询并提交，搜索引擎根据事先建立的倒排文件确定查询结果。

布尔型信息检索模型的查全率高，查准率低。标准布尔逻辑模型为二元逻辑，并可用逻辑符"ADN""OR""NOT"来组织关键词表达式。目前大多搜索引擎均使用布尔逻辑检索模型，查询结果一般不进行相关性排序。

2. 模糊逻辑模型

这种模型在查询结果处理中加入模糊逻辑运算，将检索的数据库文档信息与用户的查询要求进行模糊逻辑比较，按照相关的优先次序排列查询结果。

3. 向量空间模型

向量空间模型用检索项的向量空间来表示用户的查询要求和数据库文档信息。查询结果是根据向量空间的相似性排列的。

向量空间模型可方便地产生有效的查询结果，能提供相关文档的文摘，并对查询结果进行分类，为用户提供准确的信息。

4. 概率模型

基于贝叶斯概率论原理的概率模型利用相关反馈的归纳学习方法，获取匹配函数，这是一种较复杂的检索模型。

（二）网络信息检索方法

人们要获取因特网上的信息，第一要务是必须知道信息的存储地，也就是说首先要知道提供信息的服务器在因特网上的地址，然后通过这些地址去访问服务器提供的信息。据此，网络信息检索方法主要有以下四种方法：漫游法、网络地址法、搜索引擎法、网络资源指南法。

1. 漫游法

漫游法也称浏览式检索，是因特网上检索信息的原始方法，类似于"追溯检索"。这种方式没有很强的目的性，具有很大程度的不可预见性和偶然性，用户可能在较短的时间内检出大量相关信息，但也可能偏离检索目标而一无所获。

2. 网络地址法

网络地址法也称直接查找法，是在已知信息可能存在的网络地址上进行的检索。这种方法适合于经常上网漫游的用户。其优点是节省时间、目的性强、节省费用，缺点是信息量少。

3. 搜索引擎法

搜索引擎又称 Web 检索工具，是因特网上的一种信息检索软件。Web 检索工具的工作原理与传统的信息检索系统类似，都是对信息集合和用户信息需求集合的匹配和选择。这种方法是当前最为常规、普遍的网络信息检索方法。

4. 网络资源指南法

这种方法是利用网络资源指南进行查找相关信息的方法，类似于传统的文献检索工具——书目之书目（Bibliography of Bibliographies），或专题书目，国外有人称之为 Web of Webs，Webliographies，其目的是可实现对网络信息资源的智能性查找。

三、网络信息检索策略

所谓检索策略（Retrieval Strategy），就是在分析检索提问的基础上，确定检索的数据库、检索的用词，并明确检索词之间的逻辑关系和查找步骤的科学安排。它是为实现检索目标而制定的全盘计划或方案。

广义的检索策略是在充分分析课题内容实质的基础上，选择检索工具与检索途径、发掘检索点、确定检索词及其相互间的逻辑关系，直至给出检索顺序的最佳实施方案等一系列的科学措施。狭义的检索策略是指通过构造检索提问标识（包括选择检索途径、确定检索词以及进行逻辑组配）和检索提问式（即检索式）来实施信息检索的方法。

检索策略包括检索词的选择、检索式的构建、检索限制条件的设置等。检索词的选择应该与检索需求相匹配，可以通过主题词、关键词、同义词等方式进行选择。检索式的构建应该考虑检索词之间的逻辑关系，例如 AND、OR、NOT 等。检索限制条件的设置可以根据检索需求进行选择，例如时间范围、文献类型、语言等。

可见，制定检索策略是一种全面的知识与技能，也是一种经验，而掌握了这种技能和经验，再通过广泛实习，就可以获得比较好的检索效果。制定检索策略的基本步骤如图 2-1 所示。

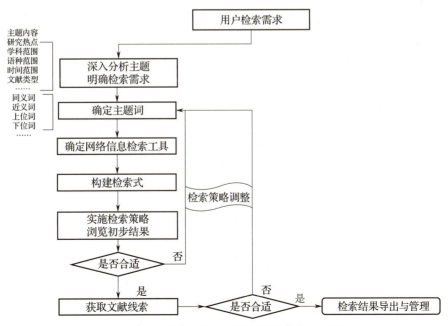

图 2-1 网络信息资源检索策略制定的基本步骤

（一）深入分析技术主题，明确课题需求

分析研究课题时，我们需要明确课题的主题内容、研究要点、学科范围、语种范围、时间范围、文献类型等。在检索前，我们必须对自己的需求，特别是潜在的、模糊的需求进行分析，以求得一个完整而明确的表达。在需求分析中，应着重明晰以下问题。

1. 分析课题检索的目的

综合日常的工作和学习，检索目的概括起来主要有以下类型。

1）开始某一项科学研究或承接某项工程设计，需要对课题进行全面的文献普查，并从中筛选出所需的资料，用以编写可行性报告、计划任务书等。对这样的课题，应选择一个年限比较长的，收录比较广泛的相关专业的二次文献数据库，在全面回溯检索的基础上，选出相关的文献，再获取一次文献。

2）为解决某个技术难题，查找关键性的技术资料。对这样的课题，应选择工程和技术类数据库或专利数据库。

3）为贸易与技术引进、合资谈判，了解国外市场、产品与公司行情。对这类课题，应查找科学数据库以了解技术的先进性，查找市场、产品、公司等商情数据库以了解对方情况。

4）为申报专利或鉴定成果，查找参考依据。对这样的课题，以选择国内外专利数据库为主。

5）为某项决策查找有关情报。对这样的课题，根据决策的不同性质，进行综合性的全面文献调研。

6）为撰写论文查找相关文献等。对这样的课题，应以查找期刊论文、学位论文等学术研究性的数据库为主。

2. 明确课题所涉及的学科范围和专业领域

1）明确课题所涉及的主要学科范围、相关学科范围、交叉学科范围，并根据数据库的主题收录范围进行选择。

2）明确对文献的新颖性程度的要求。若对文献新颖性要求高，需要选择数据更新周期短、速度快的数据库。

3）明确查全率和查准率的要求。为实现高效的文献检索，需灵活调整检索策略。在追求查全率时，应普查多种数据库，以广泛搜集信息；而在强调查准率时，则应选择与研究领域高度相关的数据库，减少无关信息的干扰。

3. 其他方面

明确课题所涉及的文种范围、语种范围、时间范围等，并根据检索工具的收录范围进行选择。

（二）确定检索词

主题分析就是对用户的课题进行主题概念的分析，并用一定的概念词来表达这些主题内容，同时明确概念与概念之间的逻辑关系，这是正确选用检索词和逻辑算符的关键，它将决定检索策略的质量并影响检索效果。

检索词的选择在检索中起到决定性的作用，应遵循如下原则。

1）准确选择主题词需要从表述方式、行习惯、书写规则等方面揣度查询内容，力求主题词与内容描述词的一致，有一个根据搜索结果从模糊到准确的逐步调整关键词的练习过程。例如，查找有关"电动玩具"的英文资料，一般会选择"Electrical toy"进行搜索，但

通过对其搜索结果进行分析，可以发现"Electrically operatedtoy""Battery operated toy"等也是查找"电动玩具"的必用关键词。

提高主题词的准确性，主要需要注意两个方面：一是避免错别字；二是避免有歧义的字、词。对于简单、通俗，容易产生歧义的关键词，应采取添加一些限制性的修饰词，将搜索目的表述完整。同时注意检索词的同义词、单复数、拼写变异、单词结尾的不同等。

2）把最重要的概念定为检索词。选择最具代表性和指示性的关键词对提高搜索效率至关重要。所谓关键词"具有代表性"是指关键词要能成为被查询事物的典型标志。时间、人物、地点一般可以成为增加关键词代表性的有效限制因素。

3）找出隐含的重要概念。检索词没有表达出课题的隐含概念，是造成漏检的重要原因。然而要透过表面的、显性的表达词，找出隐含概念的表达词是需要相当专业的知识的，而有些专业知识又需要通过文献检索和阅读后才能获得，这就是检索策略不能一蹴而就的根本原因。因为在标引时常使用比较专指的词，用户对标引规则不甚了解，往往会列出比较抽象的概念，而忽略了较专指的概念。例如"智力测试"，隐含着"能力测试""态度测试""创造力测试"等概念。

4）检索词概念切忌过大或过小。概念不能太大，也不能太小，主题概念的范畴太大会造成大量没用的文献被误检，太小会造成重要的文献被漏检。

确定检索词的提示：

概念词太大还是太小要视检索结果而定，不断调整。概念太大可以利用逻辑运算加以限制，比较容易。而概念太小则需要较多的专业知识去变大。

上下位概念的替换是调整检索策略的一种好方法。

5）确定包含检索主题的较广的类别，这对于应用分类方法检索信息很有用。如：Business— Companies—Food OR Science Nutrition。

6）明确概念组面之间的交叉关系，减少甚至排除掉无关概念组面，简化逻辑关系。即明确逻辑"与""或""非"的关系。

7）找出可能包含检索目标的相关组织和机构名称，此种方法可以扩大检索范围。

（三）确定网络信息检索工具

工欲善其事，必先"选"其器，在明确了检索意图和制定了搜索策略之后，搜索工具选择得当，能够收到事半功倍的效果。

常用网络信息检索工具：

搜索引擎	搜索软件	网络目录	学科信息门户
数据库	OPAC	OA（开放获取）	网络参考工具

---

1. 正确选择检索工具

检索工具种类繁多，各具特色，它们收录的文献学科、类型、国别、语种范围均各有侧重。应根据课题的特点选择检索工具。

（1）族性检索

族性检索是对具有某种共同性质或特征的众多事物、概念的检索。即类以求、触类旁通是分类搜索引擎的天然优势和显著特征。分类搜索适合查询具有同一特征的多个目标和主题范围广、概念宽泛的问题。因此，分类搜索引擎就是族性检索的首选工具。

目前常用的分类搜索引擎的分类体系各有不同，当难以把握浏览路径时，可以借助其"所有目录（the directory）"和"此目录下（this category）"的关键词搜索功能，根据结果页面的路径指示，在相关类目中查找。

（2）特性检索

特性检索是指对特定事物或概念的检索，关键词搜索引擎多用于查找主题范围较小、明确具体的信息和交叉性、细节性问题。因此，关键词搜索引擎是特性检索的首选工具。

（3）专题检索

所谓专题是指范围较小、体裁单一、具有相同性质和专门用途的信息或资源，专题检索主要使用站内搜索工具。专题检索不同于学科或主题搜索，它是指经过人工整理、编辑，并为特定用途发布的信息或资源，如"31届世界大学生运动会"、主题教育推荐书目、特定事件的专题新闻等。

（4）数据库检索

数据库检索是指电子文献、数据、事实、图像、声音等多种媒体所载信息的检索。在线数据库是一种特殊形式的网络资源，一般的搜索引擎难以寻觅其踪迹，即使是专门的数据库网站也多有授权限制而不提供免费使用，但是专业内容就必须使用专业搜索引擎或数据库。

2．正确选择检索途径

对检索途径的选择，遵循"宽进严出"的原则，灵活运用"文献类型"字段，并根据检索结果的多少来调整途径，尤其要关注题名、关键词、文摘等字段在检索结果中的差异。若检索结果多了，可使用篇名途径；若少了，则使用全文途径。

3．正确选择检索方法

确定检索工具和检索途径后，接下来就是运用何种方法实施检索。下面介绍几种检索方法。

（1）多元引擎检索

多元引擎检索是检索信息的首选。它同时搜索几个独立的引擎，并把结果显示在同一页面上，是通过关键词和一些常用的运算符完成检索过程的。应用多元引擎的优点是加快了检索的全过程，且返回相对较少无关站点。缺点是当进行复杂检索时有时不能有效地执行，可能产生一些奇怪的结果。代表站点是 Inference Find 和 Metacrawler。

（2）关键词检索

若需要查找的一个特定信息或所用的引擎数据库容量很大时，可应用关键词查询数据库。该类搜索引擎的优点是数据库更新快，检索的结果新，缺点是索引不太精确。

（3）分类目录检索

分类目录检索是一种可供检索和查询的等级式主题目录，以超文本链接的方式将不同学科、专业、行业和区域的信息按照分类或主题的方式组织起来，适用于分类明确的信息查找。这类搜索引擎检索的优点是结果质量较高，条理性较强。缺点是采集信息的速度远远跟不上网络资源增长的速度，数据库往往较小，检索到的文献数量有限。国内的代表站点是搜狐和新浪等门户网站。

（4）分类目录加关键词联合检索

当我们难以确定是分类检索好还是关键词检索好时，应用"分类目录＋关键词"联合检索。例如，在搜狐上查找儿科肿瘤方面的信息，就可从搜狐主页逐层单击进入到"健康类别"，再深入到"儿科子类别"，随后在该页面的查询框内输入关键词"肿瘤"，便能找到相关联的信息。这种方法的优势在于它能够进一步缩小检索范围，从而得到更为精确和有效的检索结果。

（四）构建检索式

检索式指搜索引擎能够理解和运算的查询串，由关键词、逻辑运算符、搜索语法等构成。关键词是检索式的主体，逻辑运算符和搜索指令根据具体的查询要求从不同的角度对关键词进行搜索限定。

（五）调整检索策略

检索策略需要根据实际情况进行不断调整和更新，以适应信息资源和用户需求的变化。检索策略的制定也是不断完善构造检索式的过程，检索者使用最初的检索式进行试验性检索，根据检索结果不断调整、完善检索式，以提高检索效率和准确性，最后使用调整后的检索式进行正式检索，但是检索者在试验检索时往往会发现检索结果并不尽如人意，会出现以下几种情况：相关性较差，检索结果太多或太少甚至为零，这时需要进一步调整检索策略了。

1. 解决检索结果相关性差的问题

调整方案：重新分析课题，找出隐含在课题题名后面的相关检索词。

解决方法：先从检索结果中选出你认为相关性高的几篇文献线索，得到它们的原文，然后研读，找出它们所表达的关键词，然后再用这些关键词去检索。

2. 解决检索结果太多的问题

检索结果太多的原因归纳起来，主要为以下4个方面。

1）主题、检索词、检索入口过于宽泛。例如，直接用"金属玻璃""燃料电池""微波陶瓷"等宽泛的概念查文献。

2）主题词本身具有多义性。例如，使用邻苯二甲酸二壬酯的缩写"DNP"作为检索词检索，结果找出的文献含有"DNP邻苯二甲酸二壬酯""DNP动态核极化""DNP糖尿病患者""DNP防老剂"和"DNP表面活性剂"等多种内容。

3）检索词的截词过短。例如，使用"Cata＊"检索"Catalyst"，使用"Prep＊"检索"Preparation"，都会造成误检。（截词的原则是截到词根，如Catalyst—Catalys＊；Preparation—Prepar＊。）

4）词组没有用精确检索。利用双引号""实现对词组的精确检索。例如，检索solar energy这个主题，没有加双引号""，则代表是普通检索，不管这两个词出现的次序怎样，只要检索字段中出现solar和energy便符合检索要求；若加双引号""，则表示solar必须在前，energy必须紧跟其后。

调整方案：进一步了解课题背景，明确研究定位，细化检索，缩小检索范围。

解决方法：①提高检索词的专指度，选用下位词或专指性较强的自由词检索。②将检索词的检索范围限定在篇名、主题词、关键词字段，或进行出版时间、语种、文献类型等的限定。③用 NOT 算符排除无关的术语和词组，用 AND 算符把增加的概念加入检索式中。④ 浏览部分中间检索结果，从检出的记录中选取新的检索词对中间结果进行限制。

3. 解决检索结果太少的问题

1）选用了不规范的主题词或某些产品的俗称、商品名作为检索词。例如：没有使用"表面活性剂"，而使用了商品名称"迪恩普"，都会造成漏检。

2）同义词不全。例如，查找"品牌"时，没有考虑到"名牌""牌号"以及"商标"等检索词。

3）没有综合考虑检索词的上位概念或下位概念。例如，"燃料"是上位概念，下位概念可以有"固体燃料""液体燃料""气体燃料"，甚至还有"煤""油""煤气""天然气"等，这些概念在查找"燃料"时，都应该加以考虑。

调整方案：扩展检索范围。

解决方法：对已确定的检索词进行其同义词、同义的相关词、缩写和全称检索，保证文献查全率，防止漏检。①利用系统的助检手段和功能。有的系统提供树形词表浏览，使我们可以用规范词、相关词、更广义的上位词进行扩展。②降低检索词的专指度，选用上位词或相关词检索。③选用在所有字段或文摘字段中检索。④去除文献类型、年份、文种等文献外表特征的限定。⑤删除检索策略中某一次要概念。⑥用 OR 算符把增加的同义词或相关词连接起来。⑦利用截词。⑧选择更合适的数据库进行查找。

4. 解决检索结果为零的问题

1）对数据库的检索规则运用错误。例如，逻辑算符、通配符、中英文符号（半角全角）等问题，每个数据库有不同的要求。在欧洲专利中，检索不出带逗号和短横的分子式，如 1，3-Propanediol ，但在 Ei 中却能将其检索出来。

2）确实没有相关文献。不能因为检索篇数为零而放弃对相关内容的查找。必要时可以将课题拆分，各自查找。例如，课题是关于"膜乳化"，但在超星图书馆中检索不到"膜乳化"的书籍，于是将"膜乳化"拆成"膜"和"乳化"分别检索，发现有很多有用的三次文献。

实践证明，"变"是检索策略永恒的主题。好的检索策略不是一蹴而就的，它会随着对课题理解的深入而改变，遵循着"检索→阅读→策略修改→再检索……"的规律，不断调整，不断完善。

（六）获取文献线索

首先，将所获得的检索结果加以系统整理，筛选出符合课题要求的相关文献信息，选择检索结果的著录格式，辨认文献类型、文种、著者、篇名、内容、出处等项记录内容，输出检索结果。

视频 2-02
全文获取与文献阅读

然后，阅读和汇总文献信息。阅读文献是文献信息检索过程中必不可少的一步，它有助于弄清文献背后的内容。很多时候，人们在检索文献时只关注文献的标题、摘要和关键词，但是，要真正获得文献中的重要信息，就必须花费大量的时间去读文献，并仔细研究文献的内容。此外，在阅读文献的过程中，用户还可以利用文献信息查询系统来汇总文献信息，这样一来，整个检索过程就会变得更容易。

最后，检查检索结果。在完成文献信息检索后，用户还可以结合文献信息查询系统的提示，仔细检查检索结果，再做出最终的判断。

（七）分析与处理检索结果

视频 2-03
检索结果的深度
挖掘与自动追踪

查找原始文献是文献检索的最终目的。根据检索到的文献线索，利用各种类型的目录，可查到文献原文。处理这些检索结果包括对检索结果的过滤、排序、去重、导出等操作，以便于后续的使用和管理。在对检索结果的处理中，不仅要关注上述问题，还要重视以下两个方面。

一要注意检索结果的可靠性和权威性。检索结果的可靠性和权威性是检索效果的重要指标，需要根据实际情况选择合适的检索工具和数据库，以获得更准确和权威的检索结果。

二要遵循信息检索的伦理规范。在检索过程中，需要尊重他人的知识产权和隐私权，不得滥用、盗用他人的文献信息。

活动与训练

一、活动描述

以汽车导航系统的研究为课题，制定相应的检索策略。

二、活动分析

1. 车用导航系统

车用导航系统主要由导航主机和导航显示终端两部分构成。内置的 BDS 天线会接收到卫星所传递的数据信息，由此测定汽车当前所处的位置。导航主机通过 BDS 卫星信号确定的位置坐标与电子地图数据相匹配，便可确定汽车在电子地图中的准确位置。在此基础上，将会实现行车导航、路线推荐、信息查询、播放 AV/TV 等多种功能。驾驶者只需通过观看显示器上的画面，收听语音提示，操纵手中的遥控器，即可实现上述功能，从而轻松自如地驾车。

汽车卫星导航系统依靠北斗定位系统（BDS）确定汽车的位置时，需要知道汽车的经度和纬度。在某些特殊情况下，BDS 还要知道海拔才能准确定位。有了这三组数据，BDS 定位的准确性经常就可以达到 2~3m。

2. 北斗定位系统（BDS）

北斗定位系统（BDS）由中国自主研发的数十颗导航卫星构成空间部分，以及配套的地面控制系统组成，是中国在航天技术、无线电技术和计算机技术等多个高科技领域的杰出成果。北斗定位系统在地球任何地方都能同时接收到多颗卫星的信号，确保定位精度和稳定性。近年来，随着北斗定位系统的全球组网完成和服务能力的不断提升，其在全球定位服务市场中的地位日益凸显。

三、活动演练

1. 分析主题

（1）确定学科范畴

本课题涉及定位系统和汽车特点，可能涉及计算机科学、地理科学、动力与机械、航空航天科学、测绘科学等学科。

（2）确定检索年代、文献类型、检索方法和检索的数据库

检索年代：可设在 20 世纪 90 年代之后。

文献类型：科技报告、科技期刊、会议文献，同时考虑到课题较热，应用性强，最新成果等，可将专利文献纳入其中。

2．确定检索词

从课题"汽车导航系统的研究"中提炼检索词如下。

一组检索词：汽车 机动车

二组检索词：导航系统 全球定位系统 BDS

三组检索词：研究 设计 调查

3．构建检索式

（SU＝汽车 OR SU＝机动车）＊（SU＝BDS OR SU＝全球定位系统 OR SU＝导航系统）＊（KY＝研究 AND KY＝调查 AND KY＝设计）

4．确定检索方法

采用倒查法和追溯法（包括参考文献法和科学引文法）。

5．选择检索工具

选择要检索的中外文数据库，其中数据库选择先中文后英文；在数据库基础上，为提高查全率，再使用搜索引擎补充检索。主要工具如下。

1）中国知网：可提供科技期刊、会议论文、科技报告、专利文献等信息。

2）维普资讯中文期刊服务平台：可提供科技期刊。

3）万方数据知识服务平台：可提供科技期刊、会议论文、科技报告、专利文献等信息。

4）中国知识产权信息服务平台：https://ggfw.cnipa.gov.cn/PatentCMS_Center/#link_2

6．初步检索

以中国知识基础设施工程（CNKI）为例，利用该数据库的专业检索实施检索策略，如图2-2所示，查找文献信息结果为零。

图2-2　中国知网"专业检索"检索

7．调整检索策略

调整、修改检索策略，扩大检索。具体方法为去除不具备检索意义的词汇，并重置逻辑关系，将每组检索词逻辑"与"组配调整为逻辑"或"运算。重构检索式为：（SU＝汽车 OR SU＝机动车）＊（SU＝BDS OR SU＝全球定位系统 OR SU＝导航系统）。

8. 分析与处理检索结果

根据文献信息线索，如图 2-3 所示，获取原始文献，并利用每篇文章详细记录的参考文献和引证文献，进行追溯检索。

图2-3　利用中国知网重构检索式的检索结果

四、活动反思

经过以上检索实践，可以发现，文献信息检索在日常的工作、学习、生活中不仅检索工作量相当大，且非常复杂。通过检索之后得到以下几点体会。

1）文献信息的获得要重视日积月累。

2）检索的首要任务是检索目标务必明确。

3）学会巧用各个搜索引擎和数据库的帮助系统。

4）对信息比较完全、查询比较方便的主要网站和数据库，要紧跟其更新步伐，不断熟悉其特点和功能，做到检索时得心应手。

5）在文献信息检索中，注意准确查询和模糊查询的配合使用。

6）在关键词运算式中少用空格。

✏ 单元小结

随着信息技术的发展，数字化信息已经成为信息呈现方式的主流。在众多的信息来源中，因特网成为获取信息最方便、最快捷的方式，本单元主要介绍了因特网检索信息的定义、特点和类型，重点介绍了网络信息检索的基本流程，强调通过体验和感悟网络信息活动中的操作与应用，培养读者掌握利用网络获取信息的过程和方法，为读者的学习、生活和发展提供服务，提升信息素养。

思考与练习

一、选择题

1. 在下列各项中，通过因特网可以检索到（　　　）。
   A. 游戏　　　　　　　　　　B. 新闻　　　　　　　　　　C. 音乐
   D. 电影　　　　　　　　　　E. 图书资料

2. 因特网提供了哪些服务？（　　　）
   A. 浏览信息　　　　　　　　B. 电子邮件　　　　　　　　C. 下载
   D. 在线论坛　　　　　　　　E. 信息检索

3. 网络信息资源按主题划分为（　　　）。
   A. 政府信息资源　　　　　　B. 商业信息资源　　　　　　C. 法律信息资源
   D. 学术性信息资源　　　　　E. 新闻信息资源

4. 如果你曾经上过网，你最愿意从网络上获取哪些信息？（　　　）
   A. 游戏　　　　　　　　　　B. 学习资料　　　　　　　　C. 新闻
   D. 娱乐信息　　　　　　　　E. 软件　　　　　　　　　　F. 各种素材

5. 你对网络信息的评价是（　　　）。
   A. 可信度不高　　　　　　　B. 更新快　　　　　　　　　C. 信息量大
   D. 有一定的实用性　　　　　E. 容易检索到自己需要的信息　F. 经济

二、判断题

1. 搜索引擎检索法是当前最为常规、普遍的网络信息检索方法。　　　　　　（　　　）
2. 漫游法也称为浏览式检索。　　　　　　　　　　　　　　　　　　　　（　　　）
3. 网络资源指南法类似于传统的书目之书目。　　　　　　　　　　　　　（　　　）

单元二　因特网信息检索工具

案例导入

　　1966 年秋天，29 岁的罗伯兹来到了美国国防部所在的五角大楼，开始了被称为 APPANET 的网络项目，这个项目也就是今天的因特网的起源。

　　罗伯兹作为 IPTO 的首席科学家，负责组织和领导项目科研队伍，所有重大技术决策都由罗伯兹决定。他来到五角大楼后，界定了几个关键问题。第一，网络应该有哪几个结点？第二，网络应该如何互联？第三，结点之间怎样通信？第四，如何解决网络结点计算机的不兼容问题？第五，网络应不应该支持交互式计算机？

　　罗伯兹和他领导的技术队伍发明了许多基本概念和机理框架。时至今日，这些基础的发明还广泛地应用于因特网的各个领域。其中 RFC 项目作为发布和记录互联网标准与协议的文档项目，是互联网技术和标准制定过程中的关键组成部分，是互联网技术和标准制定的重要基石。至今，RFC 项目绝大部分被大家作为技术标准直接使用，任何技术想要成为全球软件开发商、硬件制造商以及网络运营商自愿实施的标准和遵守的规范，都必须经过 RFC

的流程。

 培养子目标

知识目标

了解网络信息检索工具的构成；熟悉网络信息检索工具的类型；掌握网络信息收集的途径和方法。

能力目标

能够精准选择检索工具，灵活运用不同的检索途径和方法，获取所需信息。

素质目标

具有合理、合法地获取文献信息的意识。

相关知识

因特网检索工具是在因特网上提供信息检索服务的计算机系统，主要针对存在于网络中的各种类型的信息资源。当前，基于超文本技术的 Web 已成为因特网信息的主流，因此，Web 检索工具不仅以 Web 形式服务，还主要针对 Web 资源进行检索，同时覆盖其他网络资源，如 Usenet、Gopher、FTP 等。这使得 Web 检索工具变得尤为重要，成为获取因特网信息的主要手段和工具，几乎成了网络检索的代名词。

一、网络信息检索工具的构成

1. 自动索引程序

网络检索工具常采用被称为 Robot（也称 Spider、Crawler 等）的自动跟踪索引程序。这类程序在网络上检索文件，自动跟踪其超文本结构并循环检索所有被参照的文件。它们遍历网络信息空间，访问公共区域的站点，记录网址，标引内容，并建立索引文档，最终形成可供检索的数据库。同时，这些程序还会持续跟踪网页内的其他链接，并验证其有效性。

2. 数据库

数据库是组织、存储和管理数据的结构化仓库。自动索引程序将采集和标引的信息汇集成数据库，为网络检索工具提供基础服务。不同工具的数据库收录范围各异，包括 Web、Usenet 新闻组、FTP、Gopher 等资源。标引方式也不同，有的索引全文，有的仅标引地址、题目、特定段落和关键词。因此，数据库通常包含网站名称、标题、URL、网页长度、超链接、内容简介或摘要等信息。数据库规模大小直接影响信息检索的全面性。

3. 检索代理软件

检索代理软件处理用户检索请求并返回结果。其功能强弱对检索效果至关重要。当用户提出查询时，检索软件在数据库中执行检索操作。不同工具采用不同的检索机制、技术和处理方式。评价检索软件功能时主要考虑界面友好性、检索技术多样性和检索途径数量等因素。常见检索机制包括布尔逻辑检索和自然语言检索，后者允许用户输入短语、句子等自然语言进行检索，软件则根据语义关系进行分析并形成检索策略。

二、网络信息检索工具的类型

为适应网络信息交流和查询的新需求，网络工作者开发了如 HYTELNET、Archie、Veronica、Jughead、Gopher Jewels 和 Search Engineers 等多种检索工具。这些工具可根据检索

项、检索方式及对应资源分为远程登录、FTP、Gopher、WAIS、Archie 和万维网 WWW 检索工具，有助于用户高效地进行网络信息检索。

1. 远程登录（Telnet）检索工具

远程登录作为因特网的基本服务之一，通过 Telnet 通信协议，使用户的计算机能够模拟成为远程计算机的终端，从而实时访问并运行远程计算机中的程序、信息和其他资源。Telnet 作为一种强大的资源共享工具，被广泛应用于大学图书馆的联机检索服务，以及政府部门和研究机构的数据库开放访问中。合法用户只需使用在远程主机上开设的账号和密码进行登录，即可实时使用该系统对外开放的功能和资源，例如，查询图书馆目录或检索商业数据库等。

2. FTP 检索工具

FTP（File Transfer Protocol 文件传输协议）是因特网上用于传送程序软件和多媒体信息的主要协议，是万维网用户获取免费软件和共享软件资源的必备工具。FTP 有两种工作方式：一种是在因特网上任意两个账户间传送文件，这需要知道双方的口令；另一种是匿名 FTP，它允许任何人连接系统并下载文件，其中包含了大量有用的信息，如研究论文、免费软件、会议记录等。

3. Gopher 检索工具

Gopher 是一种基于菜单驱动的因特网信息检索工具，广受用户喜爱。它能够帮助用户逐层检索跨多个计算机系统的信息，包括文本文件、电话簿、多媒体和专有格式文件等。此外，Gopher 还能访问 FTP 服务器，查询校园名址服务器中的电话号码，检索学校图书馆藏书目录，并提供基于远程登录的信息查询服务。

Gopher 服务器配备了三种检索工具：Veronica、Jughead 和 Gopher Jewels。Veronica 和 Jughead 能够定期或不定期地标引 Gopher 服务站的目录和文件名，并汇集在一起以菜单形式展示检索结果，包括菜单、目录和文档；而 Gopher Jewels 则是一种目录型检索工具，系统分类和列出主要的 Gopher 服务站信息资源。

4. WAIS 检索工具

WAIS（Wide Area Information System），即广域信息查询系统，由美国互联网档案馆的创始人布鲁斯特·卡利（Brewster Kahle）于 1991 年发明，并由 Thinking Machines 公司发布。它基于 Z39.50 标准，是一种全文检索技术的分布式文本搜索系统，专注于数据库索引查询服务，尤其擅长根据索引材料和内容查找文章。WAIS 的独特之处在于，它仅检索信息文档的内容，忽略标题（文件名），自动搜索网络文献和数据，并创建索引，用户只需选择信息资源并输入关键词即可进行远程查询。

5. Archie 检索工具

Archie 是因特网上用于查找满足特定标题条件的文档的自动搜索工具。它专门检索匿名 FTP 资源，帮助用户在全球范围内的 FTP 服务器中寻找文件。用户只需输入文件名或部分名称，Archie 就会列出存放这些文件的 FTP 服务器地址。

6. 万维网 WWW 检索工具

万维网 WWW（World Wide Web），简称 Web，是基于客户机/服务器方式的信息发现技术和超文本技术的综合体。通过超文本标记语言（HTML），WWW 服务器将信息组织成图文并茂的超文本，并利用链接实现站点间的跳转。这种信息网络使用户可以自由浏览因特网。自 20 世纪 90 年代中期以来，搜索引擎技术的出现极大提升了 WWW 信息资源的检索速度，使得网络信息检索变得迅速而高效。目前，基于 Web 的搜索引擎已成为因特网最常用的信息检索工具。

三、网络信息收集的途径

网络信息收集是在互联网技术的推动下，通过科学策略从众多渠道中发掘、获取和利用网络及数字资源的过程。

1）搜索引擎：搜索引擎通过互联网搜集、整理信息，建立索引供用户查询，分为全文（如百度）、元（如 InfoSpace、Bbmao）、目录（如搜狐、新浪）和垂直（针对特定领域，如豆丁网、豆瓣电影）四大类。

2）发现服务系统：发现服务系统预收集海量异构资源数据，形成统一元数据索引，提供强大检索服务。国外有 Summon、EBSCO 等，国内以超星发现系统为代表。

音频 2-02
EBSCO 数据库

3）门户网站：门户网站集成各类互联网资源和应用，提供统一用户界面，分政府、商业、企业和个人四类。

4）网络数据库：网络数据库是互联网上的数据库信息集合，提供公共检索服务，包括综合和专业数据库、文摘和全文数据库等，有收费和免费之分。

5）开放获取：开放获取是免费提供学术信息和研究成果的机制，有金色（作者付费）和绿色（自存档）道路。国内资源如中国科技论文在线、中国学术会议在线；外文资源如 DOAJ、HighWirePress。

6）网络论坛：网络论坛是网上交流场所，也称 BBS 或电子公告板。

7）微博：微博是基于用户关系的社交媒体平台，实现即时信息分享和传播。

8）RSS 订阅：RSS 是简易信息聚合技术，方便网站间内容共享和传播。

音频 2-03
RSS 订阅

9）邮件列表：邮件列表是互联网上的电子邮件地址集合，用于群体信息交流和信息发布。

活动与训练

一、活动描述

利用因特网的搜集途径检索"电磁辐射对人体健康的影响"相关学术信息资料。

二、活动分析

1. 活动检索目标

本活动的检索主要有电磁辐射的有关概念、原理、定理，电磁辐射的最新研究成果、研究现状，以及在这一领域有深入研究的机构和研究员，相关的专利、国家标准和国际标准，以及各国制定的相关法规等。另外，本活动案例还涉及大量电磁产品的技术资料和技术档案等信息。

2. 活动主题分析

当今社会，电器设备如电视、计算机、手机、微波炉等的广泛使用给人们的生活带来了极大的便利，但也带来了一个不可忽视的问题：电磁辐射问题。

因而，电磁辐射对人体健康带来的不良影响已经引起众多专家的密切关注。检索的深度与研究的深度有关。如果研究本身是比较专业的，涉及大量的专业词汇和原理，那么就需要进行较为深入的检索。检索的广度是指信息所涉及的方面和领域。本活动是类似科普性质的研究，所以在深度上不必要求太高，但是在信息的广度上应该有比较高的要求。

3. 活动检索要点

目前国际上对这一问题的研究进展情况如何？本课题的研究在整个学术领域所处的地位如何？通过本课题检索，判断课题的性质是属于创新性研究，还是属于跟踪性研究，同时要尽可能多地收集有关资料。

三、活动演练

1. 确定所检文献类型

信息的来源主要有图书、期刊会议文献、科技报告、专利文献、标准文献、学位论文、产品资料等。

2. 确定检索方法

本次活动主要采取利用搜索引擎进行关键词搜索、利用门户网站的分类项目逐层检索、利用专业的网站和数据库系统以关键词方式检索、利用电子邮件查询等4种方法。

3. 确定检索词

根据主题分析确定关键词分为3组。

1）电磁辐射，电磁污染，电磁波，微波辐射，电磁学，electromagnetic radiation，microwave radiation，electromagnetism 等。

2）概念，原理，影响，危害，研究，防止，其他相应的英文词，如：harm，research 等。

3）图书，期刊，学会，会议，论文，专利，标准，法规，产品，技术档案，其他相应的英文词，如：journal，conference，patent，standard 等。

以上三组关键词要进行多次合理的搭配组合，进行检索时可以得到最直接的结果。

4. 实施检索策略

（1）利用搜索引擎进行关键词检索

1）选择检索工具。设计选择的搜索引擎主要为百度、必应、新浪网、Alta vista、Hotbot、Infoseek。

2）检索重点和要求。此次检索重点要对研究的课题有全面的、宏观的把握；确定其在科学研究、社会应用方面的地位和水平；了解与之相关的学科，了解世界的电磁学研究情况；掌握研究者等信息。

检索在深度上浅尝辄止，而在广度上要尽量拓宽。在此轮检索之后，要对初定的检索方案进行修正和完善。

3）检索步骤。本次活动通过搜索引擎（以百度为例）进行关键词检索，检索步骤如下。

①初步检索。进入百度网络搜索引擎主页。在搜索栏中输入"电磁辐射"，单击"搜索"按钮，得到有关"电磁辐射"的相关结果100000000个，浏览各个显示页面，保存到相关的文件夹，以免今后重复检索。

如图2-4所示，打开一些网页浏览。但对于100000000个结果，我们不可能逐个打开浏览。这时有两种处理方法：一种方法是先查看几个具体的网站，然后根据这几个网站反映出来的对于某些关键词的敏感程度，去修改检索时使用的关键词，以进一步缩小检索结果；另外，一般的搜索引擎输出的检索结果是根据关键词在网站或网页中出现的频度高低、关键词在网页或网站中的重要程度来排列的，因此排列在前的检索结果包含了更多的所需信息。

图2-4　百度搜索结果1

②检索策略调整。在搜索栏中输入"电磁辐射＋危害"，单击"搜索"按钮，可以得到一共约39700000个结果。检索结果缩小了60%，但信息量依然很大，可进一步增加限定词实施深层次的检索。如图2-5所示，采用："电磁辐射＋危害＋产品＋涂料"检索后，检索结果从千万级降至60多万个。然后从结果中追踪下去，甚至找到了一种新型的抗电磁辐射涂料的技术资料，这是相当有价值的。

图2-5　百度搜索结果2

（2）利用门户网站的分类项目逐层查询

1）门户网站的选择。主要选择的门户网站为新浪网、搜狐等。

2）所属类目。一般来说，主要选择"自然科学—科学技术—电磁学—电子技术—物理学"类目。需要注意的是各网站的类目设计不同，请根据实际情况调整类目。

3）查询重点和要求。门户网站查询需明确目的，利用关键词搜索或浏览导航菜单快速定位信息，注意确保信息的官方性、准确性和时效性，同时关注信息的详细性和全面性，确保不遗漏重要内容，还要简洁易用，便于用户快速找到所需信息。

4）检索步骤。本次活动通过搜索引擎（以搜狐为例）进行分类逐层搜索，检索步骤如下。

首先进入搜狐网主页。搜狐网将网上的信息分为40多个大类，如"娱乐""财经""理财""IT""汽车"等。针对所要检索的内容所属类别可利用分级检索的方法，但是这种方法一般情况下要与输入关键词检索配合使用，才能更好地提高检索速度。浏览网页，可得到具体的电磁辐射管理办法。

（3）图书馆和数据库的专业检索

1）选择网站。选择的图书馆和数据库主要有中国国家图书馆、万方数据知识服务平台、中国科技信息网、联机计算机图书馆中心（OCLC）。

2）查询重点及要求。要尽可能详尽、准确地得到文献资料原文，掌握文献的其他信息，如作者、出版情况等，对检索到的信息进行科学管理。

3）检索步骤。本次活动通过图书馆和数据库（以中国国家图书馆为例）进行专业检索，检索步骤如下。

首先进入中国国家图书馆官方网站，在这个主页面显示的各种检索途径里，用户可以根据自己的习惯和各种检索途径的特点选择一两种，来进行检索并获取相关信息。

（4）电子邮件查询

在以上检索之后，发现有的网站可以提供文献订购，有的可以自动推送、文献传递，有的提供了研究人员的个人主页和电子邮件地址，这时，可以应用电子邮件查询方式与这些部门和人员建立联系。

四、活动反思

1）每种搜索引擎的收集面各不相同，建议大家在检索过程中，在多个搜索引擎尝试以上方法，可望得到满意的结果。

2）作为科学研究，需要大量的全面而翔实的资料，需要结合多种搜索方法、多途径进行资料的检索。

3）检索方法可用类别搜索和关键词搜索相结合的方法进行，检索者可以在长期的实践中积累几种方便自己使用的搜索引擎。

 ## 单元小结

随着信息技术和新一代因特网的发展，先进的网络信息检索工具给人们带来很多方便，人们能在更短的时间内找到自己需要的信息。本单元旨在通过对多种网络信息检索搜索工具的介绍、描述和比较，让人们能了解和学到更方便、快捷、准确的知识和信息。

总体来说，利用网络进行信息搜索可以归纳为三大渠道。

1. 一般渠道

一般渠道主要解决用户的一般性问题，主要利用搜索引擎、专业门户网站（含行业、协会论坛）以及战略咨询公司或者第三方调研公司。

2. 严肃渠道

针对专业性强的学术资源的信息需求，就需要利用中国知网、维普资讯期刊服务平台等专业数据库以及网上图书馆等检索工具来解决。

3. 娱乐渠道

当下，娱乐渠道的信息工具俨然已成为人们获取资讯和信息的重要渠道，主要包括微信搜索、微博搜索、知乎搜索，以及简书、小红书、抖音等。例如，微信里有大量相关行业的微信公众号，公众号每日推送的微信文章在搜索引擎里不易被搜到。

在线测试 2-02

思考与练习

一、选择题

1. 如果检索结果过少，查全率很低，则需要调整检索范围，此时，调整检索策略的方法有（　　）等。
    A. 用逻辑"与"或者逻辑"非"增加限制概念
    B. 用逻辑"或"或截词增加同族概念
    C. 用字段算符或年份增加辅助限制
    D. 用"在结果中检索"增加限制条件
    E. 找出词干的上位词

2. 从概念之间的关系和检索策略的常识判断，（　　）是符合逻辑的。
    A. 世界贸易组织 OR WTO
    B. 世界贸易组织 AND WTO
    C. bank OR company
    D. bank AND company

3. 概念（　　）之间属于上下位关系。
    A. 家用电器与电视机
    B. 局域网与 LAN
    C. 计算机与电脑
    D. 硅酸盐与陶瓷

4. 关于网络信息的特点，正确的说法有哪些？（　　）
    A. 内容丰富、涵盖范围广泛
    B. 多媒体组合，形式多样
    C. 信息来源分散、无序
    D. 缺乏统一管理，自由，缺乏管制，无国界

二、简答题

1. 在网络信息检索中，当检出的文献数量较少时，分析其可能原因，以及采用何种对应措施，才能增大文献信息的检出量，请至少列举 3 种情况。
2. 简要介绍利用网络收集信息的途径和方法。

单元三 搜索引擎及应用

案例导入

2023 年初，天目新闻记者金檬与 ChatGPT 之间有段很有意思的对话。记者提问："你会取代搜索引擎吗？"ChatGPT 回答："我们有可能与搜索引擎合作，但不太可能完全取代搜索引擎。""人工智能技术和搜索引擎是相辅相成的，而不是相互竞争的。"记者又问道："你可以为搜索引擎带来什么改变？"ChatGPT 回答："改进搜索结果、自然语言搜索、智能回答、智能推荐等，这些改变都可以提高搜索引擎的效率和用户体验，并使其成为一个更加有用和高效的工具。"

由此可见，ChatGPT 为搜索方式增添了新的想象，将引领搜索引擎进入新纪元。

培养子目标

知识目标

了解搜索引擎的定义、分类和体系结构；理解搜索引擎的工作原理和信息检索模型；掌握搜索引擎的基本语法；掌握百度的搜索技巧。

能力目标

能够利用搜索引擎获取所需信息，具有搜索、分析、提炼和甄别信息的能力。

素质目标

培养自主探究意识，养成主动利用网络搜索资源解决学习、生活中问题的习惯，具备正确的信息道德观。

相关知识

搜索引擎（Search Engine）是基于 WWW 的信息处理系统，用来对网络信息资源标引、管理和检索的一系列软件，是一种在因特网上查找信息的工具。搜索引擎的始祖，是加拿大麦吉尔大学的艾伦·安塔吉（Alan Emtage）等 3 名学生在 1990 年发明的名叫阿奇（Archie）的程序，它可以用文件名搜索散布在各个 FTP 主机中的文件。而今我们所熟悉的搜索引擎，是 1994 年 7 月美国卡内基梅隆大学教授莫尔丁（Michael mauldin），利用"蜘蛛爬行"技术创造的名叫 Lycos 的网站查询软件。那么搜索引擎是如何工作的？人们又是如何表达信息需求的？为什么在不同的搜索引擎中查找的信息会差别很大？这些问题都是在实际检索活动中常常出现的现象。本单元试图解释这些问题出现的原因。

一、搜索引擎的基础知识

（一）搜索引擎的定义

搜索引擎是指根据一定的策略、运用特定的计算机程序搜集互联网上的信息，在对信息进行组织和处理后，将检索的相关信息展示给用户的系统。

简单地说，搜索引擎是工作于互联网上的一门检索技术，旨在提高人们获取搜集信息的速度，为人们提供更好的网络使用环境。它通过因特网接受用户的问询指令，并通过一定的机制和方法对网络信息进行搜索，它将搜索的信息进行理解、提取、组织和处理之后，快速返回一个与用户输入内容相关的信息列表。这个列表的每一个条目代表一个相关的网页，每个条目一般来说至少包含以下 3 个元素：

① 标题，网页内容的标题，一般情况下是网页 HTML 源码中标签 < TITLE > 和 </TITLE > 之间的内容；

② URL，对应网页的网址；

③ 摘要，以某种方式获得的网页内容的摘要。

由此可见，搜索引擎既是用于检索的软件，又是提供问询、检索的网站。所以，搜索引擎也可称为因特网上具有检索功能的网页。

（二）搜索引擎的分类

根据不同的工作方式，搜索引擎的分类有所不同。

视频 2-04
搜索引擎有个性，
按需定制早知道

根据搜集内容划分，搜索引擎分为综合性搜索引擎、专题搜索引擎和特殊搜索引擎。综合性搜索引擎是以搜集所有类别 Web 页面为目标的搜索引擎，又称为通用型搜索引擎，如百度；专题搜索引擎是以搜集面向某一主题或领域的 Web 页面为目标的搜索引擎，如 Medical Matrix、PharmWeb 等；特殊搜索引擎是专门用来检索某一类型信息或数据的搜索引擎，如查询人物的 Ucloo、查询图像的 WebSEEK。

根据搜索功能划分，搜索引擎分为全文搜索引擎（Full Text Search Engine）、目录索引类搜索引擎（Search Index/Directory）、元搜索引擎（MetaSearch Engine）、垂直搜索引擎和 All-in-One 集成搜索引擎 5 类。

1. 全文搜索引擎

全文搜索引擎是提供面向网页的全文检索服务，通常被称为索引服务或网页级搜索引擎，这就是我们通常所说的真正意义上的搜索引擎。它利用搜索器自动搜集网页，并自动生成索引库。然后，根据相关算法，搜索引擎计算用户检索词与索引库的相关度，将结果按照相关度排序后返回给用户。

从搜索结果来源的角度来看，全文搜索引擎可以细分为两种。一种是拥有自己的检索程序，通常被称为"蜘蛛"程序或"机器人"程序，并建立自己的网页数据库，搜索结果直接从其自身的数据库中获取；另一种是租用其他搜索引擎的数据库，并按照自定义的格式排列搜索结果，如 Lycos 搜索引擎。

2. 目录索引类搜索引擎

目录索引类搜索引擎是通过其他网站的自动提交或是人工的形式对网页进行评分、分类和整理，将相应的网页归入对应的类，供用户浏览使用。目录索引类搜索引擎这种严谨的信息组织方式可以提高用户的查准率，但同时也降低了查全率。目录式搜索引擎不使用蜘蛛、机器人等程序搜索网页信息，因此从严格意义上目录式搜索引擎算不上是真正的搜索引擎。

国外最具代表性的是 Yahoo 雅虎、Open Directory Project（DMOZ）、LookSmart 等，国内著名的有搜狐、新浪、网易搜索。

3. 元搜索引擎

元搜索引擎是将多个独立搜索引擎集合在一起，提供一个统一的检索界面，当用户提出检索提问后，由统一的元搜索引擎接口对用户提交的查询请求进行处理，分别将其转换为符合底层搜索引擎查询语法要求的子查询，并发送给多个搜索引擎，同时检索多个数据库，并进行相关度排序后，将结果显示给用户，实现多个搜索引擎的同步检索。元搜索引擎可分为串行处理和并行处理两种。

国外著名的元搜索引擎有 InfoSpace、Dogpile、Vivisimo 等，国内元搜索引擎的代表是搜星搜索引擎。

4. 垂直搜索引擎

垂直搜索引擎是针对某一行业的专业搜索引擎，是搜索引擎的细分和延伸。它将网页库中某类专门的信息进行一次整合，定向分字段抽取出需要的数据进行处理，然后再以某种形式返回给用户。

垂直搜索引擎不同于通用的网页搜索引擎，其适用于有明确搜索领域和搜索需求的情况。例如，用户购买机票、火车票、汽车票时，或想要浏览网络视频资源时，都可以直接选用行业内专用搜索引擎，以准确、迅速地获得相关信息。相比通用搜索动辄数千台检索服务器，垂直搜索需要的硬件成本低，用户需求特定，查询的方式多样。

5. All-in-One 集成搜索引擎

All-in-One 集成搜索引擎是指通过一个网站，即可选择多个搜索引擎依次进行搜索。该搜索引擎类似元搜索引擎，区别在于它并非同时调用多个搜索引擎进行搜索，而是由用户从提供的若干搜索引擎中选择。

除上述这些类型的搜索引擎外，还有一些有特殊用途的搜索引擎，它是专门为某一特殊用途或某一特定目标而设立的，如科学信息的搜索引擎 Scirus，全球华人寻人搜索引擎 Look 4 U，软件搜索引擎 SOFT Seek 和 Download Power Search，图形、图像搜索引擎 Image Surfer，支持自然语言的搜索引擎 Ask Jeeves 等。此外还有一些非主流形式的，如门户搜索引擎、免费链接列表等。由于上述网站都为用户提供搜索查询服务，为方便起见，我们通常将其统称为搜索引擎。

（三）搜索引擎的体系结构

搜索引擎主要由搜索器（Spider 或 Crawler）、索引器（Indexer）、检索器（Searcher）和用户接口（UI）四部分组成。系统首先由搜索器收集网页的内容，然后由索引器将收集回来的内容进行分析、处理，建立索引数据库，再由检索器响应用户的检索请示，用户输入关键字后，检索器要用这个检索词与建立的索引器匹配，匹配后作相关性排序，最后通过用户接口将排序结果送给用户。其基本结构如图 2-6 所示。

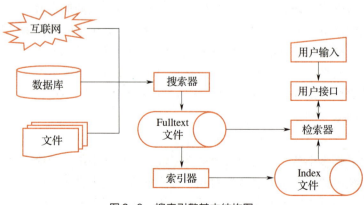

图2-6 搜索引擎基本结构图

（四）搜索引擎的工作原理

本书主要针对全文检索搜索引擎的系统架构进行说明，下文中提到的搜索引擎如果没有特殊说明也是指全文检索搜索引擎。结合前面讲解的系统结构的内容，搜索引擎的工作原理如图2-7所示：从互联网上抓取网页→建立索引数据库→在索引数据库中搜索→对搜索结果进行处理和排序。

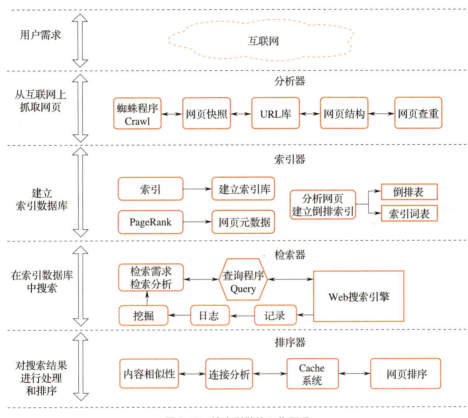

图2-7　搜索引擎的工作原理

（1）从互联网上抓取网页

利用能够从互联网上自动收集网页的网络蜘蛛程序，自动访问互联网，并沿着任何网页中的所有 URL 爬到其他网页，重复这过程，并把爬过的所有网页收集到服务器中。

（2）建立索引数据库

由索引系统程序对收集回来的网页进行分析，提取相关网页信息（包括网页所在 URL、编码类型、页面内容包含的关键词、关键词位置、生成时间、大小、与其他网页的链接关系等），根据一定的相关度算法进行大量复杂计算，得到每一个网页针对页面内容及链接中每一个关键词的相关度（或重要性），然后用这些相关信息建立网页索引数据库。

（3）在索引数据库中搜索

当用户输入关键词搜索后，分解搜索请求，由搜索系统程序从网页索引数据库中找到符合该关键词的所有相关网页。

（4）对搜索结果进行处理和排序

所有相关网页针对该关键词的相关信息在索引库中都有记录，只需综合相关信息和网页级别形成相关度数值，然后进行排序，相关度越高，排名越靠前。最后由页面生成系统将搜索结果的链接地址和页面内容摘要等内容组织起来返回给用户。

二、搜索引擎的信息检索

（一）搜索引擎的语法规则

搜索引擎是基于一些基本的查询规则来实现查询条件的，但各种搜索引擎所采用的查询规则又不尽相同。搜索引擎的语法规则主要有基本数学规则、基本搜索语法、限制搜索语法、其他搜索命令以及布尔逻辑算符等。布尔逻辑算符在模块一有详细介绍，在此不再赘述。

1. 基本数学规则

在进行搜索时，我们需要了解搜索引擎的基本数学规则，使搜索结果更加准确。例如，使用连接号、逗号、括号或引号进行词组查找。"＋"表示强制搜索，"－"表示排除检索。"（）"表示优先搜索，""""表示精确搜索，"～"为同义词搜索。表2－1介绍了主要搜索引擎的数学命令。

表2－1　主要搜索引擎的数学命令

命令	符号	支持命令的搜索引擎
包含条件	＋	除 LookSmart 外的所有引擎
排除条件	－	除 LookSmart 外的所有引擎
词组	" "	除 LookSmart 外的所有引擎
符合任意条件	Auto	AltaVista, Excite, GoTo, Go, LookSmart, Netscape, Snap, WebCrawler, Yahoo
	Menu	AOL Search, HotBot, Lycos, MSN Search
	Other	Northern Light（使用 or）
符合所有条件	Auto	AOL Search, HotBot, Lycos, MSN Search, Northern Light
	Other	使用加号或菜单选择时全部支持

2. 基本搜索语法

基本搜索语法主要包括通配符、截词检索、NEAR 操作符、百搭命令等，但不同搜索引擎支持的语法也不尽相同，详见表2－2，具体可参考每种搜索引擎的在线帮助。

（1）通配符

搜索引擎最常用的通配符有星号"＊"和问号"？"等，通常星号"＊"表示替代若干字母，而问号"？"表示替代一个字母。例如：Compu＊可以代表 Computer、Compulsion、Compunication 等。

【重要提示】星号"＊"不能用在单词的开始或中间。

（2）截词检索

截词检索（Truncation）是网络搜索的常用方法，它使用"词间通配符"，用截断的词的一个局部进行检索。例如，"wom？n"可以搜索到包含 woman、women、womyn、womin 等单词的网页。

【重要提示】搜索引擎多支持中截断和后截断检索，而且搜索引擎对截词检索的支持程度和通配符的规定多有不同，了解和使用通配符，还需参阅各搜索引擎的帮助文件。

（3）NEAR 操作符

用 NEAR/n(n 为 1，2，3…）能精确控制检索词之间的距离，表示检索词的间距最大不超过 n 个单词。例如：检索式"Computer near/10 Network"，可查找出 computer 和 Network 两词之间插入不大于 10 个单词的文献，检索结果输出时，间隔越小的排列位置越靠前。

（4）使用百搭命令 *

百搭命令主要用在我们查询一个关键词的基础上，查询由此关键词变化而来的其他词，它与延伸搜索条件功能类似。如：sing * 即可查找符合 singing 及 sings 的网页；theat * 即可查找符合 theater 及 theatre 的网页。

表 2 - 2　基本搜索命令

命令	符号	支持命令的搜索引擎
标题搜索	title：	AltaVista, GoTo, HotBot, Go, MSN Search, Northern Light, Snap
	other	some above via menus, Lycos（通过菜单搜索）, Yahoo（t：）
	None	AOL Search, Excite, LookSmart, Netscape, WebCrawler
网站搜索	domain：	GoTo, HotBot, Snap
	other	AltaVista（host：）, Go（site：）, Lycos（通过菜单搜索）
	None	AOL Search, Excite, LookSmart, Northern Light, Netscape, WebCrawler, Yahoo
URL Search	url：	AltaVista, Go, Northern Light
	other	Lycos（通过菜单搜索）, Yahoo（u：）
	None	AOL Search, Excite, GoTo, HotBot, LookSmart, Netscape, Snap, WebCrawler
链接搜索	Link：	AltaVista, Go
	linkdomain：	GoTo, HotBot, Snap（仅用于根目录 URL，搜索次目录 URL 时使用菜单命令）
	None	AOL Search, Excite, LookSmart, Netscape, WebCrawler, Yahoo（n/a）
百搭命令	*	AOL Search, AltaVista, HotBot, Northern Light, Snap, Yahoo
	None	Excite, GoTo, Go, LookSmart, Lycos, WebCrawler

3. 限制搜索语法

限制搜索语法是从不同角度限定网络搜索的功能性词语和符号，对搜索结果起着定向和控制的作用，主要有以下几种。

（1）标题搜索（Title Search）

［title:］AltaVista、AllTheWeb、Inktomi、一搜……。

［intitle:］Teoma、Yahoo、百度……。

（2）网站搜索（Site Search）

［host:］AltaVista……。

［hostname:］Yahoo……。

［site:］Excite、Netscape、Yahoo、Teoma、百度、一搜、中搜……。

［domain:］Inktomi、HotBot、iWon, LookSmart、AltaVista、百度、一搜……。

（3）网址搜索（URL Search）

［url:］AltaVista、Excite、Yahoo（需要带 http：//）、一搜……。

视频 2-05
标题搜索用 title，
题内题外任你定

视频 2-06
巧用 site 站点搜，
意外惊喜免费到

〔url. all:〕AllTheWeb、Lycos……。

〔inurl:〕Yahoo、Teoma、百度……。

〔originurl:〕Inktomi、AOL、GoTo、HotBot、一搜……。

〔url. domain:〕AllTheWeb……。

〔url. host:〕AllTheWeb、Lycos……。

（4）链接搜索（Link Search）

〔link:〕AltaVista、Yahoo（需要带http://）……。

〔linkdomain:〕Inktomi、AOL、HotBot、iWon、Yahoo、一搜……。

〔link. all:〕AllTheWeb、Lycos……。

〔inlink:〕Teoma……。

〔link. extension:〕AllTheWeb……。

（5）锚点搜索（Anchor Search）

〔anchor:〕AltaVista……。

（6）文件搜索（filetype Search）

〔filetype:文件类型后缀〕（如pdf、doc、swf等）iWon、AOL、Netscape、百度、中搜……。

〔feature:文件类型名称〕（acrobat、activex、audio、embed、flash、frame、audio、video等）Yahoo、HotBot、overture……。

（7）临近搜索（Proximity Searching）

〔NEAR〕AltaVista、Lycos、WebCrawler、AOL……。

〔BEFORE〕Lycos……。

〔FAR〕Lycos……。

〔ADJ〕Lycos、AOL……。

4. 其他搜索命令

（1）辅助搜索功能（见表2-3）

视频2-07
PPT、Excel专业文档
filetype最有效

表2-3 辅助搜索功能

功能	支持	不支持	备注
相关搜索	AltaVista，AOL Search，Excite，HotBot，Go，GoTo，Snap，Yahoo	其他引擎	
搜索结果重组	AltaVista，Go，HotBot，GoTo，Northern Light	其他引擎	Excite有部分搜索结果重组功能
相近搜索结果	AOL Search，Excite，Go	其他引擎	
延伸搜索条件	Go，Lycos，Northern Light	其他引擎	在HotBot、Snap中是通过表格实现此项功能
日期范围	AltaVista，HotBot，Northern Light，Snap，Yahoo	其他引擎	
Within搜索	Go，Lycos，HotBot	其他引擎	
搜索条件敏感度	AVista，Go，部分支持的是：HotBot，NLight	其他引擎	参阅搜索引擎与字母大写
按知名度排名	HotBot，LookSmart，Lycos，Snap	其他引擎	

（2）结果显示功能（见表2-4）

表 2 - 4　结果显示功能

功能	支持	不支持	备注
按日期排列	Go, Northern Light	其他引擎	
显示日期	AltaVista, HotBot, Go, Light	其他引擎	
搜索结果增加的数量	Excite, HotBot, Go, Lycos, WebCrawler	AltaVista, AOL Search, Go-To, Netscape Search, NLight	Snap, LookSmart 及 Yahoo 对此项功能没有明确说明

（二）搜索引擎的检索方式

1）简单检索（Simple Search）：直接输入一个关键词，提交搜索引擎查询，这是最基本的查询方式。

2）词组检索（Phrase Search）：输入两个单词以上的词组（短语），当作一个独立运算单元提交搜索引擎查询。也叫短语检索。

3）语句检索（Sentence Search）：输入一个多词的任意语句，提交搜索引擎查询。这种方式也叫任意查询。

4）高级检索（Advanced Search）：用布尔逻辑组配方式查询，这种方式也叫定制搜索。

5）目录检索（Catalog Search）：按照搜索引擎提供的分类目录逐级查询，用户一般不需要输入检索词，而是按照查询系统提供的几种分类项目，选择类别进行查询，这种方式也叫分类检索。

三、百度搜索引擎

（一）百度概述

百度（https://www.baidu.com/），自 2000 年在北京中关村创立以来，便以打造属于中国人的中文搜索引擎为使命。其名称灵感来源于古诗词"众里寻他千百度"，寓意着对信息的深度挖掘与精准定位。

百度始终致力于"让人们更便捷地获取信息，找到所求"。经过二十多年的创新与发展，百度以搜索引擎为核心，延伸出了丰富的产品和服务矩阵，已经从最初的中文搜索引擎，成长为一家拥有强大互联网基础的领先 AI 公司。如今百度已成为中国最受欢迎、影响力最大的中文网站之一，市场份额占比超过 70%，稳坐全球最大中文搜索引擎的宝座。图 2 - 8 所示为百度的首页，界面简洁，明晰，主要由功能模块、检索输入框、检索按钮三部分组成。

（二）百度的搜索技术

百度搜索依托自然语言处理、机器学习、数据挖掘等尖端技术，为用户带来精准、便捷的搜索体验。其功能包括：①基本搜索，涵盖文字、图片、新闻、视频、音乐等多类别；②智能搜索，能洞察用户意图，提供地图、答案等直接信息；③搜索结果由复杂算法排序，确保高质量的相关网页优先展示，并结合用户历史与偏好，提供个性化内容；④百度还精准匹配广告，为商家提供投放平台，为用户增添选择与信息。

（三）百度的检索方法

1. 简单搜索

在百度中进行简单搜索时，用户只需在图 2 - 8 中单击搜索框上的按钮来选择类目，并在搜索框内输入检索词，单击右方的"百度一下"按钮即可。

图2-8 百度首页

2．高级搜索

百度高级搜索可以帮助用户实现关键词检索、词组检索和限制检索，可以限定搜索的网页的时间、语言、文档格式、关键词位置、站内搜索等。单击百度主页右上角"设置"按钮，再单击"高级搜索"按钮，即可进入高级检索界面，如图2-9所示。

图2-9 百度高级检索界面

3．高阶检索

百度的高阶搜索是指用户可以直接在简单搜索界面中，运用搜索语法进行检索。

（1）布尔逻辑检索

百度搜索引擎支持逻辑"与""或""非"运算。

逻辑"与"的运算符为"空格"或""。百度默认的逻辑运算为逻辑"与"。

逻辑"非"运算表示排除含有某些词语的资料。执行逻辑"非"运算检索，用于有目的地减除无关资料，缩小检索范围。逻辑"非"关系的运算符为"－"，语法是"A 空格－B"。请注意减号前后必须留一个空格，否则视为无效字符，执行默认的逻辑"与"关系检索。

逻辑"或"运算表示包含关键词 A，或者包含关键词 B 的网页，实现并行检索。逻辑"或"的运算符为"｜"，语法是"A｜B"。

（2）字段限定检索

百度搜索中，可以限定在网站内、标题中、URL 中查找所要的信息。

1）site——把搜索范围限定在指定网站内。

在一个网址前加"site："，可以限制只搜索某个具体网站、网站频道或某域名内的网页。

【语法格式】关键词 site：网址。

【重要提示】关键词与 site：之间须留一个空格隔开；site 后的冒号"："可以是半角"："，也可以是全角"："。但是"site："后不能有 http：//，前缀或"/"后缀，网站频道也只局限于"频道名．域名"，不能是"域名/频道名"方式。另外，site：和站点名之间不能有空格。

2）link——链接到某个 URL 地址的网页。

"link："用于搜索链接到某个 URL 地址的网页。

【语法格式】link：网址。

使用 link 语法可以了解有哪些网页把链接指向你的网页。例如，"link：www.ycwb.com"表示搜索有链接指向《羊城晚报》的网页。需要注意的是 link 的冒号。

3）intitle——把搜索范围限定在网页标题中。

在一个或几个关键词前加"intitle："，可以限制只搜索网页标题中含有这些关键词的网页。例如：

［intitle：核泄漏］表示搜索标题中含有关键词"核泄漏"的网页；

［intitle：百度 互联网］表示搜索标题中含有关键词"百度"和"互联网"的网页。

【重要提示】intitle：和后面的关键词之间不能有空格。

4）inurl——把搜索范围限定在 url 链接中。

在"inurl："后加 url 中的文字，可以限制只搜索 url 中含有这些文字的网页。

"inurl"语法返回的网页链接中包含第一个关键字，后面的关键字则出现在链接中或者网页文档中。有很多网站把某一类具有相同属性的资源名称显示在目录名称或者网页名称中，比如"MP3""GALLARY"等，于是，就可以用 inurl 语法找到这些相关资源链接，然后，用第二个关键词确定是否有某项具体资料。表达方式为："inurl："需要在 url 中出现的关键词。例如：［photoshop inurl：3niao］表示搜索关于 photoshop 的使用技巧，这个检索式中的"photoshop"可以出现在网页的任何位置，而"3niao"则必须出现在网页 url 中。

【重要提示】inurl：语法和后面所跟关键词不能有空格。

5）搜索特定文件名的文件（filetype）。

filetype 的作用就是限定在一些特定类型的文件中搜索。

【语法格式】关键词 filetype：文件后缀名或者 filetype：文件后缀名 关键词

filetype 常见的用法是 Office 文件搜索，当然也支持 zip、swf、rar、exe、rm、mp3，mov 等文档的搜索。目前百度支持的文档类型包括 pdf、doc、rtf、xis、ppt、rtf、all（其中 all 表示搜索百度所有支持的文档类型）。例如：

查找论文范本关键词实例：数学论文 filetype：all。

查找软件教程关键词实例：ppmate filetype：all。

又如我们想搜索文献检索方面的幻灯片，在检索框中直接输入"文献检索 filetype：

ppt"，即可获得直接线索。若我们不仅是需要关于文献检索的幻灯片，还需要 pdf 文档的，构建检索式：数字素养教育 filetype：pdf ｜数字素养教育 filetype：ppt。

通过检索，即可获得如图 2-10 所示的检索结果。

图 2-10　filetype 检索示例

4. 其他搜索技巧

百度在搜索中除了使用以上搜索语法进行精确检索之外，还有一些小窍门。

（1）"＋"加号——强制包含关键词

在关键词的前面使用加号，也就等于告诉搜索引擎该单词必须出现在搜索结果中的网页上。

例如：在搜索引擎中输入"＋大学生＋运动会＋成都"就表示要查找的内容必须同时包含大学生、运动会、成都这三个关键词，如图 2-11 所示。

视频 2-08
""《》( )作用不可小觑

图 2-11　百度"＋"强制搜索检索示例

（2）（""）双引号——精确匹配

百度对输入的较长查询词，往往会自动拆分为多个自由词，并以此提供搜索结果。这样往往不能满足用户的检索需求。这时用户可以使用双引号将这个词组或多个汉字括起来搜索，就可以实现精确匹配，获得较高查准率。需要注意的是双引号必须是英文状态下的双引号。

例如，搜索完整的"成都航空职业技术学院"的相关信息，如果不加双引号，其结果就是分散的如"成都""航空""航空职业技术学院"……，如果加上双引号获得的结果就能满足检索需求了。

（3）"《》"书名号——精确匹配

书名号是百度独有的一个特殊查询语法，主要应用在搜索书籍、电影、绘画等文艺作品时。百度搜索时加上书名号的检索词，有两层特殊功能，一是书名号会出现在搜索结果中；二是被书名号括起来的内容不会被拆分。用户欲查找电影"手机"，如果不加书名号，检索结果大多是通信工具"手机"，而加上书名号后，搜索结果为电影《手机》了。

（4）"『』"——查找论坛版块

『』是直行双引号。检索格式为『论坛版块名称』。

【重要提示】这个直行双引号可调出中文输入法，选择"软键盘"→"标点符号"即可找到。

（5）选择来源网站搜索

定向选择来源网站类型可以在关键词加后缀，比如 edu、gov 等实现。比如需要搜索一篇学术论文，可以输入"关键词 edu filetype：pdf"，如果所需文献是政府文件，输入"关键词 gov filetype：pdf"即可，例如图 2-12 所示为政府发布的关于成都大运会方面的 pdf 文件。

图 2-12　百度来源网站搜索功能检索示例

（6）利用后缀名来搜索电子书

网络时代，人们更习惯碎片化阅读电子图书，百度可以利用后缀名来搜索电子书。例如搜索《明朝那些事儿》的电子书，可以用检索式："明朝那些事儿 txt"，获得直接检索结果，如图 2-13 所示。

图 2-13　百度"后缀名"搜索功能检索示例

（7）相关检索

当我们无法确定输入什么关键词才能找到满意的资料时，我们可以利用百度提供的相关检索功能。即先输入一个简单词语搜索，然后百度会为我们提供"其他用户搜索过的相关搜索词"做参考。单击任何一个相关搜索词，都能得到那个相关搜索词的搜索结果。

（四）百度的特色功能

1）问答社区：百度知道和百度贴吧是用户提出问题和交流的平台，通过这两个开放的社区，用户可以分享知识、解决问题和互相帮助。

2）文档共享：百度文库提供丰富的学术资料、报告、教材等。用户可以在文库中搜索并下载相关文档，也可以将自己的文档上传共享给其他用户。

3）云存储和同步：百度云提供了云存储和同步服务，用户可以将文件和数据上传到云端进行备份和共享。

4）百度地图：百度地图提供了详细的地图信息和导航功能，用户可以在这里搜索地点、规划路线、查看实时交通等。

5）百度翻译：百度翻译支持多种语言之间的互译，并提供辅助功能，如词典、例句和发音等。

视频 2-09
百度学术搜索

6）百度百科：百度百科是一部内容开放、自由的网络百科全书，它实现了与百度搜索、百度知道的结合。

7）百度学术：百度学术是百度公司推出的学术搜索平台，旨在为用户提供全面、准确的学术信息检索服务。百度学术聚合了海量中英文的学术资源，包括学术论文、学位论文、会议论文、科研机构、专利等，并提供了相关的检索、引用和评价功能。

8）百度图片：百度图片是全球领先的中文图片搜索引擎，涵盖壁纸、图腾、写真、动漫、表情和素材等丰富多样的图片类别。其推出的百度识图功能，凭借先进的相似图片识别技术，允许用户上传本地图片或输入图片 URL 进行搜索，并为用户提供与图片相关的详细信息，极大提升了用户的搜索体验。

9）百度快照：百度快照是百度搜索引擎在对网页进行抓取和索引时生成的一个网页的快照（Snapshot）。它记录了该网页在被搜索引擎抓取时的原始内容和布局样式。

四、常用外文搜索引擎

国外著名的英文搜索引擎很多，如 AltaVista、Excite、Infoseek、Lycos 和 Yahoo 等。总

的来说，Yahoo 在目录搜索和易用性方面首屈一指，Infoseek 是又快又好，HotBot 和 AltaVista 的高级搜索优良，Excite 具有智能拓检能力，Lycos 有 Top 5% 功能，NLSearch 有定制搜索文件夹功能，WebCrawler 的任意查询较佳，用户完全可以根据自己的需要选用。表 2 - 5 为几个功能较完善、性能较优良、较有实用价值的外文搜索引擎的搜索语法与检索功能。

表 2 - 5　常用外文搜索引擎

搜索语法与检索功能	Excite	Lycos	Altavista
	创建于 1993 年	创建于 1995 年	创建于 1995 年
布尔逻辑检索	√（AND、OR、NOT 需大写）	√	√
通配符	×	√	√
关键词检索	√	√	√
自然语言检索	√	√	√
词组检索	√	√	√
目录检索	—	—	√
"＋" 检索	√	×	√
括号检索	√	√	√
特色检索	智能拓检功能/More Link This:	具有 Top 5% 功能	提供嵌套、近似搜索和日期限制搜索，允许将搜索限制到页面元素
特殊要求	人名和公司名等专有名词首字母必须大写	使用 $ 作为通配符，增加 Before，Far 运算	对大小写字母敏感

活动与训练

一、活动描述

不会上网的爷爷奶奶很想了解 2022 年冬奥会开幕式的全面情况，你能用百度帮助他们吗？

二、活动分析

2022 年冬奥会开幕式通过精彩的表演和演出，展示中国的文化和冬奥会的精神，成为全球观众关注的焦点。欲全面了解其信息，应尽可能地全面利用百度的搜索服务，除此外还要利用其社区服务，以确保查全率。

三、活动演练

1）检索资讯：通过搜索 "2022 年冬奥会开幕式"，获取最新的开幕式相关新闻、报道和视频等资讯。

2）寻找答案：通过搜索 "2022 年冬奥会开幕式时间"，获取开幕式的具体时间和地点等答案。

3）寻找产品和服务：通过搜索 "2022 年冬奥会开幕式门票"，了解相关的门票信息和购买途径。

4）学习和研究：可以通过搜索"2022年冬奥会开幕式历史"，了解以往冬奥会开幕式的演出和仪式等研究资料。

5）娱乐和休闲：通过搜索"2022年冬奥会开幕式表演嘉宾"，了解开幕式的娱乐表演和明星嘉宾等相关信息。

6）旅游和出行：通过搜索"2022年冬奥会开幕式交通指南"，获取前往开幕式场馆的交通线路和交通工具等信息。

7）解决问题和困扰：通过搜索"2022年冬奥会开幕式直播渠道"，找到可以观看开幕式直播的相关平台和渠道。

8）获取健康信息：通过搜索"2022年冬奥会开幕式安全措施"，了解开幕式的安全保障措施和健康防护措施等信息。

9）社交和互动：通过搜索"2022年冬奥会开幕式讨论群组"，找到其他冬奥会爱好者讨论开幕式的社交群组和论坛。

10）工作和招聘：通过搜索"2022年冬奥会开幕式志愿者招募"，了解参与开幕式志愿者招募的相关信息和申请流程。

四、活动反思

1）重视关键词检索技术。

关键词是检索的灵魂。一方面，虽然布尔逻辑检索和其他的检索辅助符号（如双引号、file type等）对提高检索效率起着重要作用，但对于检索来说，最根本也是最困难的问题是使用什么样的关键词来构造检索提问。另一方面，虽然近年来自然语言检索和智能检索代理等领域的研究进展很快，但目前最成熟、最广泛的应用仍然是基于关键词的检索技术，所以要想真正提高检准率，必须从关键词入手。

2）词组检索强制检索结果必须与词组的形式完全一致（顺序和间隔都不变），这样对检索结果限制得更严，检准率也更高。

3）学习使用其他搜索引擎功能，如新闻搜索、视频搜索、图片搜索等。例如通过关键词搜索图片，了解如何筛选和保存图片。

✏ 单元小结

搜索引擎是一种强大的工具，通过合理使用关键词、筛选选项和验证信息，可以帮助我们快速、准确地找到所需的信息。使用搜索引擎时，有以下知识点和技能点需要重视。

1）合理选择关键词提高搜索结果的准确性。

2）掌握搜索技巧可以提高搜索效果。

3）充分利用搜索结果页面，通过充分阅读可以获取更多相关内容；通过筛选和排序选项可以找到最合适的结果。

4）尽可能利用高级搜索选项，可以更精确地找到所需信息。

5）了解和利用搜索引擎的各种功能，可以满足不同类型的信息需求。

6）养成验证信息的习惯，当找到相关信息时，最好去验证其准确性和可靠性，以保障信息的可信度。

思考与练习

在线测试 2-03

一、选择题

1. 哪个搜索引擎是目前全球最流行的中文搜索引擎？（　　）
   A. 新浪　　　　　　B. Bing　　　　　　C. OALib　　　　　D. Baidu

2. 哪个搜索引擎主要提供音乐搜索？（　　）
   A. 新浪　　　　　　B. Bing　　　　　　C. OALib　　　　　D. 百度音乐

3. 下面哪个搜索引擎主要提供学术文献搜索？（　　）
   A. 新浪　　　　　　B. Bing　　　　　　C. OALib　　　　　D. Base 搜索

4. 哪个搜索引擎主要提供商品和价格比较？（　　）
   A. 新浪　　　　　　B. Bing　　　　　　C. OALib　　　　　D. Amazon

二、填空题

1. _____是一种从大量信息中查找并获取所需信息的过程。

2. 在进行信息检索时，学生应该比较和验证信息，通过查找多个_____、_____、_____、_____来获取更全面的观点。

3. 学生可以使用高级搜索选项中的_____、_____来限定搜索结果，如语言、时间范围和资源类型等。

4. 搜索引擎主要由_____、_____、_____、_____4 部分组成。

5. 搜索引擎的信息检索模型主要包括_____、_____、_____、_____等 4 种。

三、判断题

1. 信息检索是指通过因特网找到所需的信息。 （　　）
2. 信息检索只包括在搜索引擎中输入关键词进行搜索。 （　　）
3. 在信息检索中，使用搜索引擎可以保证得到准确的结果。 （　　）
4. 在信息检索中，只能通过关键词搜索到相关的信息。 （　　）
5. 在信息检索中，可以从因特网上下载各种类型的文件。 （　　）
6. 信息检索是一个完全自动化的过程，不需要人的参与。 （　　）

// 模块小结 //

本模块的目标是帮助读者掌握在互联网上查找和评估信息的技能，能够更有效地利用互联网来查找和评估信息，提高信息素养和信息获取能力。同时，还将培养批判性思维和信息筛选的能力，以应对信息过载和虚假信息的挑战。主要内容和学习要点为 3 个方面。

1）因特网及网络信息检索的基本原理和功能。

2）网络信息检索技术，主要搜索技巧为：①使用准确和具体的关键词来搜索，以提高结果的相关性；②使用引号来搜索短语或特定的词组；③使用减号来排除某些关键词；④使用站点限定符来限制搜索结果只来自特定网站；⑤使用高级搜索选项来进一步过滤和调整搜索结果。

3）搜索结果的可靠性和相关性评估，具体方法为：①查看搜索结果的标题和描述，以确定其与搜索查询的相关性。②注意搜索结果的来源和域名，选择权威和可靠的来源。③验证信息的准确性，可查看多个来源或参考权威组织的意见。

综合训练

在线测试 2-04

一、实训应用题

1. 使用搜索引擎搜索并找到以下信息。

①世界上最高的山峰是什么？②马赛克是什么材料制成的？③如何制作巧克力蛋糕？

2. 以"如何学习编程"为关键词，搜索并列举出至少3个学习编程的在线资源或网站。

3. 以"健康饮食建议"为关键词，搜索并列举出至少3个权威的健康饮食建议网站或组织。

二、操作题

1. 请使用新浪搜索引擎，查找关于"全球变暖"的最新新闻报道，并给出你认为可靠的一篇文章的标题和网站链接。

2. 请使用学术搜索（如百度学术），搜索关于"人工智能在医疗领域的应用"的学术论文，并给出一篇你认为相关且可靠的论文的标题和作者。

3. 假设你想搜索一本关于人类历史的图书，你可以利用图书馆目录或在线书店来进行搜索。请列出3个你认为最有帮助你找到目标图书的关键词，并阐述你选择这些关键词的理由。

模块三 常用中文文献信息检索

中国人口老龄化问题对策研究

近年来，我国人口老龄化问题引起社会各界的广泛关注。随着社会经济的发展及社会条件的改善，人口预期寿命不断延长，人口出生率不断走低，我国人口老龄化进程不断加剧，各界学者都在研究老龄化问题，为国家出谋划策。

研究老龄化问题，首先需要了解老龄的年龄标准规定，了解我国人口统计部门发布的人口分布数据情况。

老龄化问题是国际及国内讨论已久的话题，国内外学者对于老龄化问题早有论著文献。广泛查阅文献，吸取专家论著精华，才能为决策提供理论依据。

// 培养目标 //

知识目标

掌握中文文献检索系统的基本概念、原理和功能，了解其在学术研究、科技创新等领域的重要性及其发展趋势和最新技术等；熟悉常用中文文献检索系统的操作流程；掌握常用中文文献检索中的关键词技巧、逻辑运算符的使用以及高级检索策略。

能力目标

能够独立使用常用中文文献检索系统进行高效、准确的文献检索；具备分析检索结果的能力，能够筛选出高质量文献；具备一定的问题解决能力，能够灵活运用不同的检索策略和技巧，优化检索过程。

素质目标

初步具备学术研究意识，培养严谨的学术态度和求真务实的研究精神；培养科学思维和批判性思维。

// 知识导图 //

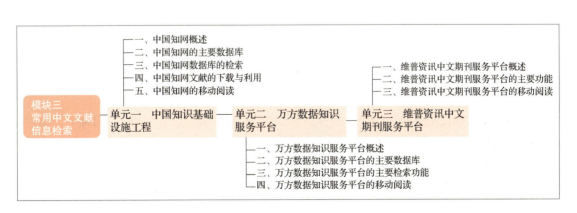

单元一　中国知识基础设施工程

案例导入

同学们，当你们踏入学术研究的殿堂，准备撰写毕业论文时，有一个平台是你们不可或缺的助手，那就是中国知网。或许你们已经听说，甚至已经在使用这个平台，但今天，我们将更深入地了解它，并探讨它在我们学术道路上的重要作用。

中国知网作为全球领先的学术数字资源库，汇聚了海量的学术资源，包括期刊文章、学术论文、专利技术和学位论文等。每当我们遇到学术资料匮乏的困境时，知网总能为我们提供丰富的参考和灵感。更为关键的是，在国内，绝大多数高校都选择使用知网来检查毕业生论文的重复率。不论是本科生，还是硕士、博士生，我们都希望在学术道路上走得坦荡，因此，在提交论文之前，利用知网进行查重和降重，就尤为重要。

那么，为什么知网会受到如此广泛的认可和使用呢？这背后的原因值得我们深入探讨。首先，知网凭借其丰富的资源和权威性信息，满足了广大学子在论文撰写过程中的需求。其次，知网强大的查重功能，如同一个严格的学术警察，有效地遏制了学术不端行为的发生，维护了学术的纯洁性。最后，知网提供的便捷操作和优质服务，使得我们可以更加高效地进行学术研究和交流。

然而，知网不仅仅是一个工具，它更是我们学术诚信的守护者。在接下来的学习中，我们将一起探索如何更有效地利用中国知网，为我们的学术研究添砖加瓦，同时也为我们的学术诚信保驾护航。

培养子目标

知识目标

了解中国知识基础设施工程平台；熟悉中国知网各子数据库；掌握中国知网平台各子数据库的使用方法。

能力目标

能够灵活利用中国知网的各子数据库检索所需文献，并能利用知网研学进行有效的文献管理。

素质目标

初步具有文献管理意识；具有学术研究的基本意识。

相关知识

一、中国知网概述

中国知识基础设施工程（China National Knowledge Infrastructure，CNKI）简称中国知网，是以实现全社会知识信息资源共享为目标的国家信息化重点工程，由清华大学、清华同方发起，始建于1999年6月。现已建设《中国知识资源总库》及CNKI网络资源共享平台，实现了对各类知识资源的跨库、跨平台、跨地域的检索，实现了我国知识信息资源在互联网条件下的社会化共享与国际化传播，使我国各级各类教育、科研获取与交流知识信息的能力达到国际先进水平。CNKI 是全球信息量最大、最具价值的中文学术资源网站。据统计，CNKI 的内容数量大于目前全世界所有中文网页内容的数量总和，堪称世界第一中文网。

二、中国知网的主要数据库

《中国知识资源总库》深度集成整合了期刊、博硕论文、会议论文、报纸、年鉴、工具书等各种文献资源，为全社会知识资源高效共享提供了丰富的知识信息资源和有效的知识传播与数字化学习服务。其主要数据库包括但不限于以下几个：

1）中国学术期刊网络出版总库：收录了大量的学术期刊论文，涵盖了各个学科领域。

2）中国博士学位论文全文数据库/中国优秀硕士学位论文全文数据库：收录了国内各高校的博士、优秀硕士学位论文。

3）中国重要会议论文全文数据库：收录了国内外重要学术会议上发表的论文。

4）中国重要报纸全文数据库：收录了国内重要报纸上发表的学术性、资料性文献。

5）中国年鉴网络出版总库：收录了中国各行业的年鉴资料，是了解各行业发展的重要参考。

6）中国工具书网络出版总库：收录了各类工具书，如词典、百科全书、手册等。

7）学术文献引文数据库：提供了学术文献的引文信息，有助于学者进行文献的追溯和引用分析。

此外，中国知网还提供了其他专题数据库、行业知识服务平台等，以满足不同领域、不同层次用户的需求。

三、中国知网数据库的检索

（一）跨库检索

在 CNKI 平台首页上提供的"文献检索"即为跨库检索。跨库检索是指同一检索条件同时可以检索多个数据库，同时返回多个资源类型的数据结果。

如图 3-1 所示，可以在文献检索列表（学术期刊、博硕、会议、报纸、年鉴、专利等）提供的数据库中选择需要的数据资源类型，可以勾选一项或多项。在检索框输入检索词，提供跨库资源的一键式检索。

音频 3-01
跨库检索

图 3-1　CNKI 平台首页"跨库检索"界面

（二）知识元检索

在 CNKI 平台首页上提供有知识元的检索功能，是对百科、词典、图片库等知识库提供的检索点，其中"知识问答"功能实现了学术数据库利用自然语言检索的突破，满足人们使用搜索引擎的习惯，可以输入自然语言。

如图 3-2 所示，在"知识问答"中输入"石墨烯的发展前景"，平台利用数据挖掘功能在文献池中挖掘检索，返回多文献中的知识综述，"知识问答"检索可用于查阅综合文献，以初步了解相关学术问题。

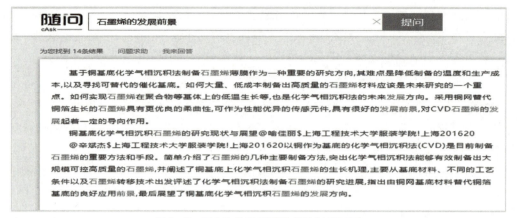

图3-2　CNKI"知识问答"检索结果界面

（三）单库检索

网站的首页实现的是文章的简单检索，要实现更精准的复杂检索建议进入各单库界面。单击首页上各数据库名称，例如"学术期刊""博硕""会议""专利"等名称，即可进入各单库检索界面。单库的检索功能可以分为"高级检索""专业检索""作者发文检索""句子检索""一框式检索"。各文献类型检索设定大同小异，略有差异，下面以"期刊"为例说明单库检索方法。

1. 高级检索

高级检索可进行多检索词的组配检索。首先在检索界面左侧勾选文献分类目录，然后在右侧输入检索条件。检索条件界面的"＋"与"－"可以设定增加检索词或者减少检索词。多检索词之间的逻辑关系可以选择"AND""OR""NOT"，当两个检索词必须同时包含时用"AND"连接；两个检索词为并列关系，包含任意一个都可以时用"OR"连接；排除其中一个检索词，检索词之前加"NOT"。

例如，检索癌症治疗方面的一些医学文献，可以设定检索词为：（癌症 or 肿瘤）and 治疗，如图3-3所示，设定好各检索条件后，即可进行检索。

图3-3　CNKI 期刊单库"高级检索"界面

2. 专业检索

专业检索是直接输入 SQL 检索语句的检索方式，需要熟悉 SQL 检索语句的格式及检索字段的字母缩写。主要检索字段的字母缩写为：SU ＝ 主题，TI ＝ 题名，KY ＝ 关键词，AB ＝

摘要，FT = 全文，AU = 作者，AF = 作者单位，CLC = 中图分类号，SN = ISSN，CN = CN 号。多检索词之间用 "and" 连接。鼠标单击输入框并按空格键，可以出现检索字段的提示，如图 3 - 4 所示，选择并输入关键词即可。例如，要检索关键词为 "石墨烯" 且作者为 "陈志" 的相关文章，检索语句为：SU = "石墨烯" AND（AU % "陈志"）。

图 3 - 4　CNKI 期刊 "专业检索" 界面

3. 作者发文检索

作者发文检索是针对某一特定作者及作者单位的检索，在检索框中输入作者及作者单位即可。检索界面如图 3 - 5 所示。

图 3 - 5　CNKI 期刊 "作者发文检索" 界面

4. 句子检索

句子检索是针对文献中一句话或者一段文字进行两个词的综合分析检索，要求必须同时输入两个检索词，检索才可进行，检索结果返回文献中包含检索词的文字内容。例如，检索 "大数据" 及 "智慧" 两个主要关键词的文章，检索界面如图 3 - 6 所示。

图 3 - 6　CNKI 期刊 "句子检索" 界面

四、中国知网文献的下载与利用

在输入检索条件后，一般会在页面下方列表显示检索出来的文献内容，检索结果界面如图 3-7 所示。

	题名	作者	来源	发表时间	数据库	被引	下载	操作
☑ 1	大数据分析能力与数字创新的关系研究——基于组织能力的视角 [网络首发]	冯樑莹; 张英豪	科技与经济	2023-08-22 14:07	期刊		8	⬇ 📖 ☆ ⑨
☑ 2	基于铁路数据服务平台的电务大数据智能运维技术研究与应用 [网络首发]	戚小玉	铁道运输与经济	2023-08-21 17:23	期刊		15	⬇ 📖 ☆ ⑨
☑ 3	生态环境损害赔偿视域下的近海非法捕捞大数据分析 [网络首发]	张琥颀; 仲颢铭; 熊瑛; 吴晓睿	应用生态学报	2023-08-15 15:31	期刊		20	⬇ 📄 ☆ ⑨
☑ 4	作物表型组大数据技术及装备发展研究 [网络首发]	温维亮; 郭新宇; 张颖; 顾生浩; 赵春江	中国工程科学	2023-08-15 09:13	期刊		34	⬇ 📖 ☆ ⑨

图 3-7　CNKI 期刊检索结果界面

（一）文章下载

单击检索结果列表中文章名称，会弹出文章介绍页面，同时附有文章的下载链接。CNKI 提供 "HTML 在线阅读" "CAJ 下载" "PDF 下载" 三种阅读方式，HTML 在线阅读为网页在线阅读方式，直接利用浏览器即可打开文章。CAJ 为 CNKI 期刊数据库独有的文件格式，需要在 CNKI 网站首页下方下载 CAJViewer 阅读器方可阅读。PDF 为通用文件格式，使用通用 PDF 阅读器即可阅读。

（二）导出文献

在结果列表中勾选需要的文章可以导出文章到 EndNote、NoteExpress 等文献管理软件，也可以导入到 CNKI 的 E-study 文献管理软件，利用文献管理软件可以对文章进行后续分析与研究，或者对多文献进行阅读分析，生成检索报告等。

五、中国知网的移动阅读

（一）微信公众号

关注微信公众号 "CNKI 知网"，公众号会推送中国知网的最新动态及学术快报的最新文章。

（二）中国知网的移动 APP

手机端需安装 "全球学术快报" APP，"全球学术快报"目前为 CNKI 对公众开放的免费检索平台，可以绑定个人账户，可以和电脑端同步阅读相同文章。首页界面如图 3-8 所示。

图 3-8　全球学术快报 APP 首页界面

📋 活动与训练

一、活动描述

查找有关新质生产力与职业教育高质量发展研究方面的最新学术论文。

二、活动分析

查找文献首先需要分析检索系统的检索词，恰当的检索词可提高检索结果的查准率及查全率。分析本次检索的主题词为"新质生产力""高质量发展"及"职业教育",三个主题词之间的关系为"AND",经分析确定本次检索式为:(主题:新质生产力)AND(主题:职业教育)AND(主题:高质量发展)。

三、活动演练

1. 文献检索

1)登录中国知网主页:https://www.cnki.net。选择"文献检索"标签。

检索学术论文可选择"学术期刊""学位论文""会议"三个资源数据库,但是要检索最新的学术论文最好选择"学术期刊"和"会议",这两个资源库论文更新快,"学位论文"资源库更新相对较慢。如图3-9所示设定检索范围。

图3-9　设定检索范围

2)进入高级检索界面,输入检索式:(主题:新质生产力)AND(主题:职业教育)AND(主题:高质量发展),如图3-10所示。

图3-10　检索词设定

2. 文献下载

单击"检索",在页面下方会返回检索结果,如图3-11所示,得到9条检索结果以及相关文献条目。

图3-11　CNKI列表显示文献结果

1）在文献检索结果列表中选择需要的文章，如选择《新质生产力与职业教育高质量发展的耦合机理》这篇文章，单击题名进入文章下载界面，如图3-12所示。

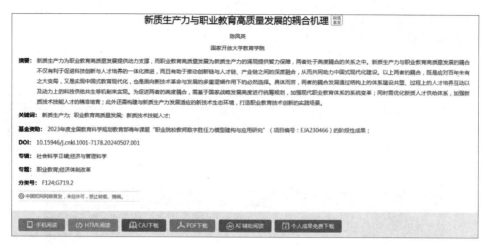

图3-12　文章下载界面

2）文章提供"CAJ下载""HTML阅读""PDF下载"等文件阅读格式。

"HTML阅读"可利用浏览器直接在线阅读文章。

"PDF下载"可下载文章到计算机，直接用Adobe Reader软件打开阅读，文章也可迁移至多台计算机使用，阅读方便。

"CAJ下载"可下载CAJ格式文件到本地，CAJ为CNKI独有的文件格式，需要下载CAJViewer客户端方能打开文件。CAJViewer已全新提升功能，提供管理文献，一键文档翻译，智能提取信息等辅助功能，推荐使用。

3. 文献导出

选中需要的文章，单击"导出与分析"按钮，可导出到通用文献管理软件EndNote或者NoteExpress等，利用EndNote或者NoteExpress可进行文章的阅读标注与管理，如图3-13所示。

图3-13　文献导出

4．CAJViewer 客户端下载

在 CNKI 主页"下载中心"提供有 CAJViewer 客户端及"全球学术快报"下载链接，按照指引安装即可，如图 3 - 14 所示。

四、活动反思

中国知网是目前最大的中文学术资源网站，大学生需具备基本的学术研究能力，会查找学术资料是大学生最关键的技能之一，了解中国知网并熟练应用系统是非常有必要的。

图 3 - 14　CNKI 下载中心

✏ 单元小结

中国知网是目前中文信息量最大的中文学术资源平台，涵盖内容比较丰富，包括学术期刊、博硕论文及学位论文等，是学术研究者最广泛使用的学术资源平台，检索功能强大，支持 PDF 格式文献下载及 HTML 在线阅读，使用非常方便。

🗒 思考与练习

在线测试 3-01

一、填空题

1．"中国知识基础设施工程"平台简称_____，又称 CNKI。

2．要在中国知网平台检索最新发表的学术论文，优选的数据库为_____或者_____。

3．要在中国知网平台查看期刊刊物的介绍及投稿方式，可通过_____工具检索实现。

二、选择题

1．以下选项中查找学术论文最权威的平台为（　　）。

    A．百度   B．知乎

    C．哔哩哔哩   D．中国知网（CNKI）

2．查找莫言的《生死疲劳》这本书，最恰当的检索式为（　　）。

    A．莫言的《生死疲劳》   B．题名：莫言 AND 生死疲劳

    C．题名：莫言 AND 题名：生死疲劳   D．作者：莫言 AND 题名：生死疲劳

3．以下哪项不是中国知网期刊全文数据库的检索字段？（　　）

    A．作者   B．第一作者

    C．分子式   D．基金

三、判断题

1．在中国知网查找学术论文资源，数据库只有期刊论文数据库可查。　　　　　（　　）

2．某刊封面上有 Vol. 15 字样信息，Vol. 15 是指该本期刊的卷号。　　　　　（　　）

3．CNKI 数据库中，"在结果中检索"相当于逻辑运算符"与"。　　　　　　　（　　）

单元二　万方数据知识服务平台

案例导入

晓晓是一名大四学生，完成毕业论文是晓晓今年的首要任务，可面对海量学术资源，她不禁有点迷茫，不知该如何获取精华文献，也不知该确定哪方面的论文选题。她梦想着如果有一个平台不仅能精准检索文献，还能直接提供精华文献，顺便还能推荐下论文选题，那就是最幸福的事了。

培养子目标

知识目标

了解万方数据知识服务平台的主要服务内容；掌握平台各子系统的使用方法。

能力目标

能够利用万方数据知识服务平台高效、精确地进行文献检索；能够运用万方选题工具，辅助进行科研项目的选题工作；能够利用万方学科评估功能，对研究领域的学科发展进行深入了解与分析；能够使用万方学者知识脉络工具，追踪学术前沿，助力学术研究与跟踪。

素质目标

具备学术研究的基本意识，形成时刻关注学术动态的行为习惯。

相关知识

一、万方数据知识服务平台概述

万方数据知识服务平台是在中国科学技术信息研究所多年积累的全部信息服务资源的基础上建立的以科技信息为主，集经济、金融、社会、人文信息为一体的网络化信息资源系统。万方数据的主要内容涉及自然科学和社会科学的各个专业领域，整合数亿条全球优质学术资源，集成期刊、学位、会议、科技报告、专利、视频等十余种资源类型，覆盖各研究层次，万方智搜致力于帮助用户精准发现、获取与沉淀学术精华。

二、万方数据知识服务平台的主要数据库

（一）万方数字图书馆

万方数字图书馆是一个集期刊、学位论文、会议论文、专利文献、科技报告、科技成果、标准和法律法规等于一体的综合性学术资源平台。该平台整合数亿条全球优质知识资源，涵盖多个学科领域，截至2024年6月，万方数字图书馆所含各类型数据库数据信息如下：

期刊共159027752条，更新16644条；学位论文共6553727条，更新19253条；会议论文共15661492条，更新26212条；专利文献共158089397条，更新334048条；科技报告共1268117条（2022年1月18日），更新88676条；科技成果共664232条，更新2860条；标准文献共2668924条，更新156173条；法律法规共1542710条，更新2211条；地方志共15185237条，更新1347条；视频共33242条，更新28条。

万方数字图书馆丰富的资源保障为广大学术研究者提供了权威、专业的参考资源，并实现了海量学术文献统一发现及分析，支持多维度组合检索，适合不同用户群的研究。

（二）万方创研平台

万方数据平台是一个集合了科慧、科研选题、灵析及学者知识脉络等多重创研工具的综合性学术服务平台。通过这些工具，学术研究者能够深入追踪科研行业态势，紧密跟随专家学者的最新动态，并获得强有力的支持服务。科慧工具专注于收录全球多个国家级科研基金资助项目，实现科研项目的实时动态追踪；科研选题基于万方丰富的学术资源，通过智能算法为读者提供高质量论文推荐和研究前沿分析；灵析运用大数据分析技术，为科研创新和决策提供多维度个性化的对比分析报告；学者知识脉络则专注于分析高影响力学者和他们的研究动态，为学术研究者提供便利的学术追踪服务。

（三）万方科研诚信

万方科研诚信服务平台提供论文核查、期刊核查、作者核查、机构核查等功能，为打击学术不端，推行学术规范提供工具。

三、万方数据知识服务平台的主要检索功能

（一）万方智搜

万方智搜是万方数据知识服务平台推出的一站式智慧搜索平台，实现了一个页面搜索全库、单库文献，在一个页面下显示文献结果，智能识别搜索文献类别，免去了读者跳转各页面的麻烦，是一款便捷、智慧的搜索平台。

万方智搜支持选择全部数据库或者单个数据库，支持同页面下二次检索功能。鼠标单击检索框，下拉显示检索字段列表，切换数据库时，万方智搜会智能识别相应字段选项，检索界面如图3－15所示。

图3-15　万方智搜检索界面

（二）高级检索

高级检索首先需要设定检索的文献类型，如图3－16所示，在页面上方单击勾选文献类型，可单选也可勾选多种文献。然后输入检索词，单击"＋"或"－"按钮可以增加或减少检索项。多个检索词之间需设定检索词的组配关系，可点选下拉菜单，选择"与""或""非"，设定检索词之间的并列、选择或者排除关系。

（三）专业检索

专业检索可以使用""（双引号）进行检索词的精确匹配限定，支持逻辑运算符、双引号以及特定符号的限定检索，可以使用表3－1中的运算符构建检索表达式。

图3-16 万方智搜高级检索界面

表3-1 万方智搜支持检索的运算符

运算符	检索含义	检索举例
AND/and/ *	逻辑与运算，同时出现在文献中	主题：（信息管理）and 作者：（马费成）
OR/or/ +	逻辑或运算，其中一个或同时出现在文献中	题名：（信息管理）or 摘要：（武汉大学）
NOT/not/∧	逻辑非运算，后面的词不出现在文献中	题名或关键词：（信息管理 not 信息服务）
" "	精确匹配，引号中词作为整体进行检索	题名：（"信息管理"）
（ ）	限定检索顺序，括号内容作为一个子查询	题名：（（信息管理 not 信息服务）and 图书馆）

注：1. 逻辑运算符存在优先级，优先级顺序（）＞ not ＞ and ＞ or。
  2. 运算符建议使用英文半角输入形式。

例如，检索题名包含"图书馆"或摘要中包含"图书馆"、作者为张晓琳的文献，检索式可写为（题名：图书馆 or 摘要：图书馆）and 作者：张晓琳，检索过程如图 3－17 所示。

图3-17 万方智搜专业检索界面

四、万方数据知识服务平台的移动阅读

（一）微信公众号

关注微信公众号"万方数据知识服务平台"，可以及时获取万方数据推送的文章，在"发现"模块可进行"万方检测"及"万方智搜"，"万方智搜"提供文章搜索及文章阅读与下载功能。"我的"为个人空间，登录个人账号可查看个人检索历史、订阅信息等。

（二）移动 APP

在安卓或 iOS 应用市场搜索"万方数据"，即可安装万方数据 APP，APP 中的内容模块与公众号相似，提供最新的学术动态推送及万方智搜功能。

活动与训练

一、活动描述

新能源是近年广受社会关注的话题，请检索有关新能源领域的高关注论文，并分析新能源领域的热点选题及权威学者。

二、活动分析

检索高关注论文及权威学者可以利用检索结果分析获取，但万方数据知识服务平台提供多种学术研究辅助工具，利用"万方选题"及"学者知识分析"工具可快速获取，提高检索效率。

三、活动演练

1. 检索高关注文献

利用万方平台的"万方选题"工具可快速获取相关领域的高关注论文、新发表论文及综述文献，十分便捷。检索界面如图 3 – 18 所示。

图 3-18　万方选题检索界面

2. 定位学科热点选题

利用"万方选题"工具的"选题发现"功能可以快速检索研究领域的研究热点及发掘新兴主题。例如在"选题发现"中输入"新能源"，可以发现新能源的研究热点有"磷酸铁锂""天然气""制氢技术"等热词。如图 3 – 19 所示。系统同时推送相关前沿论文，对学术研究很有指导意义。

3. 分析权威学者知识脉络

利用万方数据平台的"学者知识脉络"工具可检索相关领域的高影响力学者，学者发文量及文献被引频次一目了然，方便读者快速选择。例如搜索"新能源"，得到新能源领域的权威学者列表如图 3 – 20 所示。

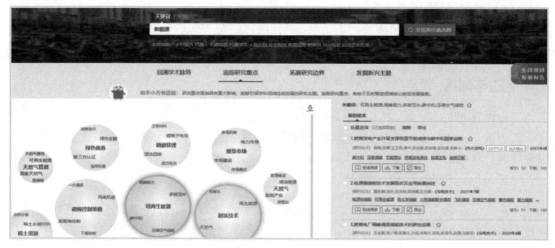

图3-19　选题发现检索界面

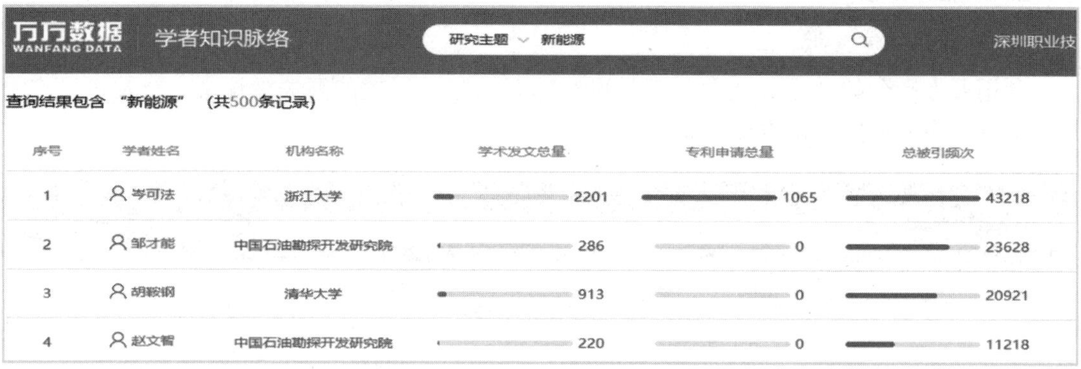

图3-20　学者知识脉络检索结果界面

单击学者姓名链接可进入学者主页，例如新能源领域的最高影响力学者为浙江大学的岑可法，可以看到岑教授无论发文量还是文献被引频次都遥遥领先，如图3-21所示。

图3-21　学者主界面

四、活动反思

掌握高级检索技能可精准检索文献，如能灵活利用平台提供工具可有效提高文献获取效率。

✏️ 单元小结

万方数据知识服务平台拥有海量学术资源，数字图书馆拥有 13 亿多条的期刊论文、学位论文、会议论文、标准、专利等文献数据。另外平台还有多种科研辅助工具，从科研选题、学者知识脉络分析、诚信规范到成果跟踪，提供科研全流程协助，是一个非常便捷、得力的学术研究资源平台。

在线测试 3-02

❓ 思考与练习

一、填空题

1. 查找学术研究领域高关注论文，通过_____工具查找比较方便。

2. 获取研究学术领域的权威学者的发文量及文献被引频次可通过万方数据知识服务平台的检索结果分析工具实现，也可通过万方数据知识服务平台提供的_____工具快速检索获取。

3. 利用万方数据知识服务平台的期刊数据库，检索李春迎的论文，应选择的检索字段是_____。

二、选择题

1. （多选题）小明想查找"智能机器人"相关的专利，可以选择（　　）平台进行检索。

　　A. 百度　　　　　　　　　　　　B. 国家知识产权局网站

　　C. 中国知网专利数据库　　　　　　D. 万方数据知识服务平台专利数据库

2. （多选题）对某个课题进行主题检索时，可选择的检索字段有（　　）。

　　A. 作者　　　　　　　　　　　　B. 关键词

　　C. 文摘　　　　　　　　　　　　D. 题名

3. （单选题）布尔逻辑表达式：在职人员 NOT（教师 AND 青年）的检索结果是（　　）。

　　A. 除了教师以外的青年在职人员　　B. 除了青年教师以外的在职人员

　　C. 除了青年以外的在职教师　　　　D. 在职人员和青年教师

三、判断题

1. 万方数据知识服务平台不止可以搜索学术论文资料，还可以搜索专利、标准、科技报告等文献资源。　　　　　　　　　　　　　　　　　　　　　　　　　　　（　　）

2. 在万方数据知识服务平台主页"万方智搜"搜索框中输入检索词，可一键搜索多种文献资源。　　　　　　　　　　　　　　　　　　　　　　　　　　　　　　　（　　）

3. 在万方数据知识服务平台实现精准搜索内容，需要通过"高级检索"或者"专业检索"实现。　　　　　　　　　　　　　　　　　　　　　　　　　　　　　　　　　（　　）

单元三　维普资讯中文期刊服务平台

案例导入

人工智能是目前广受关注的新兴学科，它是以计算机学科为基础，涉及控制科学、动力学等众多学科的交叉科学，要研究人工智能必然少不了获取有价值的研究资料，需要随时关注权威学术期刊、专家学者的动态。那么如何分辨高价值论文，如何确定学术期刊是否权威，研究领域有哪些专家学者呢？

培养子目标

知识目标

了解维普资讯中文期刊服务平台上主要功能；掌握文献检索、期刊导航方法。

能力目标

能够灵活利用维普资讯中文期刊服务平台功能检索学科领域的高价值文献，分析学科领域未来发展趋势；能够利用期刊导航及期刊评价报告工具筛选学科领域权威期刊。

素质目标

具备学术研究的基本意识，形成时刻关注学术动态的行为习惯。

相关知识

一、维普资讯中文期刊服务平台概述

维普资讯中文期刊服务平台是重庆维普资讯有限公司建立的中文期刊大数据服务平台。平台是以中文期刊资源保障为核心，以数据检索应用为基础，以数据挖掘与分析为特色，面向教、学、产、研等多场景应用的期刊大数据服务平台。

二、维普资讯中文期刊服务平台的主要功能

（一）期刊文献检索

平台默认使用一框式检索，用户在首页检索框中输入检索词，单击"检索"按钮即可获得检索结果，用户还可以通过设定检索命中字段，从而获取最佳检索结果，如图3–22所示。当然，用户可以用高级检索及检索式检索获取更精准的检索结果。

图3-22　维普资讯中文期刊服务平台默认检索界面

1. 高级检索

高级检索提供多检索词的组配检索，用户可以运用布尔逻辑运算，进行多条件组配，获取最优检索结果，检索界面如图3–23所示。

图 3-23　维普资讯中文期刊服务平台高级检索界面

2. 检索式检索

检索式检索是提供给专业级用户的数据库检索功能。用户可以自行在检索框中书写布尔逻辑表达式进行检索。同样支持用户选择时间范围、期刊范围、学科范围等检索限定条件来控制检索命中的数据范围。例如：查找关键词中含有"CAD"或"CAM"，或者题名中含有"雷达"，文摘中含有"机械"，但关键词不包含"模具"的文献，检索式可书写为：(K = (CAD OR CAM) OR T = 雷达) AND R = 机械 NOT K = 模具。

（二）期刊导航

《中文科技期刊数据库》诞生于 1989 年，累计收录期刊 15000 余种，现刊 9000 余种，文献总量 7000 余万篇，是我国数字图书馆建设的核心资源之一，是高校图书馆文献保障系统的重要组成部分，也是科研工作者进行科技查证和科技查新的必备数据库。

《中文科技期刊数据库》的期刊导航功能主要提供了按学科、主题、核心期刊目录、国内外数据库收录、出版地等多种分类方式，方便用户快速定位到所需期刊。这些分类方式有助于用户根据自己的研究领域或兴趣，高效地浏览和检索相关期刊内容。其期刊导航界面如图 3-24 所示。

图 3-24　维普期刊导航界面

（三）期刊评价报告

期刊评价报告对维普中文科技期刊数据库收录的重要期刊的发文量、被引量、影响因子、立即指数、期刊他引率、平均引文率、被引半衰期、引用半衰期等十项期刊的评价指标做了综合展示，如图 3－25 所示。被引量、影响因子等是衡量期刊质量的重要参考指标，期刊评价报告为科研工作者提供了筛选期刊的重要参考。

图 3－25　维普期刊评价报告界面

（四）期刊开放获取

开放获取被认为是期刊行业的发展方向。维普中文期刊平台整合了一些开放获取的期刊列表和期刊开放获取平台，如图 3－26 所示。用户利用这部分资源可获取本校没有的资源。

图 3－26　维普期刊开放获取界面

三、维普资讯中文期刊服务平台的移动阅读

在手机应用商店搜索"中文期刊助手"，安装维普期刊移动阅读 APP，可以随时随地畅游期刊数据库。"中文期刊助手" APP 可进行期刊论文的检索与下载，论文的收藏与引用追踪，关注学者或者期刊动态等。另外"中文期刊助手"还支持绑定机构账号，享受与关联机构相同的使用权限。

活动与训练

一、活动描述

查找人工智能研究领域的高价值学术论文，筛选出人工智能学科的权威学术期刊。

二、活动分析

1. 高价值论文一般发表在核心期刊上，并且文章的被引量比较高。

2. 核心期刊指被国内外核心期刊目录收录的期刊，国际上被普遍认可的核心期刊目录为：SCI（科学引文索引）、EI（工程索引）、ISTP（科技会议录索引）等；国内被普遍认可的核心期刊目录为：北大核心期刊目录、中文社会科学引文索引（CSSCI）、中国科学引文数据库（CSCD）等。

三、活动演练

1. 文章检索与结果分析

在维普中文期刊平台综合检索框中输入“人工智能”检索词，会返回文献结果界面，选择“列表”显示方式，可清晰、简洁地显示文献相关信息。如图 3－27 所示。

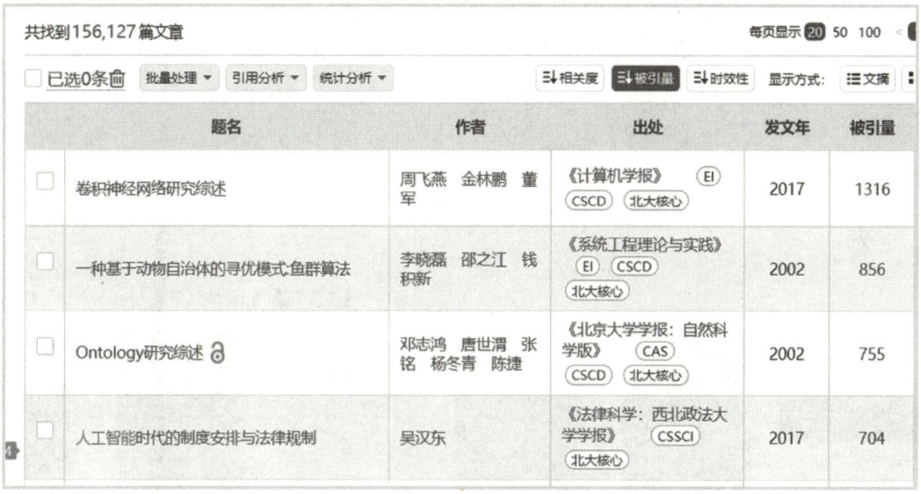

	题名	作者	出处	发文年	被引量
	卷积神经网络研究综述	周飞燕 金林鹏 董军	《计算机学报》 EI CSCD 北大核心	2017	1316
	一种基于动物自治体的寻优模式:鱼群算法	李晓磊 邵之江 钱积新	《系统工程理论与实践》 EI CSCD 北大核心	2002	856
	Ontology研究综述	邓志鸿 唐世渭 张铭 杨冬青 陈捷	《北京大学学报：自然科学版》 CAS CSCD 北大核心	2002	755
	人工智能时代的制度安排与法律规制	吴汉东	《法律科学：西北政法大学学报》 CSSCI 北大核心	2017	704

图 3－27　维普期刊检索结果界面

文献结果可从相关度、被引量、时效性三个方面进行筛选。

需要最贴合主题或最新文献时，可分别选择根据“相关度”或“时效性”降序排序。

挑选高价值论文可按“被引量”降序排列，被引量高证明此篇文章被同行认可度高。文献“出处”为发表的学术期刊名称，期刊名称后面列有被收录的核心期刊目录名称，这也是评价一篇文章权威性的一个很重要的参考因素。例如图 3－27 中的几篇文章均被“北大核心”“CSCD”或者“CSSCI”核心目录收录。读者可根据文献被引量、发文年及出处，综合考虑选择高价值文献。

另外，单击检索结果列表上方“统计分析”菜单下的“检索结果”按钮，也可进行检索结果各项指标分析，例如，通过“主要期刊统计分析”可了解人工智能领域文章主要发表的期刊名称为：《模式识别与人工智能》《计算机科学》等，如图 3－28 所示。

2. 获取某一期刊的综合信息

通过上面检索结果的综合分析可大致了解研究领域文献发表的主要期刊名称，比如人工智能领域主要集中在计算机相关的学术期刊上。通过“期刊导航”系统可进一步获取某一期刊的综合信息。

在“期刊导航”系统中输入“计算机”可获取计算机领域的主要期刊列表，如图 3－29 所示，通过期刊的收录情况可以看出被“CSCD”及“北大核心”双收录的基本为该领域的权威期刊。

6、主要期刊统计分析

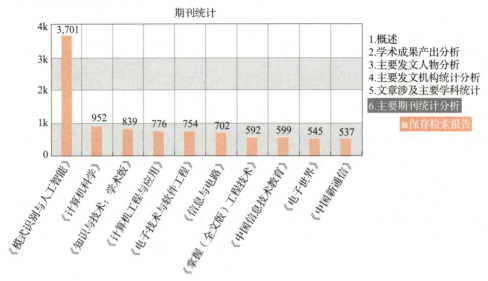

图3-28　维普期刊检索结果分析界面

图3-29　维普期刊导航检索结果界面

单击期刊名称即可查看期刊的综合信息。例如查看《计算机工程与应用》期刊的主要简介，界面如图3-30所示。

图3-30　维普期刊导航期刊简介主页面

3. 获取某一期刊的评价指标

通过"期刊评价报告"子系统，可查看期刊各项评价指标，比如文献被引量、影响因子、立即指数等。检索"计算机"可得计算机方面的主要期刊列表，通过"被引量""影响因子"等参数筛选出权威期刊。

四、活动反思

查找学术研究文献不止要求检索技能高超，能根据检索结果进行分析与筛选，能从中提取精华更为重要。

✏️ 单元小结

维普资讯中文期刊服务平台是目前国内常用的三大中文学术期刊平台之一，期刊资源比较丰富，可一站式检索期刊论文。平台提供的"期刊导航"及"学术评价报告"子系统功能强大，为期刊的检索与筛选提供了便利。

❓ 思考与练习

在线测试 3−03

一、填空题

1. 目前国内广泛应用的三大中文学术期刊平台为中国知网、万方数据和_____。

2. 检索学术论文文献，最主要检索的数据库为_____论文，另外还可以检索"学位论文"和"会议论文"。

3. _____是期刊的国际标准连续出版号。

二、选择题

1. 通过查看期刊的哪些方面可判断期刊是否为核心期刊？（　　　　）
   A. 出版单位　　　　　　　　　　B. 出版时间
   C. 被收录的期刊目录　　　　　　D. 期刊名称

2. 为了获取项目研究所需的期刊论文文献，使用以下哪些数据库是合适的？（　　　　）
   A. CNKI　　　　　　　　　　　　B. 维普
   C. 百度文库　　　　　　　　　　D. 万方数据

3. 一篇文献被引频次越高，说明这篇文献（　　　　）。
   A. 无意义　　　　　　　　　　　B. 该篇文献作为参考文献出现的次数越多
   C. 该篇文献学术影响力大　　　　D. 该篇文献被下载量大

三、判断题

1. 期刊 CN 号是国内统一出版号，是判断期刊是否正规出版的重要信息。　　　　（　　　）

2. 某期刊被北大核心期刊目录收录，证明此期刊质量还不错。　　　　　　　　（　　　）

3. 中国国家标准的代码是 GB。　　　　　　　　　　　　　　　　　　　　（　　　）

∥ 模块小结 ∥

中文文献检索系统是我们进行学术研究和获取知识不可或缺的重要工具。在本模块中，我们深入探究了中国知网、万方数据、维普资讯这三个国内最常用的中文文献检索平台。这些数据库各具特色，不仅覆盖了广泛的学科领域，

视频 3−01
检索学术论文的三大中文文献数据库

还拥有丰富的数据资源，同时，它们也为我们提供了便捷高效的文献检索服务。在学习这些文献检索系统的过程中，我们面临的重难点主要集中在系统操作、检索策略的制定、文献的筛选与评估，以及如何有效应对信息过载等问题。为了更好地利用这些平台，学习者需要充分了解各平台的数据内容，熟练掌握其检索方法，并能根据实际情况灵活选择最合适的平台进行文献检索。

// 综合训练 //

在线测试 3-04

一、思考题

1. 某大四学生正在进行关于人工智能技术的学术研究，希望查找人工智能方面最新的中文学术研究论文，他应该选择什么平台更为合适？
2. 我们在检索期刊论文时都希望获取权威期刊论文进行学习研究，在检索期刊论文时如何筛选权威期刊论文？

二、实训应用题

　　某高校教师想查找一篇学术研究文献，平时他喜欢去本校图书馆查找资料，图书馆的众多电子资源数据库给老师的学术研究带来很大便利，可这一次老师需要的资料本校图书馆没有，他可以通过何种方式免费获取到呢？

模块四　常用外文文献信息检索

站在世界学术的屋脊上"拾贝"，你应该掌握这些工具

视频 4-01
国外重要类型
数据库概况

我国著名科学家王选先生曾说过："阅读文献使我找到了正确的发展方向。了解国外科研动态可以避免科研工作走弯路。"我们在进行学术研究和学术论文撰写的过程中，掌握国内外的研究进展必不可少，外文文献信息可系统、全面地反映世界各国科学研究的最新和先进水平。外文文献信息是获取文献信息的重要来源，能够帮助检索者获取国外新技术、新信息，而外文文献数据库是必不可少的工具。

外文文献数据库包含了来自不同领域和主题的海量文献资料，不同数据库提供的功能可以帮助学习者轻松查找、整理、跟踪自己所关注的领域，提高学术研究的效率和质量。

总体而言，外文数据库的作用有三：第一，可查找国外最新研究成果，学习者可以获取最新、最全的学术研究成果；第二，可掌握最前沿的研究动态，通过外文数据库获取最新发表文献，可了解当前的研究热点和前沿进展；第三，可提高学术研究的质量和水平。

// 培养目标 //

知识目标

了解常用外文数据库的基本类型及其收录范围；理解常用的检索规则和检索途径；掌握常用外文文献的检索功能和检索方法；掌握获取外文文献的方法。

能力目标

能够根据检索需求选择恰当的外文文献数据库，综合利用数据库的功能进行外文文献的获取，选择恰当的检索方法，处理检索结果并进行获取，能够利用外文数据库的个性化服务实现文献跟踪。

素质目标

具备主动探究意识，具备创新意识，形成良好的信息道德观和规范的学术研究习惯。

// 知识导图 //

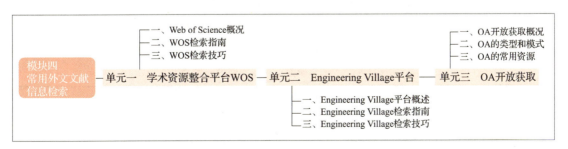

模块四
常用外文文献
信息检索

单元一　学术资源整合平台WOS
- 一、Web of Science概况
- 二、WOS检索指南
- 三、WOS检索技巧

单元二　Engineering Village平台
- 一、Engineering Village平台概述
- 二、Engineering Village检索指南
- 三、Engineering Village检索技巧

单元三　OA开放获取
- 一、OA开放获取概况
- 二、OA的类型和模式
- 三、OA的常用资源

单元一 学术资源整合平台 WOS

案例导入

对于初入一个领域的新手而言，必须阅读大量的文献，才能把握本领域的动态和方向。20 世纪 70 年代末我国改革开放伊始，很多访问学者出国交流学习时发现辛辛苦苦研究十几年的科研成果实际上全部是外国专利保护范围内或者是在国外已经被淘汰了的方向，造成这一现象的原因多为没有仔细阅读该领域的国外最新文献。如何从点到面，从杂到精，对某个专题或者专家的研究进行追踪，对下载的文献进行管理，上述问题均可借助一定的工具来进行。学术资源整合平台 WOS 作为最具代表性的外文文献数据库，可以帮助学习者全面系统地获取外文文献，其强大的功能可以帮助检索者越查越广、越查越新、越查越深。

培养子目标

知识目标

了解 WOS 的收录范围；理解 WOS 常用的检索规则和检索途径；掌握 WOS 的常用功能和检索方法。

能力目标

能够根据检索需求选择恰当的 WOS 子库，综合利用 WOS 数据库的功能进行外文文献的检索，处理检索结果并获取文献，利用个性化服务功能进行定题跟踪。

素质目标

具备主动探究意识，具备创新意识，形成良好的信息道德观和规范的学术研究习惯。

相关知识

一、Web of Science 概况

音频 4-01
WOS 发展历程

Web of Science（简称 WOS），是由 The Thomson Corporation 下属的 Information Sciences Institute（ISI）出版的权威综合性外文文献检索系统。其核心资源是 WOS 核心集，涵盖了自然科学、工程技术、生物医学、社会科学、艺术与人文等 13000 多种高影响力学术期刊，且数据每周更新。此外，WOS 还整合了专利、会议录、网络资源等重要学术信息，支持多数据库单库或跨库检索，提供分析工具，并可辅助建立个人文献数据库。WOS 核心集主要由 3 个引文子数据库、2 个会议论文引文子数据库、2 个图书引文数据库、2 个化学数据库、ESCI 和若干个专科数据库组成。WOS 检索平台基本情况见表 4-1。

音频 4-02
WOS 核心集

表 4-1 WOS 检索平台基本情况一览表

类型	子库名称	基本情况
核心集	期刊引文子数据库	SCIE
		SSCI
		A&HCI

（续）

类型	子库名称	基本情况	
核心集	会议论文引文子数据库	CPCI－S	
		CPCI－SSH	
	图书引文数据库	BKCI－S	
		BKCI－SSH	
	化学数据库	Current Chemical Reactions	
		Index Chemicus	
	ESCI	3 个引文数据库的有益补充	
专科数据库	Derwent Innovations Index	专利信息	
	Inspec	物理等领域的期刊、会议综合索引	
	KCI－Korean Journal Database	韩国学术论文	
	MEDLINE	NLM 生命科学数据库	
	Russian Science Citation Index	俄罗斯学术文献	
	SciELO Citation Index	拉美、葡、西、南非学术文献	

二、WOS 检索指南

（一）检索规则

WOS 检索基本规则见表 4－2，包括区分大小写、通配符、短语检索、括号、撇号、连字号等方面。

表 4－2　WOS 检索基本规则

检索语法	基本规则						
		AND	OR	NOT	NEAR	NEAR/x	SAME
检索运算符	不区分大小写	"出版物名称""来源出版物"字段不能用			出版年字段不能用	指定数量的单词	只能用在地址字段
通配符	星号（＊）	表示任何字符组，包括空字符			大多数检索式中都可以使用通配符（＊ $?）；通配符的使用规则会随着字段的不同而有所区别		
	星号（$）	表示任意一个字符					
	美元符号（$）	表示零或一个字符					
短语检索	引号短语	精确查找					
	短语	检索包含所输入的所有单词，可能连在一起出现，也可能不连在一起出现					
括号	用于将合成布尔运算符进行分组						
撇号	撇号被视为空格，是不可检索字符						
连字号	输入带连字号或不带连字号的检索词可以检索用连字号连接的单词和短语						

（二）检索字段

WOS 的检索字段及其主要使用规则如下：

（1）主题（Topic）

主题是一个组合字段，会在标题（Title）、摘要（Abstract）、作者（Author）、关键词（Keywords）和 Keywords Plus 中进行匹配。

主题字段支持布尔逻辑运算，如 AND、OR、NOT，以及通配符 *（代表任意多个字符），?（代表 1 个字符）。

（2）标题（Title）

在标题字段中输入的检索词将仅匹配文献的标题部分，标题字段同样支持布尔逻辑运算和通配符。

（3）作者（Author）

作者字段可以通过输入作者的姓名或作者标识符（如 Researcher ID 或 ORCID ID）来检索，也可以查看个人学术档案，并通过作者影响力射束图、出版物、引文网络等信息全方位了解其学术成果及影响力。

（4）所属机构（Affiliation）

该字段用于检索作者所在的研究机构。WOS 平台会根据输入内容推荐提示归并后的机构名称，并支持从索引中搜索和添加，但机构一般只收录一级单位，如××大学。

（5）地址（Address）

地址字段收录二级单位，如××大学附属第一医院。此外也可以通过输入具体地址信息来检索相关文献。

（6）出版商（Publisher）

新版 WOS 中新增了出版商检索字段，方便用户根据出版商来筛选文献。

（7）DOI、入藏号、PubMed ID

新版 WOS 支持 DOI、入藏号、PubMed ID 检索，中间无需使用布尔逻辑运算符连接，系统默认为 OR 运算。

（8）出版日期和索引日期

这两个字段在新版 WOS 中可以精确到年月日，便于用户根据特定时间段来检索文献。此外，WOS 还提供了高级检索功能，允许用户使用多种方式组合检索式，并新增了"精确检索"选项。在检索结果页面，WOS 提供了丰富的功能和选项，如新增检索栏、复制检索式链接等，以及更多元地导出选项，以便用户更好地管理和分享检索结果。

（三）检索功能

1. 基本检索

基本检索可以在主题（包括篇名、关键词、文摘）中进行检索；可以在输入框中输入检索词、词组；可以使用布尔逻辑运算符（AND，OR，NOT，SAME）连接它们；可以使用各种截词符（例如：*，?，$）；不可以使用字段代码和等号。基本检索的默认字段为"主题"。

操作示例 4-01
WOS 检索

【示例】输入检索词：xie heping；xie he ping；xie hp；xie h p，如图 4-1 所示。

作者检索技巧：检索姓名时姓在前，名在后，可以用全称，也可以用缩写。有时名会被当成姓放在前面，所以检索姓名的形式比较多，应尽量写全。

图4-1 WOS平台基本检索功能界面

2. 引文检索

引文检索界面如图4-2所示，引文检索包含如下检索字段：被引作者、被引著作、被引年份、被引DOI、被引卷、被引期、被引页。

查询时，根据被引文献的特征进行检索。例如检索 *Science* 杂志 2008 年被引用的情况，首先根据著作的缩写列表查询 *Science* 杂志的缩写形式，选择具体的检索被引文献，单击完成检索。

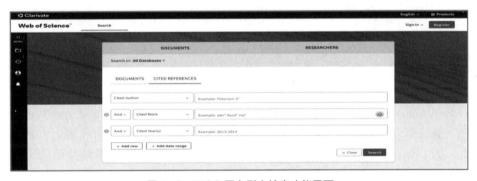

图4-2 WOS平台引文检索功能界面

3. 高级检索

高级检索用于对已经创建的检索式进行组合检索，通常以至少两个检索开始，其中包含检索词以及它们之前的字段标识，可同时检索多个检索途径的检索式，支持布尔逻辑运算符AND、OR、NOT、SAME、NEAR。高级检索界面如图4-3所示。

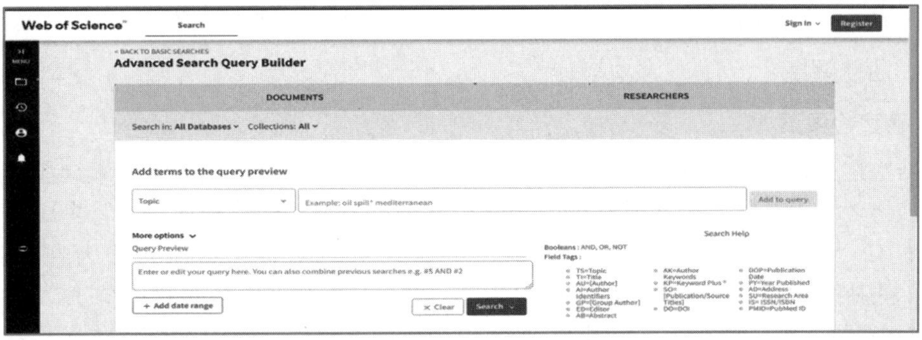

图4-3 WOS平台高级检索界面

三、WOS 检索技巧

学术资源整合平台 WOS 的检索方式较多，检索途径全面。在检索时，检索者可以借助以下检索技巧进行检索，具体见表4-3。

表4-3　检索技巧一览表

标题（题名）	只输入实词，虚词省略		
出版年	可检索某一年或者几年	2008	2008—2018
姓名	姓在前全称	名在后可全可略	尽量列举全
出版物	使用系统提供的列表中的名称		
地址	简称	采用数据库规范之形式	

WOS 检索系统核心提示：

【特色】最权威的科技文献检索平台，收录最具有影响力的核心期刊。

【子库】核心集、专科数据库。

【规则】不区分大小写，大写、小写、混合大小写均可。

【附加功能】分析工具。

活动与训练

一、活动描述

某计算机专业大一新生想了解自己所学专业中涉及人工智能方面的最新研究进展，研读其中的高质量文献。他想利用数据库的功能对感兴趣的研究进行梳理和管理，并定期进行追踪。与此同时，他参加的项目组已经有了一些研究突破，想将科研成果整理成论文发表到 WOS 收录的期刊中。

二、活动分析

WOS 系统功能丰富，不仅可以根据用户需求精确查找文献，还能筛选出高影响力的文献。此外，它还能帮助用户追踪研究前沿，确认期刊的收录状态和分区情况。通过引文网络，用户可以清晰地梳理研究脉络。同时，WOS 系统还支持 EndNote Click 插件的下载，方便用户导出、管理和共享资源。另外，用户还可以创建追踪最新研究进展的功能，如引文追踪和定题服务。这些功能共同满足了用户在学术研究活动中的各种需求。

三、活动演练

1. 确定检索词

根据检索主题将检索词确定为"人工智能"，由于 WOS 只提供英语检索词服务，因此首先应该将"人工智能"翻译成对应的英语检索词，为了对标正确术语，首先应该在文献数据库中对"人工智能"进行检索，对专业术语进行对标，具体方法为在中国知网（CNKI）的高级检索功能中输入检索词"人工智能"，并在限制检索栏中勾选"中英文扩展"，在检索结果中选择外文，如图4-4所示，即可得到该检索词对应的英文检索词，即"artificial intelligence"。

图 4-4　检索术语英文对标示意图

2. 进入 WOS 进行检索

进入 WOS 检索界面，在首页基本检索处，选择检索途径为"主题"，输入检索词"artificial intelligence"。单击"检索"按钮，得到初步检索结果，在初步检索结果界面中，可以根据系统推荐的与检索词相关的其他检索词，进行扩检，如图 4-5 所示。

图 4-5　WOS 基本检索界面示范界面

3. 处理检索结果，获取高质量的期刊论文

由于 WOS 收录的文献类型较多，需在检索结果界面左侧的检索结果筛选处，进一步筛选检索结果。控制检索结果的类型为"文章"，数据库的来源筛选为 WOS 核心集，进行二次结果筛选。得到二次筛选的检索结果后，在检索结果列表上方右侧"相关性排序"处，选择根据"引用次数：最高者优先"，即可得到高质量的论文，如图 4-6 所示。

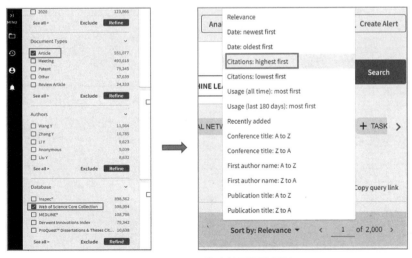

图 4-6　WOS 检索结果筛选界面

找到感兴趣的文章后，查看文章前的标识，如果是 🔓（打开的锁）的标识，则表明该文章可以获取全文，单击 SCU FullText 标识，可查看获取全文的方式，如图4-7所示。

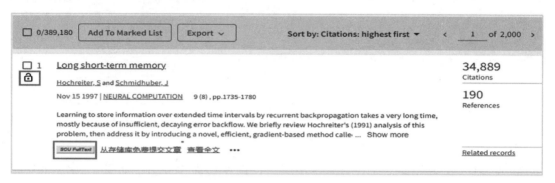

图4-7 WOS 全文获取界面

4. 确认期刊收录情况

该同学在进行期刊论文投稿前，想要确认期刊是否被 WOS 收录，具体方法为在首页右侧"产品"处，选择收录期刊列表功能，单击进入该界面。输入检索词"Machine learning"，即可查看与检索词相关的检索结果，从检索结果列表中找到与自己检索需求一致的 ISSN 号的检索结果。单击该检索结果即可看到该结果在 WOS 中的收录情况，如果该期刊被 WOS 和核心集收录，还可以进一步查看到该期刊近两年的影响因子，如图4-8、图4-9所示。

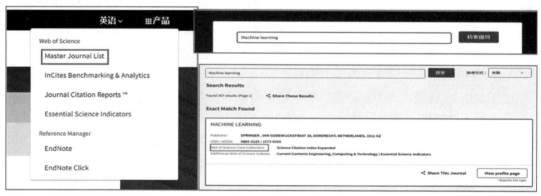

图4-8 期刊收录查询界面

图4-9 期刊收录详情界面

5. 定制个性化服务，追踪研究进展

注册个人账号，注册成功后，在提交的邮箱中激活该账号，即可使用 WOS 提供的个性化服务。登录个人账号后，即可以在界面的左侧处，利用 🕐 按钮保存检索结果，还可以利用 🔔 按钮设置检索相关主题的追踪服务。具体方法为单击检索记录界面 🕐 按钮找到自己的检索记录，单击 🔔 按钮设置追踪该检索式的检索结果，如图 4-10、图 4-11 所示。

图 4-10　注册个性化服务界面

图 4-11　定制追踪服务界面

四、活动反思

WOS 系统功能强大，其首页提供了语言选择的功能，但是翻译不够精准，需要检索者根据自己掌握的语言种类进行选择并加以甄别其语义。

✏️ 单元小结

本单元详细阐述了 WOS 平台的发展历程、资源概况、检索规则以及检索字段。通过具体案例，我们深入演示了 WOS 平台的使用方法。在实际操作中，我们通过检索被引量高的文献，探索了研究前沿，并确认了期刊的收录状态及其分区情况。此外，我们还利用引文网络有效梳理了研究脉络，下载了相关文献，并创建了追踪最新研究进展的功能。这些操作和实践经验使检索者具备了利用 WOS 平台高效解决问题的能力。

❓ 思考与练习

在线测试 4-01

一、填空题

1. 在 WOS 平台中，想定期追踪某个专题的研究进展应该利用其 _____ 功能。

2. 在 WOS 检索作者时，检索式是检索姓在 _____，名在 _____，可以用全称，也可以用缩写。

3. 在 WOS 系统首页右上角，可以选择界面语言，值得注意的是选择的界面语言决定了用户界面和帮助信息的显示语言。但是检索式必须始终为_____形式，检索结果也始终为_____形式。

二、判断题

1. 使用 WOS 平台无须安装任何其他软件，利用鼠标即可使用相关功能。　　　　（　　　）
2. WOS 平台一旦收录某种期刊就不会变动，不会剔除出去。　　　　　　　　（　　　）
3. 利用 WOS 平台检索时，英文字母不区分大小写。　　　　　　　　　　　（　　　）

三、实训应用题

1. 利用 WOS 系统下载其 SCIE 数据库中收录的期刊列表。
2. 在 WOS 系统中下载期刊的 JCR 分区列表。

单元二　Engineering Village 平台

案例导入

工程科技是科学知识转化为生产力的保证，是推动经济发展和社会进步的直接动力。工程科技研究人员需要掌握世界范围内的工程科技信息，因此掌握必要的检索工具势在必行。早在 1884 年，美国工程学会就不定期地出版工程科技方面的专栏"索引摘录"，报道工程科技方面最新的研究进展，经过不断的改进与发展，至今已经成为世界上著名的工程技术类综合性、评价性的文献检索工具。对于工程技术人员来说，本单元介绍的 Engineering Village（简称 EV）平台有一些极有价值的工程技术方面的网络地址和资源，并提供与世界范围内大量数据库的平滑链接，在世界范围内收集、筛选、组织工程类型的网络信息资源，使大量无序的信息增值后成为产品，向检索者提供便捷式服务。

培养子目标

知识目标

了解 EV 的收录范围；理解 EV 常用的检索规则和检索途径；掌握常用的 EV 检索方法。

能力目标

能够根据检索需求选择恰当的 EV 功能，综合利用 EV 数据库的功能进行外文文献的获取，处理检索结果并进行获取，利用个性化服务功能进行定题跟踪。

素质目标

具备主动探究意识，具备创新意识，形成良好的信息道德观和规范的学术研究习惯。

相关知识

一、Engineering Village 平台概述

Engineering Village，自 1884 年起由美国工程信息公司（Engineering Information Inc.）持续开发，是全球领先且内容全面的工程领域二次文献数

音频 4-03
EV 发展历程

据库。它专注于为应用科学和工程领域提供文摘索引信息，年均新增约 25 万条记录，并且每周更新数据，以确保信息的实时性。EV 平台广泛收录了 3000多种工程期刊、9 万余份会议记录及 ProQuest 学位论文，构建了众多子数据库，主要覆盖理工科文献资源。具体情况见表 4-4。

音频 4-04
EV 子数据库介绍

表 4-4　EV 检索系统资源一览表

子库名称	基本情况
Compendex	包含 190 种工程领域学科
	超过 77 个国家的出版物
	每周更新
INSPEC	超过 80 个国家的出版物
	每周更新
NTIS	政府研究报告
	每周更新
Referex Engineering	工程电子书
GeoBase	地球科学领域文献
GeoRef	地质学相关文献
USPTO / EPO 专利	美国专利局全文专利
	每周更新

二、Engineering Village 检索指南

（一）检索规则

EV 检索系统的检索规则主要包括逻辑运算符、字段限制符、截词限制符、词根符号、短语检索等，具体的检索规则见表 4-5。

表 4-5　EV 检索系统检索规则一览表

逻辑运算符	不分大小写	AND	OR	NOT	XOR	优先级别相同，按照从左到右的顺序运算
字段限制符	wn	X wn Y，其中 X 为检索词，Y 为字段码，即字段名称缩写，一般为两个字母				
截词限制符	*	comput *				
词根符号	$	$ management				
短语检索	" "	｛｝	"oil and gas"	｛oil and gas｝		

（二）检索字段

EV 检索平台提供多种检索字段，主要有所有字段（All fields）、主题/标题/文（Subject/Title/Abstract）、文摘（Abstract）、作者（Author）、作者机构（Author Affiliation）、EI 分类码（EI Classification Code）、期刊编码（Coden）、会议信息（Conference）、EI 主标题词（EI Main Heading）、出版单位（Publisher）、出版物题名（Serial Title）、标题（Title）、EI 受控词（EI Controlled Term）。

音频 4-05
检索字段说明

三、Engineering Village 检索技巧

EV 检索平台首页如图 4-12 所示，提供了三种检索方式：快速检索、专家检索、叙词表检索。首页提供检索方式的选择、数据库的选择、日期、语种的限制条件和快速检索方式。

图4-12　EV检索平台页面

（一）快速检索

快速检索可选择检索字段，进行字段之间的逻辑运算，选择要检索的各个项对检索范围进行限制，包括文献类型限制、文献内容限制、文献语言限制、文献出版时间限制和检索结果排序的功能，如图4-13所示。

图4-13　EV检索平台快速检索界面

（二）专家检索

专家检索可根据需要，自行编写检索表达式，增加了检索的灵活性。利用专家检索可以进行任意多字段和任意多个检索词之间的逻辑运算。在专家检索方式下，系统仍然提供了限制出版时间、选择输出结果排序的类型的功能。

（三）叙词表检索（Thesaurus Search）

操作示例4-02
EV叙词表检索

音频4-06
叙词表检索说明

用叙词（Descriptors）检索，可提高查全率和查准率。EV平台提供了EV精选的1.8万个受控词，可通过叙词表检索检验拟定的检索词，核对是否为标准受控词，如果输入的词不是系统的受控词，系统会把与非受控词相关的受控词调出，以提供标准受控词检索途径。叙词表检索具有检索（Vocabulary Search）、精确查找（Exact term）、浏览（Browse）三种查找词语的功能。

EV检索系统核心提示：

【特色】最权威、全面的工程文摘性检索平台。

【子库】Compendex、Backfile、INSPEC、NTIS、EI Patents……

【规则】不区分大小写，大写、小写、混合大小写均可。

【附加功能】分析工具。

活动与训练

一、活动描述

　　某车辆工程专业的学生想检索"无人驾驶"的工程类文献，他想从中筛选出高质量的期刊文献，排除其中的会议文献，同时把自己现在从事的研究整理成文献，投稿到 EV 平台收录的期刊中，并定期追踪自己感兴趣的专题文献。

二、活动分析

　　该同学可以利用 EV 平台上的叙词表功能对检索主题进行规范检索，得到检索结果后应该利用检索结果列表中的信息区分会议文献和期刊文献，并利用 EV 平台下载其收录的期刊列表以确保其所投的期刊被平台收录，最后他可以利用个性化服务定制文献追踪服务。

三、活动演练

1. 确认检索词

　　根据单元一中活动演练的方法，对检索词进行对标，确认检索词为"Driverless"和"Pilotless"，如图 4 – 14 所示。

图 4-14　检索词对标界面

2. 利用叙词表检索功能对检索词进行组配

　　利用 EV 平台的受控词检索功能依次对这两个受控词进行检索，查找其在 EV 平台的上位词和下位词，确定好检索词。例如，Driverless 的在 EV 中的受控标引词为 Autonomous vehicles，依次对这两个检索词进行叙词检索，最终确认检索词为 Driverless、Autonomous vehicles 和 Pilotless，如图 4 – 15 所示。

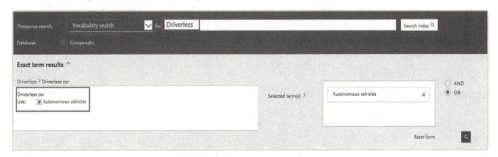

图 4-15　检索词叙词处理

3. 组织检索式，实施检索

确认好检索词后，利用快速检索功能控制检索式，本次检索式共有三个检索词，因此在"Add search field"处，单击增加检索项，在检索词组配处，选择检索词组配关系为"OR"，检索途径均为"Subject/Title/Abstract"，开始实施检索，如图 4-16、图 4-17 所示。

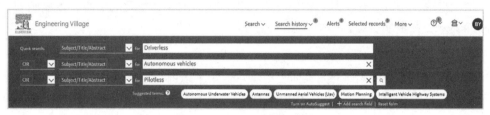

图 4-16　检索式构建界面

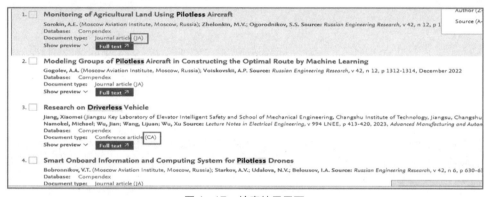

图 4-17　检索结果界面

4. 处理检索结果，区分 JA 和 CA，获取高质量的期刊文献

在检索结果界面列表可以发现，结果列表中 Document type 有多种形式，其中主要包括 Journal article（JA）和 Conference article（CA），分别代表期刊文献和会议文献，根据本次检索的目标，需要进一步筛选文献的类型为 JA，方法为在界面左侧选择文献的类型"Journal article"，进一步获取期刊论文，如图 4-18 所示。

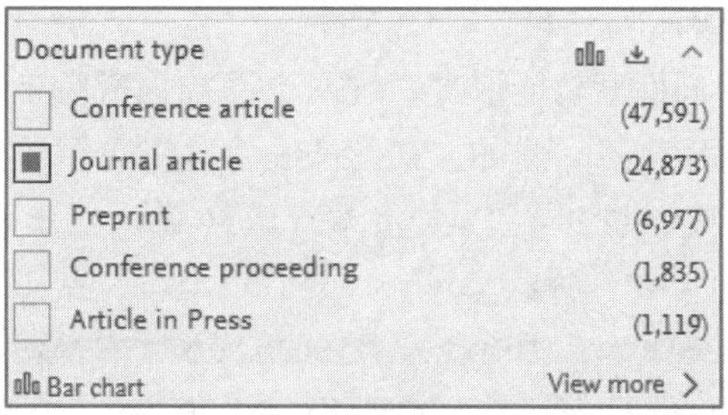

图 4-18　检索结果筛选界面

5. 定制检索结果跟踪服务

在界面注册处，注册个人信息账号，注册成功并激活后，需要先将检索式进行保存，方法为单击 Search history 按钮，对检索结果进行保存，然后单击"Alerts & saved Searches"按钮，对检索式进行跟踪设置，在个人账号处选择"Alerts & saved searches"，如图 4-19、图 4-20 所示。

图 4-19　EV 个人账号注册界面

图 4-20　EV 检索结果保存及跟踪界面

四、活动反思

本次检索中，检索词的确认非常重要，首先应该对检索词进行中英转化，然后利用 EV 平台上的叙词检索功能对检索词进行二次的优化处理，构造检索式时需要利用其他检索功能。EV 平台收录的论文主要有 JA 和 CA，检索者特别是投稿者应该注意加以区分。

✎ 单元小结

本单元介绍了 EV 平台的发展历程，收录数据库及范围；认识了 EV 平台的主要功能界面；学习了 EV 平台的主要检索字段和检索方式、结果获取、收录期刊列表获取、定题跟踪等常用功能；通过实际案例掌握了 EV 平台的使用要点。

? 思考与练习

在线测试 4-02

一、填空题

1. 利用 EV 平台使用截词符_____，放置在词尾，可以检索出诸多检索词的相关文献。
2. EV 平台提供快速检索、专家检索和_____检索。

二、判断题

1. EV 平台系统不区分大小写，检索词输入大小写均可。　　　　　　　　　（　　）
2. EV 平台是一个以 Compendex 数据库（即人们常说的"EI 数据库"）为核心的、集多种数据库检索、多种信息服务为一体的基于互联网的大型信息检索集成系统。　（　　）
3. EV 平台是世界工程技术领域中最全面、最具有权威性的二次文献数据库。　（　　）

三、实训应用题

请利用 EV 平台的叙词检索功能查找 artificial intelligence 的受控词，并利用其下位类进行会议文献（CA）的检索，并从中筛选出近 3 年的相关结果。

单元三 OA 开放获取

视频 4-02
OA 资源

案例导入

据相关调查数据显示，全球科研人员发表的学术论文，每年有 15%~20% 为开放获取，增长速度较快。OA 因其增长速度快，收录学科领域不断扩充，形式多样，检索方式日趋完善已成为一种非常重要的资源获取形式。开放获取的出现很好地践行了学术无国界、科学无国界的科学界的内在理念。作为一种新的出版模式和展示平台，OA 成为一种新型学术资源开放传播模式，是促进学术交流的有效途径。有效地利用 OA 资源将会为学习和学术研究提供便利。

培养子目标

知识目标

了解 OA 资源的基本信息；理解金色 OA 和绿色 OA 的区别；掌握 OA 资源的获取方式和使用方法。

能力目标

能够根据自己的信息需求选择恰当的 OA 资源，并有效利用国外 OA 资源获取所需信息。

素质目标

具备主动获取资源的意识，具备主动探索的学习态度，形成严谨踏实的学习习惯。

相关知识

一、OA 开放获取概况

音频4-07
S计划的目标和范围

音频4-08
S计划的合规性要求

音频4-09
S计划的出版成本

音频4-10
S计划对高质量开放期刊和平台的支持

1. OA 简介

20 世纪 90 年代，开放获取（Open Access，简称 OA）运动率先在国外发展起来了。OA 本质上是基于订阅的传统出版模式以外的另一种选择。通过新的数字技术和网络化通信，任何人都可以及时、免费、不受任何限制地通过网络获取各类文献，包括经过同行评议过的期刊文章、参考文献、技术报告、学位论文等全文信息，用于科研教育及其他活动，从而促进科学信息的广泛传播，学术信息的交流与出版，提升科学研究的公共利用程度，保障科学信息的保存。

音频 4-11
S 计划的许可与权利

2. OA 发展历程

OA 开放获取经历了四个发展阶段。在初期阶段，美国学者 P. Ginsparg 和 Peter Suber 提出了开放获取的相关问题，自存储的设想也首次被提出，并在实践中逐渐得到体现。进入中期阶段，OA 运动开始蓬勃发展，重要的文件如《布达佩斯开放获取计划》推动了全球范围内的开放获取实践。随后，在成熟阶段，政府和主要科研管理机构的参与进一步推动了 OA 的发展，许多机构采取了强制性的自存储政策。最后，在稳步发展的现阶段，OA 事业继续稳步增长，期刊和知识库的数量不断增加，新的开放获取内容也不断涌现，包括学术视频和政府信息等。

音频 4-12
OA 发展历程中的标志性事件

3. OA 特点

1）电子化且在线使用免费，版权归作者所有，使用不受任何限制。

2）作者付费方式出版，严格的刊物审稿和同行评审，有质量保障。

3）投稿方便，出版快捷，高速传播。在 OA 资源发表研究成果，信息传播和交流的范围更广，可提高科研成果的被关注度和被引频次，提升学者的学术影响力。

二、OA 的类型和模式

音频 4-13
OA 投稿步骤

1. OA 的资源类型

目前 OA 资源主要包括开放获取期刊（Open Access Journal）和开放获取机构库（Open Access Repositories）两种类型。开放获取期刊是指经过同行评审，以免费的方式提供给读者或机构使用、下载、复制或检索的电子期刊。开放获取机构库则是收集、存放由某一个或多个机构或个人产生的知识资源和学术信息资源、可供社会共享的信息资源库。

2. OA 的两种模式

OA 的模式主要可以从出版模式和企业应用模式两个角度来理解。

1）从出版模式的角度来看，OA 有两种主要类型：绿色 OA 和金色 OA。

绿色 OA 是指作者在出版后将论文自行上传至网络上的 OA 库或机构的存储库中，供公众免费获取。而金色 OA 则是指文章由 OA 期刊或出版商出版，并由作者或其赞助机构支付出版费用，使这些文章能被任何人免费访问。金色 OA 的出版费用通常包括编辑、出版 OA 文章的费用，这些费用可能因期刊或出版商的政策和服务而有所不同。

2）从企业应用模式的角度来看，OA 的实施主要有两种模式：产品化实施和定制开发。

产品化实施是基于厂商提供的产品功能进行开发，投入的时间短、成本低、风险小，但可能无法满足企业的个性化需求。定制开发则是根据企业的具体需求进行开发，实施周期长、投入大，但成功实施后应用的效果通常非常好。另外，OA 的开发结构也分为 B/S（浏览器/服务器）和 C/S（客户端/服务器）两种模式，这两种模式在 OA 系统中都有应用。

三、OA 的常用资源

1. DOAJ

DOAJ 成立于 2003 年，由瑞典隆德大学图书馆创建，是一个开放获取期刊目录文献检索系统。它提供多学科、多语种、可免费获取的电子期刊全文服务，是对全球 OAJ 的收集和规范，是全球权威的开放获取期刊目录系统，它为用户提供免费的、高质量的，包括各种学科、各种语种的学术性期刊全文，目前已经有 3293 种期刊的目录（按学科大类或刊名字顺序排列），其中有 1067 种可以提供至论文级的内容检索。全文发表后即可免费取用。其首页如图 4-21 所示。

2. HighWire Press

HighWire Press 是全球最大的提供免费全文的学术文献出版商，于 1995 年由美国斯坦福大学图书馆创立。最初仅出版著名的周刊"Journal of Biological Chemistry"，目前已收录电子期刊 710 多种，文章总数已达 230 多万篇，其中超过 77 万篇文章可免费获得全文，这些数据仍在不断增加。通过该界面还可以检索 Medline 收录的 4500 种期刊中的 1200 多万篇文章，可看到文摘题录。HighWire Press 收录的期刊覆盖以下学科：生命科学、医学、物理学、社会科学。部分全文可免费获取（并非全部）。

图4-21　DOAJ界面

3. Million Book Project

Million Book Project（百万图书项目）是美国卡内基梅隆大学基于科研和教学的需求创建的非营利性项目。美国、中国、印度、埃及、加拿大和荷兰等50多个国家和地区均设置有扫描中心。该项目覆盖学科范围广，图书数量大且质量较高，提供免费阅读，可实现全文检索。

4. arXiv. org 电子预印本

arXiv. org 电子预印本于1991年由美国国家科学基金会和美国能源部资助，是全球最大的预印本系统，如图4-22所示。

涵盖的领域包括物理、数学、计算机科学、非线性科学、定量生物学、定量金融、统计学、电气工程和系统科学以及经济学。预印本（Preprint）是指科研工作者的研究成果还未在正式出版物上发表，出于和同行交流目的，自愿先在学术会议上或通过互联网发布的科研论文、科技报告等文章。该系统在我国的站点设在中国科学院理论物理研究所。

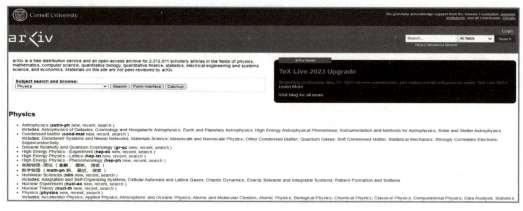

图4-22　arXiv. org 电子预印本界面

OA 开放获取提示：

目前互联网上可检索使用 OA 资源的外文平台有很多，检索者可以利用高校图书馆或科研单位提供的相关 OA 资源介绍，进一步了解更多的 OA 资源。

活动与训练

一、活动描述

某建筑工程专业的学生所在的学校没有购买外文文献数据库。他想获取一些免费的外文期刊资源，并了解哪些 OA 期刊是不收取论文处理费（Without Article Processing Charges，APCS）的免费资源。

二、活动分析

在前述的相关知识中，我们了解到互联网上可检索使用 OA 资源的外文平台有很多，本活动要求检索的是期刊论文，因此我们首选 DOAJ。部分金色 OA 出版模式下和绿色 OA 出版模式下，都存在一些没有论文处理费的期刊论文，在 DOAJ 中可以通过限制检索功能加以限定。

三、活动演练

1. 打开平台网址，进入平台

可以通过在搜索引擎中输入检索词"DOAJ"，在检索结果中选择正确的网址进入该平台。进入平台后，网站会根据 IP 所在的国家自动配置相应的语言，如图 4-23 所示。

图 4-23　DOAJ 期刊检索界面

2. 构建检索式，并筛选检索结果

在界面中选择期刊检索功能，并根据本次训练的要求选择"没有 APC 的期刊"，进入界面后在左侧的分类筛选界面中的"科目"处，选择"技术"主题，在其下位类中找到"建筑施工"类，筛选出 44 种没有文章处理费的期刊。如图 4-24 所示。

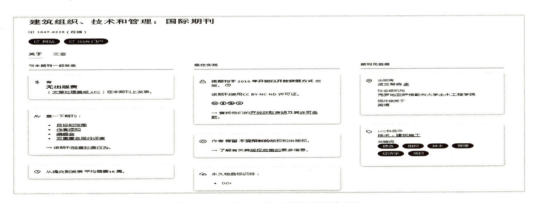

图 4-24　DOAJ 收录期刊的详情界面

3. 处理检索结果，获取全文

根据获得的检索结果，浏览结果列表，选择其中感兴趣的文章，通过单击文章的标题，进一步获取该文章的详情界面，可以看到该文章的摘要、DOI 及出版的相关信息。通过单击界面上的"在线阅读"按钮，即可进一步阅读到该文章的详细信息，如图 4-25 所示。

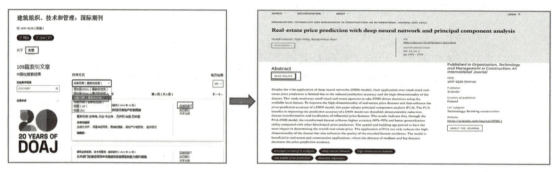

图 4-25 DOAJ 收录期刊的文章浏览界面

四、活动反思

DOAJ 只提供一种文献检索方式：提供两组检索词输入框，通过下拉菜单来限定检索词出现的字段，包括所有范围、题名、期刊题名、国际标准刊号、作者、关键词、摘要；两组检索词之间可选择下拉式布尔逻辑算符"AND、OR、AND、NOT"进行组配；检索式如果多于一个词，将被作为词组处理。利用 DOAJ 检索后，系统列出检索结果的简要信息，默认每页显示 10 条结果，可单击浏览摘要信息和全文，全文以 pdf 格式或 HTML 格式显示。

✐ 单元小结

本单元介绍了 OA 开放获取的发展历程、主要资源类型和出版模式，认识了 OA 开放获取的主要外文资源平台。此外，还通过实际检索案例介绍了 OA 开放获取资源的主要检索方法和相关功能。

视频 4-03
国外重要开放获取资源

? 思考与练习

一、填空题

1. OA 开放获取主要的两种资源类型为＿＿＿＿＿和图书。
2. OA 开放获取主要分为两种出版类型，分别为金色 OA 和＿＿＿＿＿ OA。

在线测试 4-03

二、判断题

1. 在 OA 开放获取模式下，文献发表者都无须负担文献处理费。　　　（　　）
2. arXiv. org 上的主要资源为电子预印本。　　　　　　　　　　　（　　）
3. OA（开放获取）只适用于学术期刊，不包括其他学术资源。　　　（　　）

三、实训应用题

请利用 DOAJ 中的按学科主题（by subject）浏览功能，查找你所读专业对应学科的开放获取资源。

// 模块小结 //

外文文献信息检索系统是获取外文文献信息的重要途径。本模块对外文文献信息检索的介绍主要从外文综合性文献信息检索系统和免费 OA 开放获取资源两个方面展开。其中外文综合性文献信息检索系统主要介绍了学术资源整合平台 WOS、文摘索引数据 EV 检索平台。

// 综合训练 //

在线测试 4-04

1. 作为在校大学生，高额的外文文献发表费用制约了部分学生发表外文文献的热情。通过本章内容我们了解到 OA 开放获取期刊中，有一部分没有论文处理费（Without Article Processing Charges，APCS）的 OA 期刊。其中不乏一些影响力较高的 OA 期刊被 WOS 收录，如果能从中找出相关期刊并加以收藏和利用，无疑将对今后的投稿大有益处。

请综合利用本模块的相关知识和技能，查找你所读专业学科领域没有 APC 的 OA 期刊，并确认其是否被 WOS 或者 EV 收录。

2. 2021 年被称为元宇宙元年，元宇宙是基于新的技术体系，为体验者提供内容更加丰富、体验感更加逼真、感受更加深刻的沉浸式体验的新技术代表。技术进步，研究先行，请综合利用本模块的 WOS 和 EV 平台，检索 2021 年发表的有关"元宇宙"方面的学术论文，并在 WOS 中找出被引率最高的前 5 篇论文，在 EV 平台上找出相关度最高的 5 篇期刊论文。

3. 开放获取已成为新的出版模式，它惠及了众多的学术研究者。目前很多学术期刊都做到了开放获取，请你以本专业的相关领域研究热点为检索词，分别在 WOS 和 EV 中查找其中标注有 Open Access 的相关结果，记录其条目数并分别从两个数据库对原文进行获取，每个数据库各 2 篇。

模块五　专题文献信息检索

> **这些具有特殊作用的专题文献，你不可不知**
>
> 　　专题文献特色鲜明、内容广泛、数量庞大，具有极高的价值，是非常重要的文献信息类型。专题文献形态各异，其中主要包括专利文献、标准文献、学位论文、会议文献、科技报告、档案文献等。
>
> 　　专利、标准时刻在影响着我们的衣食住行，学位论文全面系统地对某一个专题开展研究，科技报告中蕴含着价值极高的有信息，档案信息则是会说话的"活历史"。
>
> 　　在日常的生活和学习中，我们如果能合理地利用这些专题文献，将会对我们的生活和学习大有裨益。特别是开展研究时，有必要进行"纵横交错"，全面系统地了解各种文献类型上刊载的相关信息。

// 培养目标 //

知识目标

了解常用的专题文献的类型；理解常用专题文献的作用；认识常用专题文献的检索工具；掌握常用专题文献的检索方法和获取方式。

能力目标

能够根据检索需求合理利用专题文献检索工具进行专题文献的检索，处理专题文献的检索结果，选择恰当的专题文献，从而进行获取和利用。

素质目标

具备主动探究的意识；具备创新意识；形成良好的信息道德观。

// 知识导图 //

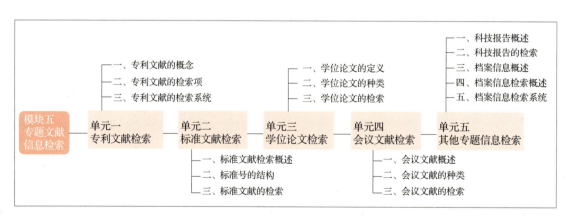

单元一 专利文献检索

案例导入

2011 年，苹果公司向美国加州法院提起诉讼，指控三星公司侵犯了其多项与 iPhone 和 iPad 相关的专利，包括外观设计、用户界面和软件功能等方面的专利。

苹果公司认为，三星的 Galaxy 系列产品在外观和功能上与 iPhone 和 iPad 非常相似，构成了专利侵权。三星公司则反驳称，其产品设计是基于自身的技术创新和研发成果，并未侵犯苹果公司的专利。双方展开了激烈的法庭辩论，并提交了大量的证据和专家证词。法院多次裁定三星侵权，并判处巨额赔偿。但三星不服，提起上诉，双方最终达成部分和解。

此案引发了全球对专利保护和创新的关注，强调了尊重知识产权的重要性。同时，也促使企业更加注重自主研发和创新，避免侵权风险。此外，该案也为后来的专利纠纷提供了重要的法律参考。

培养子目标

知识目标

了解专利文献的类型；理解常用专利文献的作用；认识常用专利文献检索工具；掌握常用专利文献的检索方法和获取方式。

能力目标

能够根据检索需求选择恰当的专利检索工具，能合理利用专利文献检索工具进行专利文献的检索，并能根据需求进行检索结果的处理和获取。

素质目标

具备主动探究的意识；具备创新意识；形成良好的信息道德观。

相关知识

一、专利文献的概念

本书采用世界知识产权组织（WIPO）出版的《知识产权教程》中关于专利文献的定义，即："专利文献是包含已经申请或被确认为发现、发明、实用新型和工业品外观设计的研究、设计、开发和实验成果的有关资料，以及保护发明人、专利所有人及工业品外观设计和实用新型注册证书持有人权利的有关资料已出版或未出版的文件（或其摘要）总称。"

音频 5-01
IPC 释义

狭义的专利文献是指专利说明书，图 5-1 为一项发明专利的专利说明书。专利说明书是专利文献的核心，通常所说的检索专利文献就是检索专利说明书。专利说明书是专利文献的核心。专利说明书是指由扉页、专利要求书、说明书和附图四部分组成，用以描述发明创造内容和限定专利保护范围的一种官方文件或出版物。

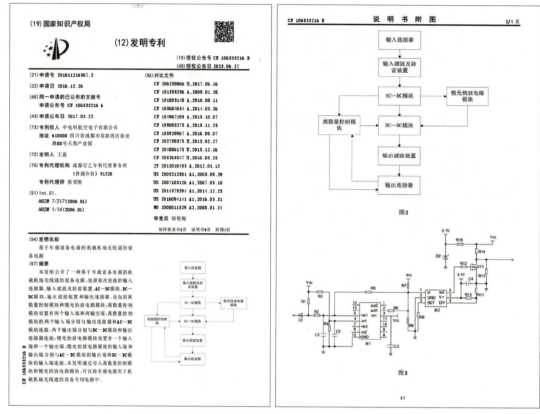

图5-1 专利文献——专利说明书举例

二、专利文献的检索项

根据专利文献的构成要素，专利文献的主要检索途径（见表5-1）主要包括名称、摘要、申请号、专利号、公开（公告）号、申请日、公开（公告）日、分类号、申请（专利权）人、发明（设计）人、专利代理机构、代理人等。

表5-1 专利文献检索途径

检索途径	具体含义	检索途径	具体含义
名称	专利名称	摘要	专利内容摘要
公开（公告）号	在专利的公开或公告之后给出的编号	专利号	在专利授权之后给出的编号
申请日	受理专利申请的日期	申请号	在受理专利申请之后给出的编号
代理人	代理申请专利的人	颁证日	批准颁发专利证书的日期
IPC 分类号	专利在国际分类表中的分类号	申请（专利权人）	专利的申请人
发明（设计）人	专利的发明人	专利代理机构	代理申请专利的机构

三、专利文献的检索系统

专利文献的检索系统主要为国内外免费专利检索系统和商业专利检索系统的免费部分。每个检索系统各有特点，不同的专利检索系统的检索界面、浏览界面、分析功能差异较大。下面重点介绍几个常用的、免费的专利检索系统。

（一）国内专利检索系统

1. 国家知识产权局专利数据库

（1）基本情况

国家知识产权局专利数据库是由

视频5-01　　　　　视频5-02　　　　　操作示例5-01
SooPAT专利搜索引擎　专利检索与分析系统SIPO　利用数据库查询专利价值

中华人民共和国知识产权局提供的网络免费检索数据库，国家知识产权局专利数据库收录自1985年9月10日以来公布的全部中国专利信息，包括发明、实用新型和外观设计三种专利的著录项目及摘要，并可浏览各种说明书全文及外观设计图形。国家知识产权局专利数据库收录了103个国家、地区和组织的专利数据，以及引文、同族、法律状态等数据信息。其检索入口如图5-2所示。

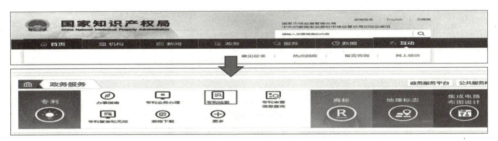

图5-2　国家知识产权局专利数据库检索入口

（2）检索功能

国家知识产权局专利数据库主要提供了常规检索、高级检索、导航检索、药物专题检索、热门工具检索以及命令行检索等功能。此外，国家知识产权局专利数据库还提供了其他辅助功能，如专利分析、数据下载、法律状态查询等，以满足用户多样化的需求。

2. 中国知识产权网专利信息服务平台

中国知识产权网 CNIPR 专利信息服务平台于1999年由知识产权出版社推出，涵盖98个国家和地区的专利数据，提供在线检索、分析、预警和翻译服务，部分功能免费。平台支持简单检索、高级检索、法律状态检索、失效专利检索和运营信息检索，检索结果可列表、文本或全文图像显示，如图5-3和图5-4所示。

3. 国家重点产业专利信息服务平台

国家重点产业专利信息服务平台由国家知识产权局开发，覆盖汽车产业、钢铁产业、电子信息产业等十大重点行业。该平台提供表格检索、命令检索、IPC分类检索和法律状态检索四种方式，用户可便捷查询相关产业专利信息，检索结果展示清晰。平台界面如图5-5所示。

图5-3　CNIPR专利信息服务平台界面

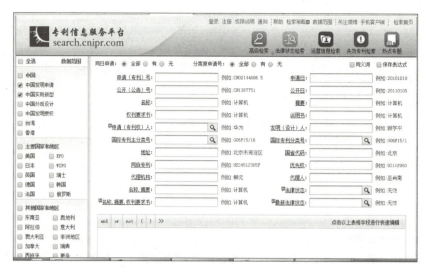

图5-4　CNIPR专利信息服务平台高级检索界面

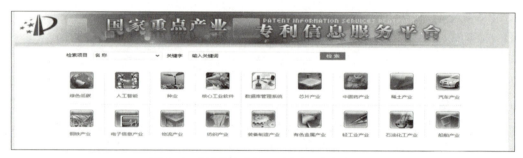

图5-5　国家重点产业专利信息服务平台界面

（二）国外专利检索系统

1. EPO专利检索系统

音频5-02
PCT专利合作条约

　　EPO专利检索系统自1998年由欧洲专利局（EPO）推出，覆盖100个国家的公开专利，数据每周更新。该系统提供发明、实用新型、外观设计等专利类型的检索服务，界面如图5-6所示。用户可通过快速检索、高级检索、号码检索和分类号检索等多种方式查询所需专利信息。

图5-6　EPO专利检索系统界面

2. USPTO专利检索系统

　　USPTO是美国的专利和商标行政机构，其开发的专利检索系统覆盖了自1790年起的美国公开专利数据，支持发明、实用新型和外观设计的全文检索（自1976年起）。该系统提供快速检索、高级检索和号码检索等功能，支持31个检索字段的灵活组配，数据每周更新。检索结果按公布日期排序，部分提供全文文本。系统界面如图5-7所示。

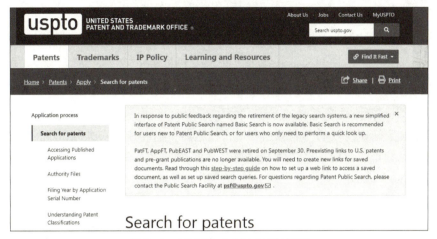

图5-7　USPTO专利检索系统界面

3. 加拿大专利局专利检索系统

加拿大专利局专利检索系统由加拿大知识产权局设立，覆盖1920年后的140万件加拿大专利文档，包括题录数据、文本信息和扫描图像，每周更新。该系统支持基本检索、专利号检索、布尔逻辑检索和高级检索四种方式，方便世界各国用户查询加拿大专利信息。系统界面如图5-8所示。

图5-8　加拿大专利局专利检索系统界面

专利检索提示：

　　每个检索系统各有特点，不同的专利检索系统检索界面、浏览界面、分析功能差异较大。一般的检索需求通过免费的检索系统即可得到满足，检索时可以根据自己的需求选择相应的检索系统。

活动与训练

一、活动描述

某汽车专业的学生正在学习与汽车芯片相关的知识，他在课堂上了解到中国的汽车制造业电子芯片技术被外国卡脖子，也知道了专利对一个企业的重要性，因此他想了解汽车电子芯片方面的相关国内和欧洲专利。

二、活动分析

在本次的检索活动中，该同学需要综合利用国内外的专利检索系统来解决相关问题，他应该综合利用国家知识产权局专利数据库和 EPO 专利检索系统进行检索。

三、活动演练

1. 进入系统，注册检索账号

首次登录国家知识产权局专利数据库进行检索时，需要注册实名制认证的专属账号，具体方法为在国家知识产权局首页"专利检索"界面"自然人登录"处进行账号注册和登录。注册界面如图 5-9 所示。

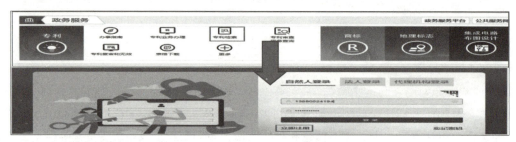

图 5-9　国家知识产权局专利检索注册界面

2. 选择检索功能，进行检索

如图 5-10 所示，在国家知识产权局专利数据库检索功能处，选择"高级检索"功能，在"摘要"处输入检索词"汽车芯片"。

图 5-10　国家知识产权局专利检索界面

3. 处理检索结果，进行获取

如图 5-11 所示，在检索结果界面列表左侧的"检索结果统计"处，依次查看"申请人""发明人""IPC 分类"等相关统计信息，更好地了解我国汽车电子新品技术的布局。

4. 进入 EPO 专利，选择高级检索功能

如图 5-12 所示，通过在搜索引擎中查找 EPO 专利检索的官网地址，进入官网后，在界

面左侧选择高级检索"Advanced Search"，并在"Title/Abstract"处输入检索词"Automotive Chips"，单击"检索"按钮获取检索结果。

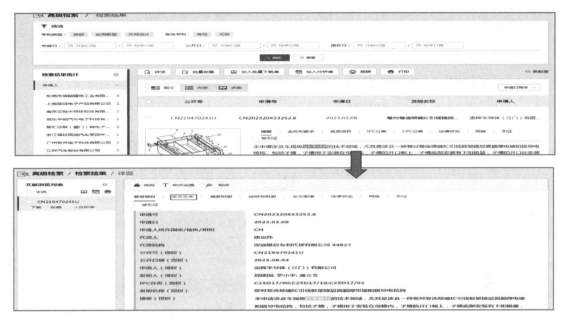

图 5-11　国家知识产权局专利检索结果处理界面

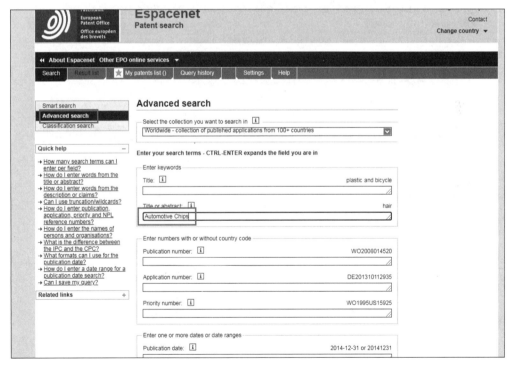

图 5-12　EPO 专利检索系统高级检索界面

5. 处理检索结果，获取全文

获取检索结果，得到检索结果列表，界面左侧为对结果的二次检索，可以进一步筛选结果。检索结果默认按照相关度（Relevance）排序，单击相关度的专利标题，即可在右侧生成相应的专利详细介绍，根据检索结果列表，选择专利号中带有"WO"的即为欧洲专利，选择检索结果列表中的带有此类专利号的专利，如检索结果列表中序号为4的专利，进一步查看该专利的详情并进行获取。单击详细介绍中的 Global Dossier 链接，即可进一步查找到专利的预览或者下载在界面。需要注意的是，并非所有专利都可以链接原文，比如检索结果中的第一条记录就无法查看。专利文献获取界面如图5-13所示。

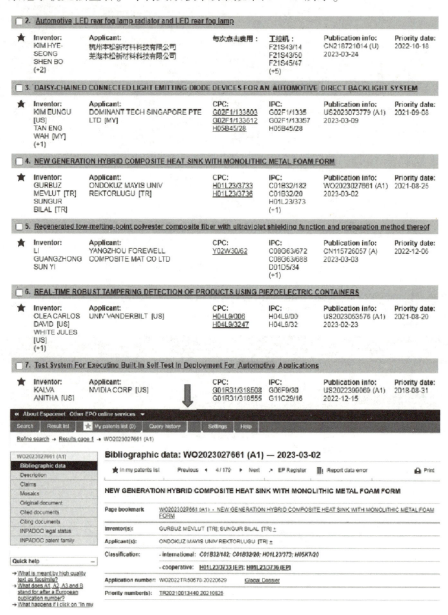

图5-13　EPO专利检索系统专利文献获取界面

四、活动反思

此次检索训练中，选择的专利检索系统均为免费的专利检索系统，且需要选择两个检索系统综合获取专利信息。在实际的检索中，专利检索结果存在数量较大的可能性，需要进一步利用限制功能进行筛选，例如限制专利的类型、是否有效等相关信息等。

✏️ 单元小结

本单元介绍了专利文献的定义、检索途径以及专利文献的国内外专题检索工具。此外，通过实际案例分析演示了部分国内外专利文献系统的检索方法。

❓ 思考与练习

在线测试 5-01

一、填空题

1. 专利主要包含发明专利、实用新型专利和_____。
2. 发明专利的保护年限为_____年。
3. _____是专利文献的核心。

二、判断题

1. 专利申请人通常是个人。　　　　　　　　　　　　　　　　　　（　　）
2. 专利必须具有新颖性。　　　　　　　　　　　　　　　　　　　（　　）
3. 在国家知识产权局专利数据库进行专利检索时，必须实名制注册。　（　　）

三、实训应用题

请综合利用 USPTO 专利检索系统检索美国的"汽车芯片"相关的专利。

单元二　标准文献检索

✉️ 案例导入

标准已成为各国竞争的焦点之一，谁掌握了标准制定权，谁的技术转化为标准，谁就掌握了市场的主动权，谁就有说话的权利。华为在其多款产品中广泛采用了 Type-C 接口标准，这一标准的采用为华为带来了多方面的好处。首先，Type-C 接口支持正反插，提高了用户的使用便利性。其次，它具有更高的数据传输速度和充电功率，满足了用户对快速数据传输和快速充电的需求。在产品开发和改进方面，华为积极跟随 Type-C 接口标准的发展，不断提升其产品的性能和功能。华为与 Type-C 接口标准的案例展示了标准在产品开发和改进方面的重要参考作用。

◎ 培养子目标

知识目标

了解标准文献的类型；理解常用标准文献的作用；认识常用标准文献检索工具；掌握常用标准文献的检索方法和获取方式。

能力目标

能够根据检索需求选择恰当的标准文献检索工具；能合理利用标准文献检索工具实施检索，并能根据需求进行检索结果的处理和获取。

素质目标

具备主动探究的意识；具备创新意识；形成良好的信息道德观。

相关知识

一、标准文献检索概述

标准文献一般指与技术标准、生产组织标准和经济管理标准有关的文献，也包括国家颁布的环境保护法、森林法、消费品安全保障法、药典、政府标准化管理机构的有关文件以及与标准化工作有关的其他文献。示例如图5-14所示。

图5-14　中国标准文献示例

标准文献的检索可以通过标准机构的服务站点和数据库来实现。无论是机构服务站点或是数据库，大部分都需要先注册，后登录，才能开始检索。检索结果可获得标准题目、标准号、起草日期、颁布日期等，大部分不提供全文。若想获取全文，必须支付费用，例如购买其数据库，或购买阅读卡等方式。

二、标准号的结构

1. ISO标准号的结构

ISO标准号的结构包括三部分：ISO＋序号—年号或者ISO＋序号/分序号—年号。

例1：ISO6989—1981

例2：ISO2631/2—1989

2. ISO标准号的分类

ISO标准分为正式标准、推荐标准、技术报告以及标准草案等四种。

1）正式标准编号形式为：标准代号＋顺序号＋年代号。

2）推荐标准（ISO/R）编号形式为：推荐标准代号＋顺序号＋年代号。

3）技术报告（ISO/TR）是指供技术委员会成员研究的传阅文件。

4）标准草案（ISO/DIS）指发给全体成员国进行酝酿并参加投票的标准化文件。

三、标准文献的检索

（一）国内标准检索

1. 中国知网（CNKI）标准数据库

中国知网（CNKI）《标准数据总库》是国内数据量最大、收录最完整

操作示例 5-02
CNKI 标准数据库检索

的标准数据库，收录了所有的中国国家标准（GB）、国家建设标准（GBJ）、中国行业标准的题录摘要等标准数据，并收录了世界范围内的重要标准，如国际标准（ISO）、国际电工标准（IEC）、欧洲标准（EN）、德国标准（DIN）、英国标准（BS）、法国标准（NF）、日本工业标准（JIS）、美国标准（ANSI）、美国部分学协会标准（ASTM，IEEE，UL，ASME）等标准的题录摘要数据。中国知网提供基本检索、高级检索、专业检索、一框式检索。

2. 中国标准服务网

中国标准服务网是中国标准化研究院主办的国家级标准信息服务网站，由中国标准化研究院标准信息研究所负责运营，可检索中国国家标准、国际标准，有多种检索入口，如：标准号、主题词、国际标准分类号、采用关系等，能提供部分标准全文，但需付费。网站向社会开放服务，提供标准翻译、标准查新、内容值班表解读等服务。

3. 其他标准检索网站

其他标准检索网站还有全国标准信息公共服务平台、国家标准馆、中国标准化杂志网站内的国家标准全文公开系统等。

（二）国外标准检索

1. 国际标准化组织

国际标准化组织（International Organization for Standardization，ISO）

操作示例 5-03
国际标准化组织检索

前身是国际标准化协会（ISA），是 1947 年成立的主要非政府间国际标准化机构，致力于全球范围内推动标准化工作，促进国际交流与合作。ISO 数据库提供基本、高级、全文检索及分类浏览四种方式，支持精确匹配、截词检索和多条件限制检索。高级检索可针对关键词、语言和时间等条件进行检索，全文检索则覆盖标准名称、号码、出版物等所有相关字段。此外，数据库还提供国际标准分类法（ICS）和技术委员会（TC）分类浏览功能，方便用户按分类号或技术委员会查找相关 ISO 标准。

2. IEC 标准检索

国际电工委员会（IEC）是成立于 1906 年的国际标准化组织，专注于制定电气、电子及相关技术的国际标准。其检索功能包括基本检索和高级检索，支持关键词、委员会、出版物等检索，同时提供时间、标准状态等限制条件。

3. 其他国际标准化组织

其他国际标准化组织见表 5-2。

表5-2 国际标准化组织一览表

标准化组织	简称	主要内容
国际电信联盟 （International Telecommunication Union）	ITU	联合国负责国际电信事务的专门机构，是世界上历史最悠久的国际组织。主要职责是实现国际电信联盟有关电话标准化的目标，使全世界的电信完成标准化
电气与电子工程师协会 （Institute of Electrical and Electronics Engineers）	IEEE	致力于电气、电子、计算机工程和与科学有关的领域的开发和研究，在太空、计算机、电信、生物医学、电力及消费性电子产品等领域已制定了900多个行业标准，现已发展成具有较大影响力的国际学术组织
美国国家标准学会 （American National Standards Institute）	ANSI	非营利性质标准化团体，致力于国际标准化事业和消费品方面的标准化
德国标准化学会 （Deutsches Institut für Normung e. V）	DIN	德国最大的公益性标准化民间组织，制定和发布德国标准及其他标准化工作成果
法国标准化学会 （DESSO LUTIONS POUR FAIRE LA DIFFÉRENCE）	AFNOR	政府承认和资助的全国性标准化机构。按政府指示组织和协调全国标准化工作，代表法国参加国际和区域性标准化机构的活动
日本工业标准调查会 （Japanese Industrial Standard Committee）	JISC	制订日本工业标准，由日本标准协会负责发行。在国际上，代表日本参加国际标准化活动

IEC 标准号的组成如下：

★ IEC + 序号 + 年号

如：IEC 434（1973）

标准名称为"飞机上的白炽灯的 IEC 标准"

★ IEC + 序号（附加标记）+ 年号

如：IEC871—1—1997

附加标记有两种，一是加数字，表示是该标准的分标准；二是加 A、B、C 等标记，以示与原标准有所区别。其他代码与 ISO 相同。

活动与训练

一、活动描述

中国的高压电技术一直都在世界的前端。小明是一名电力专业的在校学生，他所在的学校一直对高压交流断路器有所研究，他想查找一下关于高压交流断路器的国内外标准。

二、活动分析

该同学可以利用全国标准信息公共服务平台和 IEC（国际电工委员会）的平台对国内外的高压交流断路器的相关标准进行检索和结果的获取。

三、活动演练

1. 进入全国标准信息公共服务平台，实施检索

进入全国标准信息公共服务平台，在检索框中输入检索词"高压交流断路器"，单击

"检索"按钮，获取检索结果。在检索结果列表中可以通过导航栏中的标准分类选择"国家标准""行业标准""企业标准"等标准类型。如图5-15所示。

图5-15 全国标准信息公共服务平台检索界面

2. 处理检索结果，获取结果全文

在检索结果界面中选择"国家标准"，单击该列表中的第一个标准，进一步获取该标准的详细信息。通过单击详细界面中的"全文"链接，进一步获取全文并可进行下载。标准获取界面如图5-16所示。

图5-16 全国标准信息公共服务平台标准获取界面

3. 进入IEC标准检索平台，实施检索

在搜索引擎中检索该平台，进入平台后，选择检索功能，选择高级检索中的"Publications/Work in progress"标签，输入检索词：High-voltage alternating current circuit-breakers。

在Work areas（标准的状态）字段中，勾选Publications，如图5-17所示。

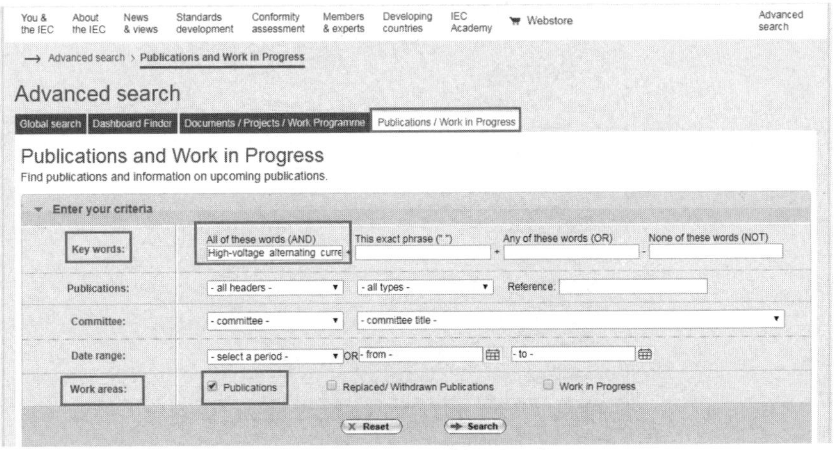

图5-17 IEC标准检索平台检索词输入界面

4．处理 IEC 检索结果，获取全文

单击"检索"按钮，获取检索结果，如图5－18所示。单击进入详细介绍页，主要包括摘要（Abstract）、其他相关信息（Additional Information）、相关标准（Related Publications）等，如图5－19所示。单击进入结果页面，进一步阅览并下载全文，如图5－20所示。

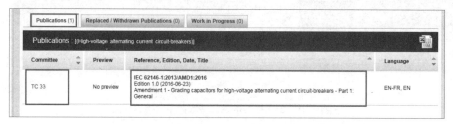

图5-18　IEC 标准检索平台检索结果列表

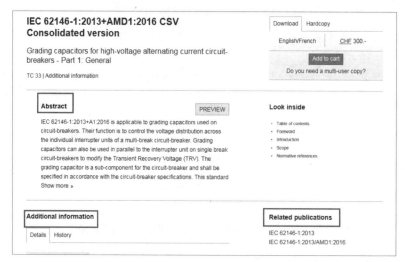

图5-19　IEC 标准检索平台详细介绍页

图5-20　IEC 标准检索平台检索结果预览界面

四、活动反思

在此次检索演示中，我们主要向检索者展示了一个免费的标准信息检索系统。需要注意的是，在实际的检索过程中，检索者应根据自己所在学校或机构已购买的资源情况，灵活选择合适的检索工具来获取所需资源和信息。

单元小结

本单元介绍了标准文献的概念、检索途径以及国内外常用的标准文献检索系统。通过实际案例分析了国内外主要的免费的标准检索系统的使用情况。

思考与练习

在线测试 5-02

一、填空题

1. 在我国的国家标准中，标准编号为 GB 的为_____的标准。
2. 国际标准化组织的简称是_____。

二、判断题

1. 所有的标准都是强制性的。 （   ）
2. 标准一旦制定就不会被废除。 （   ）

三、实训应用题

请利用 ISO 国际标准化组织的标准检索数据库检索 ISO9000 系列标准。

单元三 学位论文检索

案例导入

学位论文的重要性毋庸置疑，它直接体现了一个学生对本专业某个领域的研究，还具有极大的学术价值。复旦大学的博士生王某（2005 届），其学位论文大量"借鉴"了他人的成果，属于论文作假行为，被撤销了博士学位。电子科技大学的硕士生贾某（2007 届），其学位论文被发现和别人的论文高度相似，最终硕士学位证被撤销了。2020 年 9 月 25 日《国务院学位委员会、教育部关于进一步严格规范学位与研究生教育质量管理的若干意见》提出实行研究生培养全过程评价制度，关键节点突出学术规范和学术道德要求。将学位论文作假行为作为信用记录，纳入全国信用信息共享平台。

培养子目标

知识目标

了解学位论文的基本概念和类型；理解学位论文的作用；认识常用的学位论文检索工具；掌握常用学位论文的检索方法和获取方式。

能力目标

能够根据检索需求选择恰当的学位论文检索工具，能合理利用学位论文检索工具进行学位论文的检索，并能根据需求进行检索结果的处理和获取。

素质目标

具备主动探究的意识；具备创新意识；形成良好的信息道德观。

 相关知识

一、学位论文的定义

GB/T 7711.1—2006 中定义学位论文是：标明作者从事科学研究取得的创造性成果和创新见解，并以此为内容撰写的、作为提出申请授予相应的学位评审用的学术论文。

通过论文答辩的学位论文的内容专业性强、学术水平高、内容相对可靠且翔实具体、参考文献丰富、信息量大。已经通过论文答辩的学位论文一般分散在学位授予单位收藏，绝大多数不公开发表或者出版，不通过一般的商业性出版物的流通渠道发行。学位论文是学术论文的一种形式。

二、学位论文的种类

学位论文从内容角度划分，可分为理论研究型和调研综述型两种。理论研究型：论文作者通常在搜集、阅读了大量参考资料之后，依据前人提出的论点和结论，通过深入研究或大量实验，进一步提出自己的新论点和新假说。调研综述型：作者主要是以前人关于某一主题领域的大量文献资料为依据，进行科学的分析、综合，依据充实的数据资料进行核实后，对其专业领域的研究课题做出概括性的总结，提出自己独到的论点和新见解。

学位论文从学位名称角度划分，可分为学士论文、硕士论文、博士论文三种。

三、学位论文的检索

学位论文具有收藏单位分散的特点，从而造成其收集保存单位不统一。下面以国内外比较著名的学位论文数据库为例来介绍学位论文的检索。

1. 中国知网优秀博硕士论文数据库

中国知网优秀博硕士论文数据库是目前国内相关资源最完备、质量高、连续动态更新的

操作示例 5-04
CNKI 学位论文
数据库检索

中国优秀博硕士学位论文全文数据库。收录自从 1984 年至今的博硕士学位论文，主要是全国 483 家培养单位的博士学位论文和 766 家硕士培养单位的优秀硕士学位论文。目前，累积博硕士学位论文全文文献 400 万篇。主要学科涵盖基础科学、工程技术、农业、医学、哲学、人文、社会科学等各个领域。

中国知网优秀博硕士论文数据库主要提供了基本检索、高级检索、专业检索、句子检索、一框式检索等检索方式。

2. CALIS 学位论文中心服务系统

操作示例 5-05
CALIS 学位论文
中心服务系统检索

CALIS 学位论文中心服务系统由 CALIS 全国工程文献中心（清华大学图书馆）组织建设，包括清华大学、北京大学等著名大学在内百所高校的博硕士学位论文文摘数据库。该系统收录了自 1995 年以来的学位论文。将论文按照工学、农学、理学、医学、哲学、经济学、法学、历史学、军事学、管理学、教育学、文学划分为 12 个学科类别。该系统只提供简单检索，此外，还提供论文前 16 页预览以及馆际互借、下载等服务。

3. PQDT 学位论文数据库

PQDT 是美国 ProQuest 公司出版的 PQDT（ProQuest Dissertation Thesis）学位论文数据库，也是目前世界上最大和使用最广泛的学位论文数据库，是学术研究中十分重要的参考信息源。ProQuest 公司是美国国家图书馆指定的收藏全美博硕士论文的机构，也是加拿大国家图书馆指定的收藏加拿大博硕士论文的机构。PQDT 收录 1861 年以来的欧美 2000 余所大学 270 万篇学位论文的文摘信息，涵盖文、理、工、农、医等各个学科领域，每年新增论文条目 7 万多篇，数据每周更新。

PQDT 提供英、法、日、韩等 18 种检索界面语言，可与 PQDT 平台的其他数据库进行跨库检索。此外，系统还提供按学科专业、按国家和地区进行浏览的功能，并提供内容提示、建立订阅等个性化服务。

活动与训练

一、活动描述

某计算机专业的学生想了解关于大数据方面的学位论文。学位论文的管理机构不同，导致学位论文的收藏比较分散，因此他想通过检索多个文献数据库以获取学位论文。

二、活动分析

在前文讲解中，我们已经了解国内外有许多代表性的学位论文数据库。在本次活动训练中，该同学可以选择两个及以上的数据库进行国内外学位论文的检索，同时还需要对检索词进行中英文对标，以保证检索结果的一致性、查全率和查准率。本次以中国知网学位论文数据库和 PQDT 学位论文数据库为例开展检索。

三、活动演练

1. 确定检索词，构建检索式

如图 5-21 所示，进入中国知网首页，选择学位论文单库，进入中国知网优秀博硕士论文数据库，选择"简单检索"功能，选择字段检索"主题"检索字段，输入检索词"大数据"。

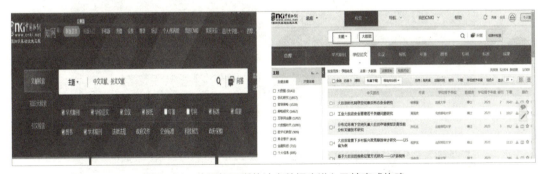

图 5-21　中国知网学位论文数据库进入及检索式构建

2. 处理检索结果，获取学位论文资源

检索结果界面左侧展示相关检索结果的分类，包括主题、学科、学位授予时间、研究层次、学位授予单位、导师、基金、学科专业等。检索结果条目显示相关学位论文的标题、作者、学位授予单位、被引、下载等信息，如图 5-22 所示。单击学位论文的标题，进一步获取学位论文的详细信息，包括摘要、参考文献等相关信息，如图 5-23 所示。

图5-22　中国知网学位论文数据库检索结果界面1

图5-23　中国知网学位论文数据库检索结果界面2

3. 进入 PQDT 学位论文数据库确定检索词，构建检索式

进入 PQDT 学位论文数据库，在首页界面选择"学位论文"，如图 5-24 所示。根据中英文关键词对标，选定英文检索词为"big data"。选择检索方式"基本检索"，输入检索词"big data"，并控制资源类型为学位论文，如图 5-25 所示。

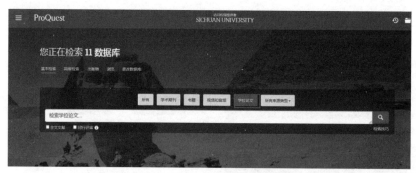

图5-24　PQDT 学位论文选择界面

图5-25　PQDT 学位论文检索式构建

4. 处理检索结果，获取资源

实施检索，得到检索结果列表界面。在结果列表界面左侧的聚类功能处，可以根据出版日期、主题、记录类型、组织等进行选择，如图 5-26 所示。

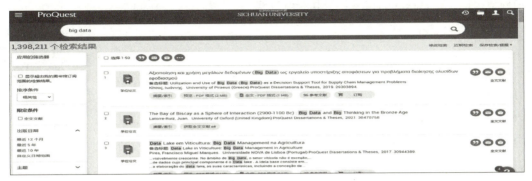

图 5-26　PQDT 学位论文检索结果界面

获取检索结果，选择第二条外文文献，单击题名进入文献详情页。界面右侧展示该学位论文的图书馆记录链接，如图 5-27 所示。单击"转至图书馆记录"按钮，进入获取全文界面，如图 5-28 所示。在"Access Document"处可以通过数据库提供的链接，下载并获取学位论文的原文。

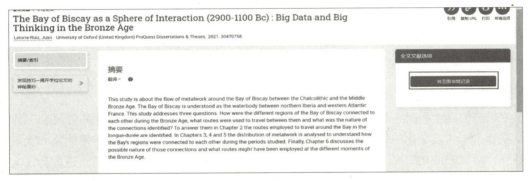

图 5-27　文献详细页

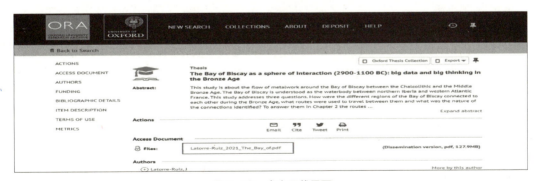

图 5-28　全文下载界面

四、活动反思

此次训练中，选择了免费的学位论文数据库进行检索示范，由于学位论文的收藏单位的发布方式有所差异，因此在实际的检索中应该借助多种检索工具加以检索。

✎ 单元小结

本单元介绍了学位论文的概念、类型以及检索系统及其重要功能。通过实际案例分析了国内外学位论文检索系统的检索方法和获取方式。

❓ 思考与练习

在线测试 5-03

一、填空题

1. 根据授予学位的不同，学位论文可以分为学士论文、硕士论文和_____。

2. 学位论文从内容角度划分，可分为理论研究型和_____两种。

二、判断题

1. 博士后论文也是一种学位论文。　　　　　　　　　　　　　　　（　　）

2. 学位论文对字数有一定的限制和要求。　　　　　　　　　　　　（　　）

三、实训应用题

请利用中国知网硕博士论文数据库查找清华大学 2005—2020 年授予的学位论文。

▌单元四　会议文献检索

✉ 案例导入

在过去的几十年里，联合国政府间气候变化专门委员会（IPCC）通过其会议和工作组不断发布关于气候变化的科学评估报告。这些报告基于数千篇同行评审的学术论文和大量观测数据，对气候变化的原因、影响、风险和可能的应对策略进行了全面评估。这些会议文献不仅为科学研究提供了宝贵资料，更重要的是，它们为全球范围内的政策制定和行动提供了科学依据。

例如，IPCC 的某次会议文献中可能包含了关于海平面上升对沿海地区影响的最新研究成果。这些成果不仅揭示了海平面上升的速度和可能的影响范围，还提供了针对不同地区的适应性建议和风险管理策略。这些信息对于沿海城市和国家在制定城市规划、防洪措施和应急响应计划时具有重要的指导意义。

◎ 培养子目标

知识目标

了解会议文献的基本概念和类型；理解会议文献的作用；认识常用会议文献检索工具；掌握常用会议文献的检索方法和获取方式。

能力目标

能够根据检索需求选择恰当的会议文献检索工具，合理利用这些工具进行会议文献的检索，并能根据需求进行检索结果的处理和获取。

素质目标

具备主动探究的意识；形成良好的信息道德观；增强创新意识和批判性思维。

相关知识

一、会议文献概述

会议文献主要是指会议论文。许多学科的新发现、新进展、新成就以及所提出的新研究课题和新设想、新观点都是以会议论文的形式向公众首次公开发布的。学术会议有定期的，亦有不定期的。有的是会前就形成正式的出版会议资料，有的是会后才出版发行。由于纸质会议文献一般不容易获取，本单元对会议文献检索的介绍主要以文摘型会议文献数据库和全文型会议文献数据库为重点。

二、会议文献的种类

会议文献的种类主要包括以下几种。

1）会议论文集：这是会议文献中最主要的部分，通常由会议组织者编辑出版，包括会议上发表的所有论文。这些论文通常是经过同行评审的，代表了该领域内的最新研究成果。

2）会议记录：会议进行过程中的详细记录，包括会议议程、会议时间、地点、与会人员名单、主持人讲话、演讲者发言内容、讨论内容等。它对于了解会议的全貌和细节非常有帮助。

3）会议报告：这是会议中某些重要演讲或讨论的总结性文献，通常由演讲者或专家撰写，对某一主题进行深入探讨和分析。

4）会议海报：在一些大型学术会议中，研究者会将自己的研究成果制作成海报进行展示，这些海报也是会议文献的一种形式。它们通常包括研究背景、目的、方法、结果和结论等关键信息。

5）会议摘要集：这是包含会议中所有论文摘要的集合，有助于快速了解会议中涉及的研究主题和成果。

6）会议背景资料：包括会议召开前的准备文件，如会议通知、会议背景介绍、会议主题说明等，有助于了解会议的起源和目的。

三、会议文献的检索

会议文献大致有三种载体：纸质出版的会议文献、文摘型会议文献数据库、全文型会议文献数据库等。主要的检索工具如下。

1. 国家科技图书文献中心中外文会议库（NSTL）

国家科技图书文献中心中外文会议库是中国科学院文献情报中心、中国科学技术信息研究所、机械工业信息研究院、中国化工信息中心、冶金工业信息标准研究院、中国医学科学院医学信息研究所、中国农业科学院农业信息研究所和中国标准化研究院所收藏中外文会议录的题录信息。主要收录了1985年以来国内及世界各主要学/协会、出版机构出版的学术会议论文，部分文献有少量回溯。学科范围涉及工程技术和自然科学各专业领域。每年增加论文20余万篇，每周更新。检索功能主要有三种：基本检索、高级检索、会议录检索。

操作示例 5-07
国家科技图书文献中心中外文会议库（NSTL）检索

2. ISI Proceedings

ISI Proceedings 为原科技会议录索引 ISTP 和社会科学及人文科学会议录索引 ISSHP，是美国 ISI 编辑出版的查阅各种会议录的网络数据库。它汇集了世界上最新出版的会议录资料，包括专著、丛书、预印本以及来源于期刊的会议论文，涉及自然科学和工程技术、社会科学、艺术及人文科学所有领域。

操作示例 5-08
国内外重要会议论文
数据库（CNKI）检索

ISI Proceedings 主要提供有一般检索（Search）、高级检索（Advanced Search）两种检索方式。

3. 国内外重要会议论文数据库（CNKI）

国内外重要会议论文数据库的文献是由国内外会议主办单位或论文汇编单位书面授权并推荐出版的重要会议论文，重点收录 1999 年以来，中国科协系统及国家二级以上的学会、协会，高校、科研院所，政府机关举办的重要会议以及在国内召开的国际会议上发表的文献。其中，国际会议文献占全部文献的 20% 以上，全国性会议文献超过总量的 70%，部分重点会议文献回溯至 1953 年。

检索功能主要为高级检索、专业检索、作者发文检索、句子检索、一框式检索。

4. IEEE/IET Electronic Library（IEL）

该数据库提供 1988 年以来美国电气与电子工程师学会（Institute of Electrical and Electronics Engineers，IEEE）和英国工程技术学会（The Institution of Engineering and Technology，IET）出版的会议录全文，以及德国电气工程师协会（VDE）的英文会议论文全文。此外，该库还可以查到 IEEE/IET 的期刊和标准全文。

5. AIAA Electronic Library

美国航空航天学会（American Institute of Aeronautics and Astronautics，AIAA）成立于 1963 年，是全球最大的航空航天方面的非政府及非营利的专业学会。该数据库每年更新约 20 多个会议的会议论文全文，约 6000 篇。

活动与训练

一、活动描述

某计算机专业的学生一直致力于大数据方面的研究。他想参加一些学术会议与同行进行交流学习。因此，他需要提前收集与大数据相关的学术会议信息，特别要查找 2015 年在学术会议上发表的相关会议文献及信息，因为 2015 年是大数据元年。

二、活动分析

该学生可以通过多种工具对学术会议的名称和学术会议的文献进行综合检索，具体可以利用国家科技图书文献中心中外文会议库（NSTL）和国内外重要会议论文数据库（CNKI）分别对会议和会议文献进行综合检索。

三、活动演练

1. 进入检索系统，查找会议名称相关信息

进入国家科技图书文献中心中外文会议库（NSTL）系统中，将检索途径限定为"会议名称"。选择高级检索，输入检索词"大数据"，如图 5-29 所示。获取检索结果均为印本资源，如图 5-30 所示。

图 5-29　NSTL 检索主页

图 5-30　NSTL 检索结果界面

2. 进入检索系统，查找会议文献

如图 5-31 所示，进入 CNKI 国内外重要会议论文数据库，检索 2015 年发表的关于大数据方面的会议文献。检索方式限定为高级检索，检索字段限定为主题，时间限定 2015.01.01—2015.12.31，实施检索。获取 712 条相关资源，通过分组浏览可对 712 条相关结果进行分组分类，如图 5-32 所示。

图 5-31　CNKI 会议论文检索界面

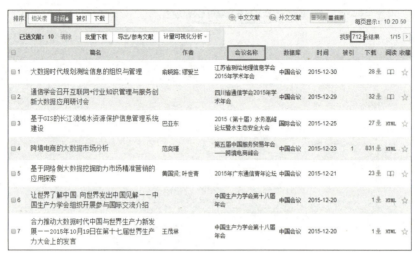

图 5-32 CNKI 会议论文检索结果界面

四、活动反思

在此次检索训练中，我们综合利用了两种检索系统对会议的名称和会议文献进行检索。在检索会议文献时，可以根据所检索的主题进行条件的限制，比如年份等。在实际的检索中，应该结合检索的需求，对检索功能进行灵活应用。

✎ 单元小结

本单元介绍了会议文献的概念以及主要检索系统，通过实际案例展示了会议文献的检索方法以及如何综合利用会议文献检索系统综合解决信息需求。

? 思考与练习

在线测试 5-04

一、填空题

1. 会议文献是指在各级、各类学术会议上形成的各种资料及出版物，包括会议论文、会议文件、会议记录、会议报告和其他_____等。
2. 会议文献主要是指_____。许多学科中的新发现、新进展、新成就以及所提出的新研究课题和新设想、新观点都是以会议论文的形式向公众首次公开发布。

二、判断题

1. 各类会议上论文宣读及参会者之间的讨论交流，加速了知识信息的传递，许多重大的发现往往首先在学术会议上公布。（　　）
2. 会议文献大致有三种载体：纸质出版的会议文献、文摘型会议文献数据库、全文型会议文献数据库。（　　）

三、实训应用题

请利用 ISI Proceedings 查找近 3 年来发表的有关人工智能方面的会议文献。

单元五　其他专题信息检索

案例导入

1. 科技报告

科技报告作为重要的科技文献资源，是前人研究成果的总结、创新与发展。我国自2013年开始组建国家科技报告体系，多年来已收集整理了数量客观的科技报告。通过根据不同密级开放、共享科技报告成果，有效推动了我国国家科技资源持续积累、完整保存、有效评价和开放共享，扩大了各项科技计划有效衔接，避免了科技项目重复部署，同时提升了科研人员的科研水平与科研诚信，加速了科研成果转化。

2. 档案

北宋时期北方的辽国向南扩展，经常要求北宋割地，引起了多次边界争执。沈括担任谈判代表，充分利用了当时的档案材料。谈判前沈括先到枢密院调阅档案，查到了过去谈判时的议定书和地图。辽国的谈判官员萧禧看了地图，没话可说，只好回去了。之后沈括又代表北宋到辽国谈判，谈判中，面对辽国提出的问题和意见，随员们就根据档案材料逐点加以驳斥。最终辽国只好放弃对黄嵬山的要求，沈括利用档案取得了谈判的最终胜利。由此可见，档案不是默默无闻的收藏，它对于证明事件具有无可置辩的凭证作用和查考作用。

培养子目标

知识目标

了解科技报告的基本概念和类型，理解科技报告的作用，认识常用的科技报告检索工具，掌握常用科技报告的检索方法和获取方式；了解档案信息的基本概念和类型，理解档案的作用，认识常用的档案信息检索工具，掌握常用档案的检索方法和获取方式。

能力目标

能够根据检索需求选择恰当的科技报告检索工具，能合理利用科技报告检索工具进行科技报告的检索，并能根据需求进行检索结果的处理和获取；能够根据检索需求选择恰当的档案信息检索工具，能合理利用档案检索工具进行档案信息的检索，并能根据需求进行检索结果的处理和获取。

素质目标

具备主动探究的意识，具备创新意识，形成良好的信息道德观，能够利用科技报告检索工具解决问题，能够利用档案检索工具解决问题。

相关知识

一、科技报告概述

科技报告在内容上一般具有一定的保密性，故往往以内部资料的形式出现，或在一定时期后公开发表。根据不同的分类标准可以将报告分为不同的类型，详见表5-3。

表 5 – 3　科技报告分类表

分类标准	类型
形式	报告（Report）。一般公开出版，内容较详尽，是科研成果的技术总结 札记（Notes）。内容不尽完善 备忘录（Memorandum）。内部使用，限制发行 论文（Paper）。指准备在学术会议或期刊上发表的报告，常以单篇形式发表 译文（Translations）。译自国外有参考价值的文献
研究阶段	初期报告（Primary Report）。研究单位在进行某研究项目的一个计划性报告 进展报告（Progress Report）。报道某项研究或某研究机构的工作进展情况 中间报告（Interim Report）。报道某项研究课题某一阶段的工作小结以及对下一阶段的建议等 最终报告（Final Report）。科研工作完成后所写的报告
密级	保密报告（Classifical）。按内容分成绝密、机密和秘密三个级别，只供少数有关人员参阅 非保密报告（Unclassifical）。分为非密限制报告和非密公开报告 解密报告（Declassfical）。保密报告经一定期限，经审查解密后，成为对外公开发行的文献

二、科技报告的检索

科技报告由于其特殊性，检索工具相对分散，国际上比较著名的科技报告的检索工具如下。

1. 美国四大科技报告检索

美国的四大科技报告包括：PB（Office of Publication Board）报告、AD（ASTIA Documents）报告、NASA（National Aeronautics and Space Administration）报告、DOE（Department of Energy）报告。下面分别介绍四大报告的检索工具。

（1）PB 报告

美国商务部于 1945 年成立了出版局（Publication Board），负责收集、整理和报道来自德国等二战战败国的科技资料，并逐篇以 PB 字头编号，内部出版发行，统称 PB 报告。随着这批资料整理结束，报告来源逐渐以本国科研机构为主，内容也逐步从军事科学转向民用，并侧重土木建筑、城市规划和环境污染等方面，每年约发行 1 万件。

（2）AD 报告

AD 报告原为美国武装部队技术情报局（Armed Services Technical Information Agency，ASTIA）收集出版的美国陆海空三军科研机构的报告，故以 AD 字头编号，表示 ASTIADocument 的意思。ASTIA 现已改名为 DTIC（国防技术信息中心）。AD 报告除了收集出版本国国防军事科研机构的报告外，也收集来自本国公司企业、外国科研机构和国防组织的研究成果及一些译自苏联的文献。

AD 报告均比 PB、NASA 和 DOE 报告重要，控制得更严格，检索工具主要为 NTIS 数据库和 FedWorld。

（3）DOE 报告

DOE 报告由美国能源部（Department of Energy，DOE）出版发行，主要涉及能源领域。DOE 报告检索工具为科技信息办公室（OSTI）网站。

（4）NASA 报告

NASA 报告是由美国国家航空航天局（National Aeronautics and Space Administration）收集和出版发行，涉及的主要内容为空气动力学、发动机，

操作示例 5－09
NASA 报告检索

以及飞行器材、实验设备、飞行器制导及测量仪器等，同时也涉及机械、化工、冶金、电子、气象、天体物理、生物等学科。其检索工具为美国航空咨询委员会 NTRS 网站。

2. GrayLIT Network 数据库

GrayLIT Network 数据库是由美国能源部（DOE）科技信息办公室（OSTI）联合美国国防科技信息中心（DTIC）、美国航空总署（NASA）、美国环保总局（EPA）提供的科技报告数据库。该数据库由 Defense Technical Information Center（DTIC）Report Collection、DOE Information Bridge Report Collection、EPA—National Environmental Publications Internet Site（NEPIS）、NASA Jet Propulsion Lab（JPL）Technical Reports、NASA Langley Technical Reports 五个数据库组成，报告内容涉及航天、太空科学等。

3. 国家科技报告服务系统

国家科技报告服务系统由我国科技部开发建设，向社会公众提供我国科技报告的免费开放服务。内容包括受科技部、自然科学基金会、交通运输部等国家资助的项目所撰写和呈交的科技报告。系统分为社会公众、专业人员、管理人员三种界面，分别提供不同的服务。主要提供科技部、交通运输部、国家自然科学基金委员会、地方科技报告的检索以及浏览报告摘要等服务。浏览报告摘要无须注册，浏览全文需要实名注册。

4. 尚唯科技报告资源服务系统

尚唯科技报告资源服务系统由我国科技部西南信息中心重庆尚唯信息技术有限公司提供。数据库收录了收录从 1900 年至今的国外科技报告，涉及 5 万余个研究机构、6 万余条关键词信息，包含 300 多个学科层级分类，内容覆盖科学技术的各个领域，包含题录文摘库和全文库两部分。该系统提供学科分类导航和服务机构导航，提供基本检索和高级检索。

三、档案信息概述

（一）档案的含义

档案是人们在社会活动中形成的，作为原始记录按一定规律集中保存起来以备查考的文献。根据《中华人民共和国档案法》定义，档案是指过去和现在的国家机构、社会组织以及个人从事政治、军事、经济、科学、技术、文化、宗教等活动直接形成的对国家和社会有保存价值的各种文字、图标、声像等不同形式的历史记录。简而言之，档案就是对社会活动的原始记录。

（二）档案的分类

档案作为文献具有其特殊性。档案形成于人类一切活动中有记载的各个领域，其涉及面较其他文献更具有广泛性。根据档案的不同属性和科学管理的需要，可以从以下分类角度对档案进行分类，见表 5-4。

表 5-4 档案分类一览表

分类依据	具体类型
来源	国家机关档案、党派团体档案、企业档案、事业单位档案、个人档案
内容	文书档案：反映党务、政务、机关事务管理等活动的档案
	科学技术档案：反映科学研究、生产运营项目建设、设备仪器及其管理等活动的档案
	专业档案：反映专门活动领域的档案，比如会计档案、人事档案、户籍档案

(续)

分类依据	具体类型
载体	原始型：甲骨、金石、简牍等材料古时代档案
	传统型：纸张为载体材料制成的档案，纸质档案
	新型：感光材料和磁性材料等新型材料为载体的档案
时间	古代、近代、现代三种类型
所有权	公有、私有两种

四、档案信息检索概述

（一）档案信息检索的含义

档案信息检索是指将档案材料中的情报信息加以存储，编制检索工具，建立检索系统，并按一定的方法查找和利用档案材料的一种档案管理业务活动。档案信息是依附于各种有形的物质载体，反映事物对象的状态、特征及其规律的原始信息。

（二）档案信息的检索途径

档案信息具有一般文献信息的共性，又具有自己的特征。档案信息检索途径分为内容检索途径和形式检索途径两大类，见表5-5。

表5-5　档案信息的检索途径一览表

检索途径	具体类型	含义
内容	分类途径	档案分类号作为检索入口查档案信息
	主题途径	档案内容主题
	题名途径	在一定程度上指题名
形式	责任者	责任者是档案的形成者，一般为单位或个人
	文号	档案的编号
	人名	档案中涉及的任务，针对特定人物档案的检索
	地名	档案中涉及的地名，针对特定地区的档案
	机构名	档案中涉及的机构特征，针对特定机构的档案

五、档案信息检索系统

传统的纸质档案检索工具由于其特殊性，对于普通的检索者而言很难接触到，随着互联网技术的发展，越来越多的档案信息依托于互联网，实现了在线检索。下面主要介绍网络型档案检索工具。

1. 中华人民共和国国家档案局

中华人民共和国国家档案局是中华人民共和国国务院的直属机构之一，负责掌管全国档案事业，成立于1954年11月。国家档案局官网（www.saac.gov.cn）是一个集信息查询、政务服务、专业技术职务评审、科技管理等多种功能于一体的综合性服务平台，为社会公众和档案工作人员提供了便捷、高效的服务。

2. 加拿大国家档案馆档案检索

加拿大国家档案馆的任务是收集和保管加拿大的文献档案，它的馆藏来自加拿大及世界各地，可以覆盖加拿大整个国家的历史，包括了各种类型、各种格式的与加拿大国家与人民有关的文献资料。馆藏涉及档案包括为加拿大文化、社会、经济、政治发展做出贡献的个人和团体的文字档案。加拿大国家档案馆主页主要提供了基本检索（Basic Search）和高级检索（Advanced Search）两种检索方式。

操作示例 5–10
加拿大国家档案
馆档案检索

3. 美国国家档案馆档案检索

美国国家档案馆（NARA）是保管美国联邦政府档案的独立机构，收藏有 90 亿件以上的各种形式档案，包括重要历史文献如独立宣言、宪法和人权法案原件。其检索工具 ACR 提供基本和高级两种检索方式，可限定多种档案类型，检索结果排序方式多样，且支持超链接到全文、照片、录音录像及相关人名、地名、机构。

活动与训练

一、活动描述

某航空院校的航空专业的学生一直从事某种航空系统的研究，科技报告中蕴含着大量的有价值的信息，因此想查找有关系统演示问题的相关科技报告。

二、活动分析

检索工具：美国的四大科技报告中的 NASA 报告提供的在线检索系统可以查找相关科技报告，因此他可以通过该检索系统进行查询和获取。它的检索工具为美国航空咨询委员会（NASA）NTRS 网站。

检索词的确定：系统演示问题；system demonstration problems。

三、活动演练

1. 进入检索系统，确定检索主题

进入 NTRS 网站，选择初级检索界面，初级检索支持关键词检索，在一框式检索框中输入检索词 "system demonstration problems"，如图 5–33 所示。

图 5–33　NTRS 网站检索词输入界面

2. 根据相关功能进行二次筛选

初步检索结果为 26521 条，在初级检索界面实施二次检索。在页面右侧，标题（title）限定中再次输入检索词 "system demonstration problems"，如图 5–34 所示。

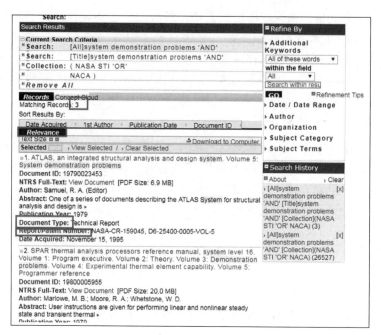

图5-34 NTRS网站二次检索结果界面

3. 筛选检索结果，获取原文

二次检索后得到筛选出的3篇相关文献。检索结果默认按照相关度排序，显示文献类型（Document Type）、文献编号（Report/Patent Number）等相关信息，如图5-35所示。进入第1条科技报告相关界面，显示科技报告的出版机构和作者（Author and Affiliation）、摘要（Abstract）、出版日期（Publication Date）、索取号（Accession Number）等相关信息。

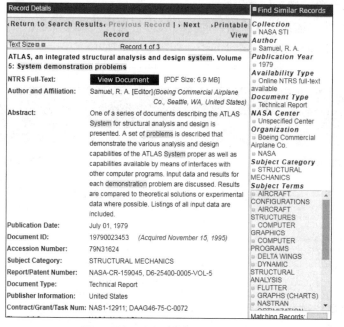

图5-35 NTRS网站科技报告界面

四、活动反思

此次检索训练中，我们综合利用进行 NTRS 网站对 NASA 报告进行检索。由于科技报告的特殊性，对其的检索需要进行实名制认证才能进行。由于检索功能的限制，必须在检索时综合利用多种检索功能实现对检索结果的获取。

✎ 单元小结

本单元界定了科技报告、档案和档案信息的相关概念，介绍了国内外主要的科技报告检索系统、档案信息检索系统。通过实际案例展示了主要科技报告检索、档案信息检索工具的检索方法以及如何综合利用科技报告检索系统、档案检索系统综合解决信息需求。

❓ 思考与练习

在线测试 5-05

一、填空题

1. 美国四大科技报告主要指 PB 报告、AD 报告、DOE 报告和_____等。
2. 国家科技报告服务系统由科技部开发建设，向社会公众提供中国科技报告的_____。
3. 档案是指过去和现在的国家机构、社会组织以及个人从事政治、军事、经济、科学、技术、文化、宗教等活动直接形成的对国家和社会有保存价值的各种文字、图标、声像等不同形式的历史记录。简而言之，档案就是对社会活动的_____。
4. 档案信息具有一般文献信息的共性，又具有自己的特征。根据档案信息检索的途径，档案信息检索途径分为档案内容检索途径和_____两大类。

二、判断题

1. 所有的科技报告都是可以被检索的。　　　　　　　　　　　　　　（　　）
2. 科技报告的检索在任何系统中都可以进行。　　　　　　　　　　　（　　）
3. 传统的纸质档案检索工具由于其特殊性，对于普通的检索者而言很难接触到。（　　）
4. 档案信息都是公开的，都可以通过有效途径进行获取。　　　　　　（　　）

三、实训应用题

1. 请利用国家科技报告服务系统检索防疫方面的科技报告。
2. 请利用美国国家档案馆（National Archives of the United States）检索地图类的档案信息。

// 模块小结 //

专题文献信息检索模块主要从常见的特种文献检索入手，主要包括专利信息及其检索、标准文献及其检索、学位论文及其检索、会议文献及其检索、科技报告及其检索、档案及其检索，针对每一种文献类型都详细介绍了相关的检索工具，每一种检索工具都结合具体的检索实例进行了讲解。

// 综合训练 //

在线测试 5-06

1. 专题文献具有极大的信息价值，每种专题文献中都蕴含着特殊的信息。请综合利用本模块的相关知识和技能，利用专题文献数据库综合检索通信行业的专利、标准、学位论文、会议文献和科技报告。

2. 学位论文具有极高的学术价值，特别是针对某一研究领域的研究有极大帮助，请利用本模块讲解的学位论文数据库检索清华大学 2020—2022 年通过答辩的硕博士学位论文，并利用专利检索系统检索清华大学 2020—2022 年申请的有效的发明专利。

3. 请利用本模块讲解的会议文献检索系统，任选其一，检索有关"人工智能"方面的会议文献，从中选取被引量最高的会议文献，利用本书中所讲的学术论文检索系统和本模块讲解的专利专题检索系统分别检索其作者发表的其他相关学术论文、专利。

模块六 文献管理工具

工欲善其事，必先利其器

　　工欲善其事，必先利其器。要想做好学术研究，首先要善于使用科研工具。

　　文献检索下载，来自不同数据库的论文整理、分析、去重，确定核心论文深入研读，数字笔记，word 软件中边写边引用，参考文献自动生成，一键转换格式，在线投稿，数据云同步，小组资料共享……这些曾经是课题研究和论文写作中的"痛点"，现在都可以交给文献管理工具来解决。

音频 6-01
工欲善其事，
必先利其器

　　EndNote 、NoteExpress、RefWorks、Mendeley、知网研学等这些流行的文献管理工具，各具特色，各显其能。想要了解各家优势，找到符合自己需求的科研生产力工具吗？那就不要错过本模块的内容！

// 培养目标 //

知识目标

　　理解文献管理工具的定义和作用，了解其在学术研究中的重要性；掌握常见的文献管理工具，了解它们的特点和适用范围；熟悉文献管理工具的协作功能和高级功能；掌握使用文献管理工具进行文献搜索、整理和引用的基本操作方法。

能力目标

　　学会使用文献管理工具进行文献的分类和标注；能够将文献库导出为不同格式的文档，或导入其他文献库；能够与他人共享和协同编辑文献库；能够利用文献管理工具生成参考文献列表和引用标注。

素质目标

　　培养良好的文献管理习惯，包括定期更新文献库、及时整理和归档文献等；培养对文献管理工具的兴趣和热情，能够不断学习和掌握其新的功能和技巧。

// 知识导图 //

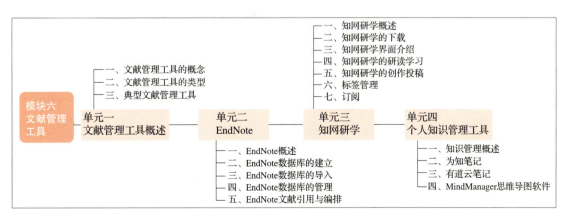

单元一　文献管理工具概述

案例导入

某个实验室正在进行某种罕见疾病的治疗方法的重要科学研究，研究团队需要收集和分析大量关于该疾病的文献资料。在研究初期，团队成员发现，由于文献数量庞大且分散在不同的数据库和出版物中，手动整理和管理这些文献非常困难。为了提高研究效率，他们决定尝试使用文献管理工具。

首先，研究团队选择了 Zotero 作为文献管理工具。通过 Zotero 的浏览器插件，团队成员可以方便地将感兴趣的文献保存到个人文献库中。他们还可以使用关键词和标签对文献进行分类和搜索，从而快速找到所需的研究成果。在研究过程中，团队成员每天都会阅读和分析大量的文献资料。使用 Zotero，他们可以轻松地在文献库中记录和整理自己的思考和发现，以便后续的回顾和分析，更好地理解和掌握前人的研究成果，为自己的研究提供指导。

此外，文献管理工具的自动化引用和参考文献格式化功能也给团队带来了极大的便利。在撰写论文和报告时，团队成员只需简单地插入引用，文献管理工具就会自动为他们生成准确的参考文献列表。这大大节省了他们整理和核对参考文献的时间，同时也避免了因引用格式错误而导致的问题。

随着研究的深入，研究团队还发现文献管理工具的协作和分享功能对于团队合作至关重要。他们可以将自己的文献库导出为文件，与合作者共享和讨论。这样，团队成员可以在同一个平台上协同编辑和整理文献，及时分享自己的发现和想法，提高团队协作效率。

通过使用文献管理工具，研究团队成功地收集、整理和利用了大量的文献资料，为研究提供了有力的支持。他们的研究成果得到了高度认可，并被国际知名期刊发表。这一成功案例充分展示了文献管理工具在科研中的重要性，它不仅提高了研究效率，还促进了团队合作和科学成果的产出。

培养子目标

知识目标

了解其在学术研究中的重要性；了解常见的文献管理工具的特点和适用范围；理解文献管理工具的概念和作用。

能力目标

学会下载、安装各种文献管理工具。

素质目标

培养文献管理的意识，树立使用正版软件的意识。

相关知识

一、文献管理工具的基本概念

（一）文献管理概述

文献管理是指对各种文献资料进行收集、整理、分类、存储、检索和利用的过程和方法。它是研究者、学术工作者和学生在进行学术研究和写作过程中必备的一项重要技能。

文献管理的目的是方便研究者在需要时能够快速准确地获取和利用相关文献资料，以支持和推动自己的研究工作。文献管理的方法和工具包括手工整理、文献索引、文献数据库、文献管理软件等。研究者可以根据自己的需求和习惯，选择适合的文献管理方式。

文献管理的作用是提高研究工作的效率和质量，促进研究者之间的合作交流，方便对已有文献的查阅和引用管理，主要表现为方便查阅、提高效率、促进合作、管理引文以及生成参考文献等方面。

（二）文献管理工具

文献管理工具是综合性的软件，集文献检索、整理、标注、引用和生成参考文献列表等功能于一身，旨在帮助用户高效管理和快速生成参考文献。它不仅能实现文献的全过程管理，还可嵌入文字处理软件，直接从在线数据库下载并分析文献题录。其特点包括导入整理、检索筛选、组织分类、笔记标注、引用生成、协作共享及跨平台云存储等，为研究者提供便捷高效的文献管理和利用方式。

（三）文献管理工具的基本功能

文献管理工具的使用可以大大提高文献管理的效率和质量。它们能帮助用户更好地组织和利用文献资源，节省时间和精力，并提供一些其他的辅助功能，如引用生成和文献推荐，进一步促进学术研究的发展。文献管理工具通常具备文献收集、文献整理、文献搜索、文献阅读与注释、文献分享和协作、文献推荐与发现等功能。

二、文献管理工具的类型

文献管理工具根据不同的分类方法可以分为免费的和收费的，开源的和不开源的，在线的和离线的，跨平台的和不跨平台的，本书介绍以下几种类型。

1）参考文献管理软件：这类工具主要用于管理和整理参考文献，如 EndNote、Zotero、Mendeley 等。它们通常具有文献导入、检索、组织、引用生成等功能，适用于学术界和科研人员。

2）文献搜索引擎：这类工具主要用于检索和浏览学术文献，如 PubMed、IEEE Xplore等。它们提供强大的检索功能，可以按关键词、作者、期刊等方式查找文献，并提供文献的元数据和全文链接。

3）学术社交网络：这类工具将文献管理与学术社交相结合，如 ResearchGate、Academia. edu等。除了文献管理功能外，它们还提供学术交流、分享研究成果、建立学术联系等功能，方便学者之间的交流和合作。

4）在线学术库：这类工具提供在线存储和管理文献的功能，如国际标准文献编号（ISBN）的图书馆（Library of Congress）、国内的中文文献数据库如中国知网、万方数据等。它们通常提供大量的学术文献资源，并支持在线检索和下载。

5）科研项目管理工具：这类工具主要用于管理科研项目的文献资料，如 EndNote、JabRef 等。它们通常具有文献导入、分类整理、笔记标注等功能，可以帮助科研人员更好地组织和利用项目相关的文献资料。

三、典型文献管理工具

文献管理工具各有特色，读者可以根据自己的需求和偏好选择适合的工具。

1. EndNote

EndNote 是一款功能强大的参考文献管理软件，可以导入、整理和引用参考文献，并生成符合各种引用风格的参考文献列表。EndNote 是由美国汤森路透公司开发的、国内知名度较高、使用面较广、认可度较高的文献管理软件。EndNote 每年更新一版，每次都有一些功能上的改进。具体使用方法将在本模块单元二中介绍。

操作示例 6-01
如何将百度学术中的
题录信息快捷导入
NoteExpress

2. NoteExpress

NoteExpress 是一款功能强大的单机版的参考文献管理工具，由北京爱琴海乐之技术有限公司开发，是一款可以媲美 EndNote 等经典文献管理器的国产文献管理软件，支持中文，功能齐全，设计理念先进。该软件具有文献库管理、文献检索、文献下载、文献阅读与批注以及文献分享和协作等主要特点和功能。

3. Notefirst

Notefirst 是一款集成文件管理、文献收集、自动生成文中参考文献、参考文献自动校对等功能的文献管理软件，由西安知先信息技术有限公司开发并提供技术支持。Notefirst 不仅具有国外主流的文献管理软件所能提供的功能，还支持多语言方案以及双语参考文献格式。该软件的基本功能可免费使用，但高级功能需要购买后开通。

4. JabRef

JabRef 是一款免费的跨平台的开源参考文献管理软件，提供文献导入、分类整理、笔记标注等功能，适用于科研项目的文献管理。JabRef 最大的特点是使用 BibTeX 格式的数据库，适合 LaTeX 用户使用。

5. RefWorks

RefWorks 是一款基于云端的文献管理工具，可以帮助用户收集、整理和引用参考文献，并支持多种引用风格。该软件网页版可免费使用，还可以帮助用户自动生成符合要求的论文参考文献。

6. Citavi

Citavi 是一款面向学术界和研究人员的文献管理软件，提供文献收集、整理、引用和写作辅助功能，支持多种引用风格。

7. Mendeley

Mendeley 是一款跨平台的免费文献管理软件，能帮助用户收集、整理和分享参考文献，提供在线协作和社交功能，并且该软件还支持多种系统和平台，可自动导入 PDF 文献。

8. Zotero

Zotero 是一款免费的开源文献管理软件，可以收集资料、组织整理、学习记录、数据导出和引用参考文献，并与浏览器进行集成，方便从网页直接导入文献信息。同时，Zotero 作为 Firefox 插件，可在线收集文献信息并进行管理。配合插件可实现批量存储和整理功能。

文献管理工具的选择：

　　不同类型的文献管理工具适用于不同的用户需求和场景，选择适合的工具可以提高文献管理的效率和质量。

活动与训练

一、活动描述

背景：小明是一名研究生，正在撰写学位论文。他的论文工作需要引用大量的文献，并按照特定的引用风格进行格式化。他意识到手动整理和管理这些文献是一项烦琐且容易出错的任务，于是决定尝试使用文献管理工具。

问题：请描述小明如何使用文献管理工具来管理和引用论文所需的文献资料。探讨该工具对小明论文撰写过程的影响和重要性。

二、活动分析

活动包括了两个方面，解决此问题，我们要讨论文献管理工具的功能，如文献收集、分类、存储和引用生成等，还要讨论工具如何提高学术研究的效率、准确性和可靠性，以及如何帮助小明更好地跟踪和引用相关文献。

三、活动演练

小明可以按照以下步骤使用文献管理工具来管理和引用论文所需的文献资料。

1. 选择合适的文献管理工具

小明可以选择一款适合自己需求的文献管理工具，如 Zotero、EndNote、Mendeley 等。他可以根据文献管理工具的功能、操作界面和兼容性等因素来做出选择。

2. 收集文献资料

小明可以使用文献管理工具提供的浏览器插件或导入功能，将收集到的文献资料导入到工具中。这些资料可以是来自学术数据库、在线图书馆或其他研究人员分享的文献。

3. 整理和分类文献

小明可以创建文件夹或标签，将文献按照自己的需求进行分类和整理。例如，可以按照研究领域、主题或章节来组织文献。

4. 添加文献信息

对于每一篇文献，小明可以在文献管理工具中添加详细的文献信息，如作者、标题、出版年份、期刊名称等。文献管理工具通常会自动从文献数据库中获取这些信息，但小明也可以手动编辑和补充。

5. 生成引用

在论文撰写过程中，小明可以直接从文献管理工具中选择所需的文献，并使用工具提供的插入引用功能将其引用到论文中。文献管理工具会自动根据选择的引用风格生成符合要求的引用格式。

6. 生成参考文献列表

小明可以在论文的末尾或附录中生成参考文献列表。文献管理工具可以根据小明所选择的引用风格，自动生成包含所有引用文献的参考文献列表。

总之，通过以上步骤，小明可以方便地管理和引用论文所需的文献资料。这样的文献管理工具不仅提高了小明的工作效率，还确保了引用的准确性和规范性，为小明的论文撰写提供了便利和支持。

四、活动反思

综上所述，文献管理工具对小明论文撰写过程的影响和重要性是显著的。

首先，文献管理工具为小明提供了一个集中管理和存储文献的平台。通过该工具，小明可以将收集到的文献资料整理成一个个项目，并按照自己的需求进行分类和标记。这使得小明能够快速且方便地获取所需文献，避免了翻找纸质文献或在计算机上进行烦琐的搜索。

其次，文献管理工具提供了自动化的引用生成功能。在撰写论文的过程中，小明只需简单地选择所需的文献，文献管理工具便能自动生成符合特定引用风格的引用格式。这不仅节省了小明手动编写引用文献的时间，还减少引用格式错误。此外，文献管理工具还能自动生成参考文献列表，确保小明的论文引用完整且准确。

此外，文献管理工具可以帮助小明更好地跟踪和引用相关文献。通过文献管理工具提供的标签和关键词搜索功能，小明可以轻松地找到与自己研究课题相关的文献，进一步深化对该领域的了解。同时，文献管理工具还提供了与其他研究人员共享文献的功能，促进了学术交流和合作。

因此，文献管理工具对于论文撰写是非常重要的。

📝 单元小结

文献管理工具是一种帮助研究人员管理和引用文献资料的软件工具，可以帮助研究人员更有效地收集、整理和引用所需的文献，提高工作效率。

使用文献管理工具的主要步骤包括选择合适的文献管理工具、收集文献资料、整理和分类文献、添加文献信息、生成引用和生成参考文献列表。

📝 思考与练习

在线测试 6-01

一、填空题

1. 文献管理工具是一种集文献检索与整理、引文标注、按格式要求生成参考文献列表等功能于一体，能帮助用户_____和_____的软件。

2. 文献管理工具是帮助研究者和学术工作者用来_____、_____、_____的计算机程序。

3. 文献管理工具可以帮助研究人员提高工作效率和确保_____的准确性。

二、判断题

1. 狭义的文献管理工具是指一类软件或应用程序。　　　　　　　　　　（　　）

2. 文献管理工具可以帮助研究人员收集、整理和引用文献资料。　　　　（　　）

3. 文献管理工具只能使用浏览器插件来收集文献资料。　　　　　　　　（　　）

4. 使用文献管理工具可以自动生成包含所有引用文献的参考文献列表。　（　　）

5. 文献管理工具只能用于科研论文的写作。　　　　　　　　　　　　　（　　）

三、选择题

1. 选择合适的文献管理工具时，不需要考虑的因素是（　　　　）。

　　A. 功能　　　　　B. 操作界面　　　　　C. 兼容性　　　　　D. 价格

2. 添加文献信息时，包括的信息有（　　　）。

　　A. 作者　　　　　B. 标题　　　　　　C. 出版年份　　　　D. 所在学校

3. 使用文献管理工具可以帮助研究人员实现（　　）的目标。

　　A. 提高工作效率　　　　　　　　　　B. 减少参考文献数量

　　C. 忽略引用准确性　　　　　　　　　D. 避免论文撰写

4. 文献管理工具可以帮助研究人员实现（　　）的功能。

　　A. 收集文献资料　　　　　　　　　　B. 整理和分类文献

　　C. 生成引用和参考文献列表　　　　　D. 生成论文摘要

5. 使用文献管理工具可以减少（　　）问题的发生。

　　A. 引用错误　　　　　　　　　　　　B. 文献资料丢失

　　C. 论文重复发表　　　　　　　　　　D. 缺乏引用文献

▎单元二　EndNote

案例导入

　　这是一位华南理工大学的博士研究生读博初体验中的一段话。他说：科研逃避开的所有问题可能勉强糊弄硕士毕业，但在博士期间一定还会找到你，甚至让你不能毕业。EndNote是在我硕士学习之初开始流行的，但是这种流行是后于我手动对参考文献进行排版的，可能是怕学习这种新鲜事物，我在研究论文中逃避学习 EndNote 这种快捷、实用的文献管理器。直到我写硕士毕业论文了，200 篇参考文献还是我手动一篇一篇地打字的，不巧的是博士生初期需要写综述，上百篇的参考文献再次让我头疼。没有掌握 EndNote，可能终究是科研的一个痛点，所以硕士期间逃避的问题博士期间还会找到自己，后期的科研生活也会被困扰。

　　这个真实的故事告诉我们，EndNote 之于科研的重要性。

培养子目标

知识目标

　　理解 EndNote 软件的基本概念和功能；掌握 EndNote 软件的操作方法，包括创建和管理文献库、添加和整理引用文献、使用搜索和筛选功能等；熟悉 EndNote 软件与其他软件的协作。

能力目标

　　能够独立使用 EndNote 软件进行文献管理，包括添加、编辑、删除和整理引用文献；能够通过 EndNote 软件快速搜索和筛选所需文献；能够使用 EndNote 软件生成符合学术要求的引用文献和参考文献；能够将 EndNote 中的文献直接插入写作文档中，并与其他作者实现共享和协同编辑；能够准确判断文献信息的类型、级别以及著录特征，规范地进行文末参考文献的著录。

素质目标

　　培养信息素养和学术道德意识，引导学生正确引用文献，遵守学术规范，避免抄袭行为；培养学生独立学习和解决问题的能力，通过 EndNote 软件自主管理和利用文献资源；提高学生的信息检索能力，培养对文献的筛选、评估和整理能力；通过与其他作者共享和协同编辑文献库，培养学生的团队合作精神和沟通能力。

视频 6-01
EndNote 概述

相关知识

一、EndNote 概述

（一）EndNote 简介

EndNote 是一款用于海量文献管理和批量参考文献管理的工具软件，是国际上用户最多，也是出现最早的文献管理软件之一。

EndNote 是由汤森路透（Thomson Reuters）公司研发的文献管理工具，于 20 世纪 80 年代首次推出，旨在帮助研究人员、学生和学术界从事文献收集、整理和引用工作。问世即成为科研界的必备武器。EndNote 提供了一个集中管理和组织文献的平台，使用户能够轻松地创建和维护个人的文献库，并生成符合各种引用格式要求的参考文献列表。本单元以 EndNote X7 为例，介绍该软件的基本功能和实际应用。

（二）EndNote 的基本功能

EndNote 通过将不同来源的文献信息资料下载到本地，建立本地数据库，可以方便地实现对文献信息的管理和使用。EndNote 基本功能见表 6-1。

表 6-1　EndNote 基本功能

功能模块	程序模块	基本功能
文献输入	数据库建立	1）手动输入数据。允许用户手动创建新的文献条目，输入包括作者、年份、标题、出版信息等详细数据 2）导入文件功能。支持从外部文件导入大量文献信息，兼容多种格式（如 RIS、BibTeX 等）。用户可通过"Import"选项选择文件格式并导入，实现数据的快速整合 3）在线检索与导入。提供与在线数据库的连接，允许用户直接检索并导入相关文献 4）数据迁移功能。对于之前使用其他文献管理软件的用户，提供数据迁移服务。支持将其他软件的文献数据转换为 EndNote 可识别的格式并导入 5）数据库管理。在数据库中创建、删除、重命名分组，便于用户对文献进行分类管理。支持文献条目的拖拽功能，方便用户在不同分组之间移动文献。提供查找重复条目的功能，确保数据库的准确性和整洁性 6）附加文件管理。允许用户为文献条目附加全文、图片、网址等相关文件或信息。提供对这些附加文件的预览和管理功能 7）检索功能。提供强大的检索工具，支持关键词、作者、年份等多种检索方式。用户可以使用通配符进行模糊检索，提高检索的灵活性。支持保存和调用之前设定的检索策略，便于重复利用 8）数据导出与分享。支持将选定的文献条目导出为多种格式，便于与他人分享或用于其他用途。提供多种导出选项，满足用户不同的需求
文献管理	数据库管理	对数据库进行修改、查询、统计、增删等。包括排序、统计、分析、查找、查找重复、导出等
撰稿引文	数据库的使用	协助编排引用文献格式，即如何引用文献、引用的几种方式、输出格式、论文模版、自行设定等

（三）EndNote 的几个概念

1. Library：EndNote 用来存储参考文献数据的文件，其实就是数据库。

2. Reference：参考文献。

3. Reference Type：参考文献类型，如 Journal Article、Book 等。

4. Style：样式，即参考文献在文章末尾的格式，每种期刊都不尽相同。

5. Filter：把通过检索（比如 EI）得来的参考文献导入（import）EndNote 时所用的过滤方式。由于每个数据库输出的数据格式都不一样，所以导入数据时根据数据库选择对应的 Filter 很重要。

二、EndNote 数据库的建立

建立数据库是文献管理及应用的基础，建立数据库就是将不同来源的相关资料放到一个文件中，汇聚成一个数据库文件，同时剔除来源不同的重复文献信息，以便于分析、管理和应用。EndNote 数据库称为 Reference Library，以 *.enl 格式存储，其中的数据存储于同名文件夹 *.Data 中。

（一）EndNote 程序主界面简介

在介绍数据库的建立之前，简单介绍一下 EndNote 程序的主窗口。运行 EndNote 后，出现的第一个界面如图 6-1 所示。

图6-1　EndNote 主界面

打开 EndNote，在窗口中选择要打开的数据库文件，可以新建一个数据库文件，也可以打开一个已有的数据库文件。在打开的窗口中，双击某一条记录就可以显示该记录的详细信息，进行编辑。

（二）数据库建立的方式

EndNote 数据库建立的方式主要有手动输入、直接联网下载、网上数据库输出、格式转换四种。

1. 手动输入

手动输入主要适用于无法直接从网上下载或临时起意需要添加的少数几篇文献。

请注意：填写人名时，必须确保每个人名独占一行，以便软件能够准确区分单个人名与多个人名，这主要是考虑各国人名表示方式的较大差异。同样，关键词的填写也应遵循一个关键词一行的原则。

2. 直接联网下载

采用直接联网下载方式，首先需打开数据库链接（Open Connection Manager），随后选择可用且常用的数据库进行设置。设定好的常用数据库链接会显示在程序主界面中的"tools-connect"菜单下。选择某一网站如"Web of Science"，即可连接到 WOS 网站进行文献检索。检索到的文献会按时间顺序排列，最新的文献会排在前面，而时间较早的文献则排在后面。

3. 网上数据库输出

目前有很多网上的数据库都提供直接输出文献到文献管理软件的功能，如 Scopus，Web of Science 等。Web of Science 可以直接输出到 EndNote，而 Scopus 则需要通过格式转换才能正确地导入到 EndNote 中。

4. 格式转换

格式转换一般是把资料保存为文本文件，然后导入 EndNote 中。格式转换的关键是要选择正确的 Filter，否则无法正确转换，也可以利用 ultraedit 来编写宏，实现自动替换。目前需要这样通过文本转换的主要是中文文献。

（三）EndNote 数据库的创建

1. 新建 enl

新建数据库的方法有三种，一种方法是在启动程序时选择"Create a New EndNote Library"；第二种是在程序的主界面，选择"File"→"New"，选择文件保存地址并输入文件名；第三种方法就是单击工具栏第一个按钮"New Library"，选择保存路径后单击"确定"按钮完成数据库文件创建，创建后生成两个文件：MyEndNote Library. enl 和 My EndNote Library. Data 文件夹。

My EndNote Library. Data 文件夹包括三个子文件夹：PDF、rdb、tdb。PDF 子文件夹主要用于存放下载的文献全文；rdb 和 tdb 新建数据库界面如图 6-2 所示。子文件夹用来存放文献条目信息。

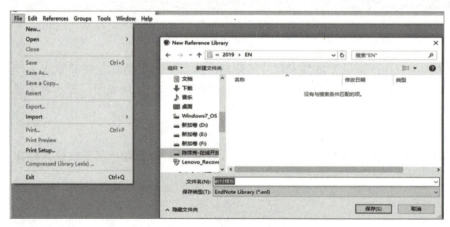

图6-2　新建数据库界面

2. 打开既有的 enl

打开既有数据库的方法有两种：①"File"→"Open"→"Open Library"；②单击工具栏第二个按钮"Open Library"。

3．新建记录

启动程序，在主界面中从菜单栏"Reference"→"New Reference"中可以新建一个记录，也可以在"Reference Library"窗口中单击鼠标右键后选择"New Reference"手动添加新记录。

4．编辑记录

在主界面中，通过"Reference Library"窗口中双击选中的记录，或者单击鼠标右键选择"Edit References"，或者选择菜单命令"Reference"→"Edit References"都可以进行编辑。

三、EndNote 数据库的导入

EndNote 导入文献有三种方式：第一种是通过 EndNote 软件的内置在线搜索功能；第二种是通过在数据库中查找相关文献，并导入 EndNote 中；第三种是直接将本地的 PDF 格式的文献导入 EndNote 数据库中。

（一）内置在线搜索文献导入

如图 6-3 所示，通过 EndNote 软件的内置在线搜索功能，输入关键字，导入搜索到的文献。在线搜索导入文献操作简单、方便，但是导入的文献后期还要进行筛选。

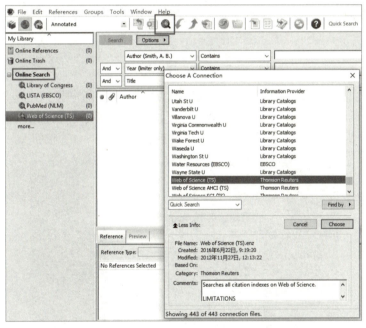

图 6-3 EndNote 内置在线搜索功能

视频 6-02
EndNote 的文献导入

（二）数据库导入

数据库导入是指通过在数据库检索相关文献，并将其导入到 EndNote 中的方式。这种方式导入的文献都是用户在数据库中精心筛选过的，因此具有很强的针对性。常用的数据库有百度学术、PubMed、Web of Science、中国知网、万方等。这些数据库大都提供直接输出文献到文献管理软件的功能，如 Scopus、Web of Science 等。Web of Science 可以直接输出到EndNote，而 Scopus 等则需要通过格式转换才能正确地导入 EndNote 中。

1．Web of Science Core Collection 数据库导入（SCI 文献导入）

在 Web of Science 页面（http://www.webofscience.com，需要科研机构和高校购买使用

权限才可访问），单击"All Database"旁的下拉菜单，可以看到所有可供检索的子数据库，单击"Web of Science Core Collection"链接即可进入。如图6-4所示输入关键词和检索条件，单击"Search"按钮开始检索。

图6-4　WOS检索界面

在检索结果页面中，选择所需排序方式（默认出版日期降序排列，一般是选择被引频次降序排列），单击"Save to EndNote desktop"，如图6-5所示，在弹出框输入导出文献记录数量（每次最多导出500条）和选择输出内容后，单击"Send"按钮。

图6-5　WOS导出界面

此时导出的记录已经保存到"savedrecs. ciw"文件中。双击"savedrecs. ciw"文件即可将其导入EndNote中，或者单击"File"→"Import"→"File"（也可直接单击工具栏的"导入"按钮），在弹出对话框中，选择savedrecs. ciw文件，"Import Option"选择"ISE-CE"，其他选项选择默认即可完成导入。

2. 百度学术文献导入

在百度学术等搜索引擎上检索到的文献，也可以直接导入到EndNote。下面以百度学术为例，介绍两种文献导入的方法。

（1）单篇导入

进入 http://xueshu.baidu.com，输入检索关键词"石墨烯纳米片"实施检索，在检索结果中，根据检索需求在选中的文摘信息下方单击"引用"按钮，如图6-6所示，在弹出对话框的"导入链接"中选择"EndNote"。然后在弹出的对话框中修改文件名和下载目的地地址，就完成了文献导入。

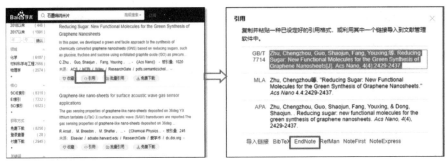

图6-6　百度学术文献导入

（2）批量导入

进入 http://xueshu.baidu.com，输入关键词，在结果页面单击"批量引用"，然后单击页面右侧圆形标识，进入批量导出列表，单击"导出至"后选择"EndNote"即可。双击"baiduxueshu_papers.enw"文件即可导入 EndNote 中，或者单击"File"→"Import"，"Import Option"，选择"EndNote import"完成批量导入。

3. 中文数据库文献资料导入

中国知网、万方数据、维普期刊数据库等常用的中文文献库目前还不能通过 EndNote 直接访问，EndNote 也没有合适的 Filter。所以只能将这些资料保存为文本文件之后，通过批量替换的方法，在不同的字段前面加上一些 EndNote 可以识别的标记之后再导入。

（1）中国知网文献导入

进入中国知网首页，如图6-7所示，输入检索词执行检索，根据检索需求勾选需要的文献，单击"导出/参考文献"按钮，进入图6-8所示的文献管理中心，在左侧"文献导出格式"栏目选择"EndNote"，单击"导出"按钮，即可生成 txt 格式的参考文献文件。

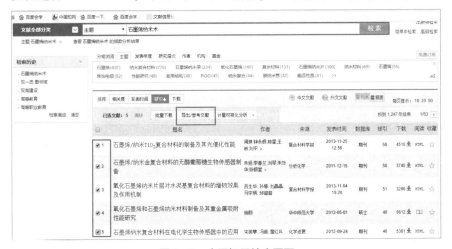

图6-7　中国知网检索页面

图6-8　中国知网检索文献导出

打开 EndNote，单击"File"→"Import"→"File"（也可直接单击工具栏的"导入"按钮），在弹出的对话框中，选择刚才保存的 CNKI. txt 文件（见图6-9），"Import Option"选择"EndNote Ipmort"（或 Refer/BibIX、EndNote generated XML），其他选项选择默认即可。

图6-9　导入中国知网检索文献

注意：如果在导入中文文献的时候是乱码，有可能 txt 的编码问题，改成 UTF-8 即可。

（2）万方数据库导入

进入万方数据库进行关键词检索，按照被引次数降序排列，如图6-10所示，根据需要勾选所需文献（如有必要可全选）。单击"导出"按钮进入导出界面（见图6-11），在左侧"导出文献列表"栏目选"EndNote"，单击"导出"按钮，即可生成 txt 格式的参考文献文件。导入 EndNote 的方法同前。

图6-10　万方数据库检索文献

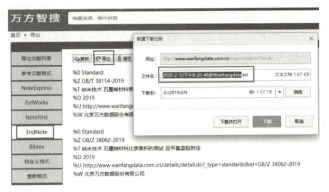

图 6-11　万方数据库文献导出

（三）PDF 导入

数据库创建完成后，就可以导入文献了。导入本地文件时，打开 EndNote，在"File"的下拉菜单中，单击"Import"，选择导入文件或文件夹。如果导入的文件是 PDF 格式，则在"Import Option"中选择"PDF"，如果导入的文件是其他格式，则选择相应的文件格式。

1. PDF 文件导入方法

EndNote 导入单个 PDF 文件的原理是首先在该文献中搜索文献的 DOI，然后联网查找文献相关信息并显示在界面上。因此，EndNote 导入 PDF 时计算机需处于联网状态。

如图 6-12 和图 6-13 所示，打开 EndNote，单击"File" → "Import" → "File"，在弹出的对话框中，选择要导入的 PDF 文件。导入时，选择"File…"可导入单个 PDF 文件，选择"Folder…"可使用文件夹导入功能批量导入 PDF 文件。在弹出的界面"Import Option"选择"PDF"，其他选项选择默认即可。

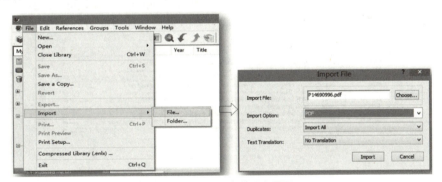

图 6-12　PDF 文件导入界面

图 6-13　下载的文件导入到 EndNote

导入 PDF 时，需要注意：①EndNote 不能正确识别中文文献。②不是所有的 PDF 文件都能正确导入。对于导入 PDF 外文文献未成功的情况，一般是该文献年代较为久远，文中没有标记 DOI，或者未知原因导致的，这两种情况可以去该文献所在数据库，利用 EndNote 的"Find Reference Updates"功能解决。③导入时需要连接网络。

2. EndNote 自动检测文件夹中 PDF 的更新

该功能能够实现指定文件夹中 PDF 发生变化（增加新文献或删除文献）时，会自动更新数据库。设置步骤如下：单击"Edit"→"Preference"→"PDF Handing"。

3. 将下载的文件导入 EndNote 中

打开 EndNote 软件，找到刚刚创建的库，单击向下的箭头，在弹出的对话框中单击"选择"按钮，找到要导入的文件，导入选项为"EndNote 导入"，单击"导入"按钮。保存之后就可以使用这个文献了。

四、EndNote 数据库的管理

视频 6-03
EndNote 的管理

EndNote 的功能之一就是进行数据库管理，即用户可以按课题建立自己的数据库，随时检索自己收集到的所有文献，通过检索结果，准确调阅出需要的 PDF 全文、图片、表格，为不同的课题创建不同的数据库，并随时可以检索、更新、编辑，将不同课题的数据库与工作小组成员共享。

1. 修改书目信息

导入文件时，常常会出现书目数据不完整或者格式不规范的情况。这个主要是由于原始文献信息不全或者网络原因导致下载信息不全，需要手动来修改或者补全这些信息，此时可以利用 EndNote 的"Find Reference Updates"功能。比如下面这条书目缺少作者信息，并且标题的格式不规范、不完整。解决方法如图 6-14 所示，选中要修改的条目，在左下方会有一个名为"Reference"的信息修改窗口，即可修改。

图 6-14 EndNote 修改书目信息

2. 文献分类管理

根据研究内容，我们有必要对文献进行适当分组。打开 EndNote，在程序的右侧边窗口，右击"My Groups"即可创建分组，分组包括三类（见图 6-15）：Creat Group、Creat Smart Group、Creat Group Set，分别是创建组、创建智能分组以及创建组集。

1）Creat Group：创建分组，可以将列表区域文献记录选中后拖到分组中。

2）Creat Smart Group：按照一定条件筛选当前所有文献，符合条件的文献自动归组。例如，筛选当前数据库文献，将作者属于 China 的文献自动归为一组，此时可以利用"Creat Smart Group"功能进行创建分组。

3）Creat Group Set：创建组集，相当于多个分组的集合，类似树形结构层次，但是只能是二层结构。

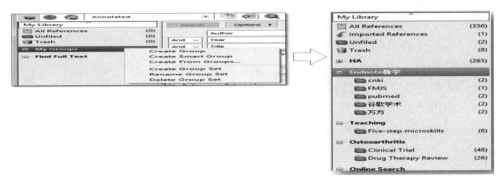

图6-15　EndNote 文献分类管理

3．文献去重

去重功能用于去除数据库内重复的文献条目。在众多数据库中进行检索添加参考文献记录，不可避免会有重复的文献，此时可以利用 EndNote 的去重功能来解决问题（见图6-16）。我们可以在设置中启用在线检索时自动去重的选项，设置步骤如下：单击"Edit"→"Preferences"→"Duplicates"。这样，在检索时，如果当前数据库中已经存在相同的文献记录，系统就不会再次添加。

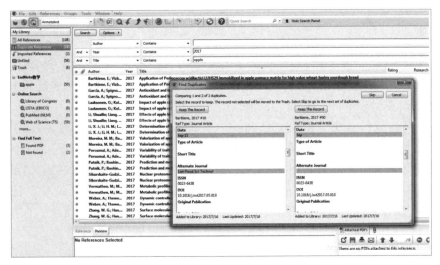

图6-16　EndNote 文献去重管理

4．文献删除

如图6-17所示，选中某条需要删除的文献条目，单击鼠标右键选择"Move References to Trash"即可完成删除操作。如果需要永久删除，则可在回收站图标上单击鼠标右键选择"Empty Trash"完成；如果误删除了，恢复的办法为：选中回收站内的文献条目，拖拽至相应分组即可恢复误删条目。

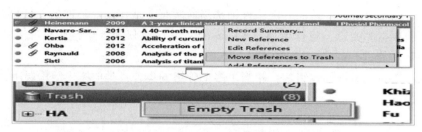

图6-17 EndNote 删除文献

5. EndNote 笔记管理

在阅读文献内容时，难免要记录一些笔记，这里介绍用 EndNote 内置的 PDF 阅读器进行阅读时，如何对文章进行标记，以提高文献管理效率，如图6-18所示。

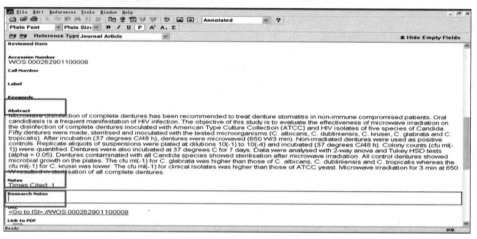

图6-18 EndNote 笔记管理

在 EndNote 中有三个位置可以记录大量的文字内容：Abstract、Notes 和 Research Notes。每处可以记录 32KB 文字信息。为方便做笔记，可将"Referece Panel"布局设置在界面右边，将指针定位在"Research Notes"栏下，随键盘上下键翻阅时做笔记。

打开 EndNote 软件，在"Reference/Preview"面板的"Reference"界面找到"Research Notes"条目，单击即可编辑文献笔记，编辑完成后无须保存，直接移到任意文献或者界面即可保存笔记。在文献详细信息界面中，鼠标移动到第一行，单击鼠标右键选择"Research Notes"，即可显示文献的笔记。拖动"Research Notes"，即可调整其位置。把鼠标放在 Research Notes 所在方框边缘，鼠标形状改变后拖动，即可改变方框的宽度。在搜索界面选择"Any Field + PDF with Note"，输入笔记关键字，即可对笔记进行搜索。

如果需要重新编辑文献的笔记，只需在 EndNote 软件"Reference/Preview"面板的"Reference"界面找到"Research Notes"条目，单击即可修改文献笔记。

6. 分组共享

EndNote 具备分组共享的功能，只需将指定文件拖入分组中即可实现精准分享。具体操作如下：选中待共享的分组，右键菜单选择"Share Group"，此时提示需要进行同步，同步之前需要注册 EndNote 账号。在弹出的对话框中输入需要共享方的 Email，然后给共享用户分配阅读权限（"读写"或"只读"），还可以留言，最后单击"确定"按钮进行邀请即可。

7. EndNote 统计分析

EndNote 软件具有数据统计功能，例如对当前数据库文献记录发表的第一作者（Author）、作者地址（Author Address）、年份（Year）、期刊名称（Secondary title）以及关键词（Key words）等进行统计分析。具体方法是：单击"Tools"→"Subject Bibliography"，在弹出的"Select Fields"列表中选中统计量，单击"OK"按钮即可查看统计结果（可单击"Records"进行排序）。

可以通过菜单栏的"Tools"→"Subject Bibliography"，打开一个新的对话框，如图 6-19 所示。

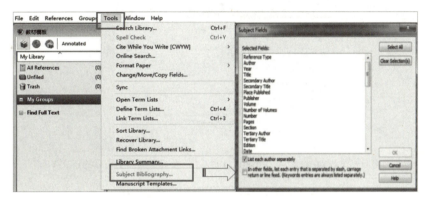

图 6-19 EndNote 统计分析

五、EndNote 文献引用与编排

EndNote 中除了提供 2000 多种期刊的参考文献以外，还提供了 178 种期刊的全文模板。如果你投稿的是这些期刊，只需要按模板填入信息即可。

视频 6-04
如何用 EndNote 编辑投稿
杂志的参考文献格式

1. 正文中插入引用

Word 版本不同，操作界面略有不同，下面以 Word for Mac 2011 版本为例介绍使用方法。首先，在开始插入引用前，如图 6-20 所示，将 EndNote 设置为"Instant Formatting is Off"的状态。

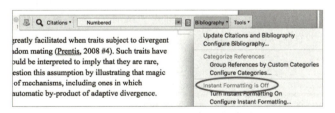

图 6-20   "Instant Formatting is Off"功能设置

操作步骤如下。

（1）将指针移动到想要插入的地方。

（2）如图 6-21 所示，单击"EndNote toolbar"的"Citations"，在下拉菜单中，单击"Insert Citation(s)…"。

（3）在打开的对话框里，输入这个 Citation 的相关信息，如作者名字，如图 6-22 所示，EndNote 会自动检索 library 中与此信息匹配的条目。找到想要插入的文献后，单击右下方的"Insert"按钮即完成插入，如图 6-23 所示。

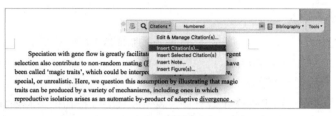

图6-21 单击"Insert Citation（s）..."

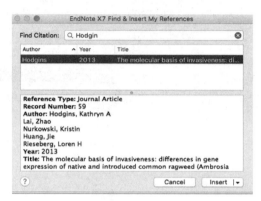

图6-22 "Instant Formatting is Off"模式下插入引文后的正文1

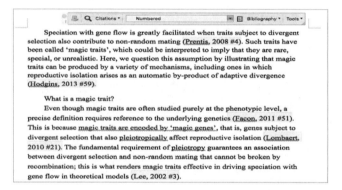

图6-23 "Instant Formatting is Off"模式下插入引文后的正文2

（4）单击图6-24中圆圈内的按钮，之前的"mark"全都被引用文献的数字索引所替代，文章末尾出现了"ref"列表，如图6-25所示。

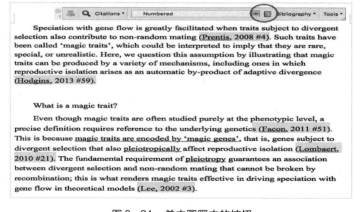

图6-24 单击圆圈内的按钮

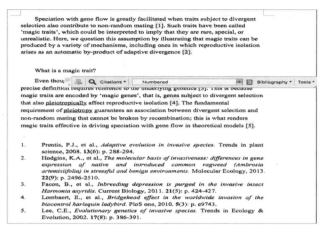

图 6-25　"ref"列表

2. 参考文献的引用

EndNote 有两种方式完成参考文献的引用。

（1）直接从 EndNote 软件中复制生成好的引用文献文本

如图 6-26 所示，选中需要引用的某条文献后单击"Edit"→"Output Styles"→"ACS"完成对参考文献格式的选择，然后在右边窗口单击"Preview"选项卡，此时符合美国化学学会旗下期刊的参考文献格式便生成了，只要复制右边窗口中的文本即可。

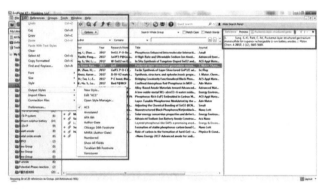

图 6-26　EndNote 生成引用文献文体

（2）通过 EndNote 和 Word 联用进行插入

当 Word 软件和 EndNote 联用时，在 Word 软件界面会出现 EndNote 的选项卡，如图 6-27所示。

图 6-27　EndNote 的选项卡

若没有该选项卡，可通过 Word 界面进行如图 6-28 所示操作，单击"文件"→"选项"→"加载项"→"转到"，将 EndNote 插件开启和 Word 的联用。插入文献的方法有以下两种。

图6-28　启用 EndNote 插件

1）在 Word 文档中将指针停留在要插入的位置，在 EndNote 插件中选中要插入的文献，然后在 Word 中单击"EndNote"→"Insert Citation"→"Insert Selected Citation(s)"即可完成，如图6-29所示。

2）通过在 EndNote 软件中直接插入，操作方法如图6-30所示，在 Word 文档中将指针停留在要插入的位置，然后到 EndNote 软件中选中需要插入的文献，再单击"Insert Citation"按钮（如图6-30所示方框处）插入所选中的参考文献。

图6-29　EndNote 插件插入文献

图6-30　EndNote 软件插入文献

文献插入完成后将自动生成正确的序号和格式，且插入多条文献会自动更正插入参考文献的顺序，不需要手动调整，对于重复插入的文献也能自动识别，如图6-31所示。

3. 更改参考文献样式

更改参考文献样式的方法视具体情况分三种。

1）如图6-32所示，拉出样式的下拉框，鼠标移到想要的样式上面，如图6-32所示的"APA 6th"，单击即完成参考文献样式的修改。EndNote 会自动同时更新文中引用和文末的"ref"列表，如图6-33所示。

图6-31 自动生成正确的序号和格式

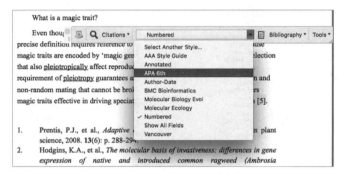

图6-32 选择参考文献样式

图6-33 自动更新文中引文和文末的"ref"列表

2）如图6-34所示，单击"Select Another Style"，在弹出的列表中，选择想要的样式，如果这个列表中依然没有需要的样式，可以到EndNote的主页中的"EndNote Output Styles"上查找需要的样式。

3）若没有找到自己想要的样式，或个别地方需要修改，则可选择差不多的样式，在此基础上简单编辑修改。

①在 EndNote 中选择样式，如 MDPI。

②选择"Edit"→"Output Styles"→"Edit'MDPI'"，如图 6 - 35 所示，根据需求更改样式。

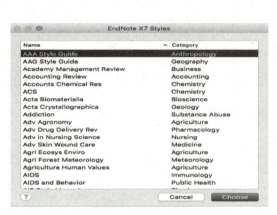

图6-34　选择作者样式

图6-35　根据需求更改样式

活动与训练

一、活动描述

小明的研究主题是关于某种新型材料的制备和性能研究。在这个研究中，小明需要在 EndNote 中导入大量的文献资料，以便于他在写作时可以方便地引用和参考。请为小明提供一份简单易懂的 EndNote 导入文献的应用流程。

二、活动分析

EndNote 是一款功能强大的文献管理工具，可以帮助研究人员、学生更高效地进行文献的收集、整理和引用。EndNote 不仅可以管理和组织大量的文献，还可以在写作时自动生成引用文献列表。此外，EndNote 还支持多种数据库格式，如 PDF、CAJ、HTML 等，以及多种论文写作格式，如 APA、MLA、Chicago 等。总的来说，EndNote 是一款优秀的文献管理软件，可以帮助小明完成这项工作。

三、活动演练

首先，通过搜索引擎和图书馆数据库等途径，找到相关的文献资料。然后将这些文献资料的 URL 或文件名复制下来，并导入 EndNote 中。在导入的过程中，EndNote 会自动保存文献的基本信息，如作者、标题、出版年份等。

其次，将文献资料按照不同的主题进行分类。这样，在写作时，可以方便地查找和引用所需的文献。在分类时，可以通过 EndNote 的搜索功能，快速找到所需的文献资料。

最后，在写作论文时，通过 EndNote 的自动生成引用文献列表功能，可快速生成论文的引用文献列表。这个功能大大提高了写作效率，同时也避免手动输入错误。

EndNote 文献导入注意事项：

在使用 EndNote 进行文献导入时，首先要注意选择正确的文献格式和导入方式，以确保文献资料能够被正确地保存和管理。其次要注意对文献进行分类和标记，以便在写作时可以快速查找和引用。最后要注意及时更新 EndNote 版本，以获取最新的功能和修复已知的 bug。

四、活动反思

使用 EndNote 进行文献导入让我们感受到了 EndNote 的便利和实用性。EndNote 不仅可以帮助用户管理和组织大量的文献资料，还可以提高用户的写作效率和质量。同时，EndNote 的多种数据库格式和论文写作格式支持功能，也使用户能够更加方便地进行文献导入和论文写作工作。

虽然 EndNote 有这些优点，然而使用过程中也存在一些不足之处。例如，EndNote 的搜索功能有时会出现不稳定的情况，导致搜索结果不准确；使用过程中会遇到无法连接到 EndNote 的服务器的情况。此外，EndNote 的某些高级功能需要购买额外的插件才能使用，这对于一些用户来说可能会造成一定的经济负担。解决这些问题的方法可以在 EndNote 的官方网站或帮助文档中找到。

单元小结

EndNote 能够帮助用户高效地组织和管理参考文献，并与论文写作过程无缝结合。它具有多种功能，包括导入文献、自动格式化、数据分类和知识管理、思维导图等。

EndNote 支持多种导入方式，包括直接导入、从网络数据库导入以及通过 PDF 文件导入。在添加文献后，可以通过 EndNote 的自动格式化功能，将参考文献直接插入用户的论文中。此外，EndNote 还提供了丰富的文献信息搜索和整理功能，如标签、评论、排序等。这些功能使得用户可以方便地管理和组织自己的文献库。

思考与练习

在线测试 6-02

一、填空题

1. EndNote 可以帮助研究者进行文献_____和引用。
2. EndNote 拥有一个_____功能，可以自动将引用列表插入到论文中。
3. EndNote 支持多种文献_____格式，如 APA、MLA 等。
4. EndNote 可以通过_____来搜索并下载文献。
5. EndNote 可以生成_____，方便研究者对文献进行分类和整理。

二、判断题

1. EndNote 是一款免费软件。 （　　）
2. EndNote 可以直接从互联网上下载文献的全文。 （　　）
3. EndNote 可以与 Microsoft Word 等常见文字处理软件无缝集成。 （　　）
4. EndNote 只能在 Windows 操作系统上运行。 （　　）
5. EndNote 的主要功能是进行文献管理和引用管理。 （　　）

三、选择题

1. EndNote 是（　　　）公司开发的软件。
   A. Apple　　　　　　　　　　　B. Microsoft
   C. Thomson Reuters　　　　　　D. Adobe

2. EndNote 可以在（　　　）操作系统上运行。
   A. Windows　　　　　　　　　　B. MacOS
   C. Linux　　　　　　　　　　　D. 所有以上选项

3. EndNote 的主要功能是（　　　）。
   A. 电子邮件管理　　　　　　　　B. 数据分析
   C. 文献管理和引用管理　　　　　D. 文件编辑

4. EndNote 可以与（　　　）软件无缝集成。
   A. Adobe Photoshop　　　　　　B. Microsoft Excel
   C. WPS Office　　　　　　　　　D. Microsoft Word

5. EndNote 可以通过（　　　）方式搜索并下载文献。
   A. 在线数据库　　　　　　　　　B. 社交媒体
   C. 云存储服务　　　　　　　　　D. 手机应用商店

四、实训应用题

　　EndNote 是一款功能强大的文献管理工具，可以帮助研究人员、学生更高效地进行文献收集、整理和引用。请编制一份简单易懂的 EndNote 使用指南，帮助初学者快速掌握该工具并提升学术写作的质量和效率。

单元三　知网研学

 案例导入

从知网研学中的意外发现

　　小明是一名大学生，正在进行他的毕业论文研究。他选择了一个热门的课题，但在文献搜集和引用方面遇到了一些困难。导师建议他使用知网研学来获取更多的相关文献和资料。

　　于是，小明注册了一个知网研学账户，并开始了他的文献研究。他使用关键词搜索功能，在知网研学数据库中找到了大量与他研究课题相关的文献。他使用 EndNote 软件来管理和引用这些文献，使得整个研究过程更加高效和有条理。

　　然而，在使用知网研学的过程中，小明偶然发现了一篇与他的课题完全不相关的文献。这篇文献是关于一项新技术的研究成果，该技术尚未在他的研究领域得到广泛应用。小明好奇地阅读了这篇文献，并深受启发。他突然想到，将这项新技术应用到他的研究中可能会产生非常有趣的结果。于是，小明决定在他的毕业论文中尝试使用这项新技术。他在知网研学中继续搜索相关的文献，并找到了更多支持他这个想法的研究成果。通过知网研学的帮助，小明成功地整理了这些文献，并使用 EndNote 软件进行了引用。

　　最终，小明的毕业论文独特而有创意，得到了导师和评审专家的高度赞扬。他的研究成

果也引起了同行学者们的关注，并被邀请参加学术研讨会进行分享。

通过这次意外发现和知网研学的帮助，小明不仅成功完成了毕业论文，还为未来的科研道路打下了坚实的基础。他深刻体会到，科研不仅需要深入的文献研究，还需要保持开放的心态，时刻准备接受新的思想和技术的启发。

◎ 培养子目标

知识目标

理解知网研学平台的基本概念和功能；熟悉知网研学平台的使用方法，包括登录、搜索、查阅、下载和分享文献资源等；掌握知网研学平台的高级搜索技巧，如检索语法、引用分析等。

能力目标

能够独立使用知网研学平台进行学术文献检索；能够有效阅读和理解从知网研学平台下载的学术文献，提取关键信息并进行整理和归纳；能够利用知网研学平台了解相关文献的引用情况和学术影响力，进行文献引用分析；能够利用知网研学平台准确判断文献信息的类型、级别以及著录特征，合乎规范地进行文末参考文献的著录。

素质目标

培养学生的自主学习意识，通过知网研学平台独立获取所需学术资源，进而提升独立解决问题的能力；树立学生的学术诚信观念，确保在学术研究中坚守道德规范，形成良好的学术习惯。

◎ 相关知识

视频 6-05
E-Study 概述

一、知网研学概述

（一）知网研学简介

知网研学平台是中国知网旗下的在线学习平台，是集文献检索、阅读学习、笔记、摘录、笔记汇编以及学习成果创作、个人知识管理等功能于一体，面向个人学习（研究型学习），重点支撑知识体系与创新能力构建的多设备同步的云服务平台。该平台提供网页版、桌面版（原 E-Study，Windows 和 MAC）、移动端（iOS 和安卓）、微信小程序，多端数据云同步，满足学习者在不同场景下的学习需求。

（二）知网研学平台功能

知网研学是一个面向个人的研究型学习平台，具有多种功能以支持研究者的学习和创新过程，主要具有以下功能。

1）文献汇集和管理：知网研学可以通过多种方式完成知识资源的汇集和管理，使研究者能够方便地获取和整理所需文献。

2）在线碎片化阅读：知网研学平台基于 XML 内容实现交互、动态的全新阅读体验，构建文献和碎片化知网节。通过 XML 碎片化技术对文献进行知识体系提取，并配合相关阅读功能研发，提供便捷的工具来帮助读者更方便地完成文献阅读、知识内化。

3）在线创作投稿：知网研学平台提供思维导图和在线 Word 文档创作的功能，还提供 XML 流媒体内容在线创作，支持稿件排版和在线投稿。

4）个人知识管理：知网研学平台支持终身学习和智能精准推送，提供云服务模式的个人知识存储和管理，支持 PC 端和移动端，构建并管理个人知识体系和图谱。

二、知网研学的下载

1. 知网研学"桌面版"（PC 端）软件下载

知网研学"桌面版"（PC 端）即原来的 CNKI E-Study，下载地址进入方法有三种，如图 6-36 所示：①输入网址 https://estudy.cnki.net/，根据所需直接下载；②进入 CNKI 平台（https://www.cnki.net/），下滑到页面最底端，在"CNKI 常用软件下载"栏目下单击"知网研学（原 E-Study）"进入软件下载页面；③进入 CNKI 平台（https://www.cnki.net/），在页面右下端的"软件产品"栏目下单击"知网研学（原 E-Study）"，进入软件下载页面。安装完成后 CNKI E-Study 会自动嵌入到 Word 工具栏上。

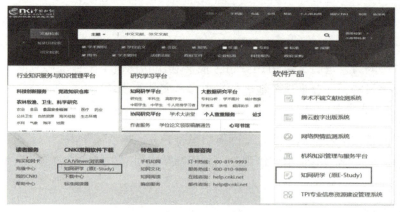

图 6-36　知网研学 PC 端软件下载

图 6-37 为知网研学主界面。CNKI、ScienceDirect、Springer、wiley 等 20 多个中外文数据库文献保存到知网研学（原 E-Study）。

图 6-37　知网研学主界面

2. 知网研学"网页版"

知网研学网页版被称为一个网页在线文献管理工具。知网研学网页版进入方式有两种：①进入 CNKI 首页，依次单击"知网研学平台"→"研究生"即可进入；②输入网址 https://estudy.cnki.net/，即可访问。

3. 知网研学 APP

"知网研学"支持云端同步，实现随时随地碎片化学习。知网研学 APP 可以在手机应用商店中搜索并下载，目前用户可以通过两种方式登录：①输入手机号码＼邮箱＼用户名＋密码；②通过授权登录（微信、QQ、微博）。登录成功后，用户需要绑定所在机构的资源账号。绑定机构账号后，即可在机构范围查看权益内的资源。

三、知网研学界面介绍

进入知网研学首页，如图 6 - 38 所示。从图中可知，知网研学首页由功能区、检索区、订阅区、登录区、活动区五个区域构成。

1）功能区位于页面最左侧，包含"首页""研读学习""创作投稿""笔记""我的"以及"回收站"。"首页"即当前的界面。

2）检索区在页面的中心位置，这个界面和 CNKI 搜索界面是完全相同的，可以进行高级检索。

3）订阅区主要呈现用户自己定制和关注的当前学术热点问题，订阅的方式主要有期刊、RSS、学科和关键词四种。

4）登录区主要为用户提供注册、登录、登出，以及软件帮助等信息和功能。

5）活动区是近期活动界面，用户可以在这里看到自己近期阅读的文献记录、自己创建的专题、我的创作以及我的文摘等。

图 6-38　知网研学首页

四、知网研学的研读学习

登录进入知网研学平台，单击左侧的"研读学习"，即可进行文献的研读和管理。根据研究方向，创建学习专题，单击"新建专题"按钮，对文献进行管理。也可将本地文档上传到专题下进行统一学习。打开学习专题，可对文献进行移动、复制、删除，查看题录信息。"我的专题"中右上角按"学习资料""学习笔记""学习摘录"分类。打开文章，页面顶部有手机阅读、打印功能，并可查看作者知网节，设定重要度，打印标签，收藏，进行笔记汇编等。

视频 6-06
利用 CNKI E-Study 进行
文献管理、研读及应用

（一）学习专题的创建

1. 学习专题

学习专题是找资料、阅读文献、知识管理的媒介。通过学习专题可以有计划、有目的、有组织地获取领域知识和技术，实现对新知识的意义建构和对原有知识的改造及重组。

用户可将本地计算机上的文献添加到不同的学习专题内进行分类阅读和管理；学习专题内可创建多层级文献夹，用于有效管理文献、构建知识脉络；还可对学习专题内的文献记录笔记，并将笔记与文献一起保存在学习专题内。每次打开知网研学，学习专题会按照上次学习的时间从近到远的顺序排列，即默认打开最近学习的学习专题。

2. 文献题录

题录是描述文献的外部特征的条目，如文献的重要度、标题、作者等。知网研学的研读学习主界面即文献的题录列表，如图6-39所示。

图6-39　知网研学的研读学习主界面

（二）知网研学的文献研读

登录进入知网研学，单击左侧的"学习专题"，该专题的文献题录就展现在界面中央。

1. 添加文献

（1）检索添加

执行检索操作时，可在研学平台首页检索栏输入关键词检索，除此之外也可在专题模块的检索栏或单击"检索添加"进行全库检索，如图6-40所示。用户可在检索结果页勾选需要的文献，直接"批量收藏"文献到所在专题下；也可以单击右侧"收藏"一栏中的图标✴，单篇收藏文献到专题。

收藏成功后，回到"研读学习"页面，刷新后，单击"未加入专题文献"，就可以看到新添加的文献，用户可以根据所需进行删除、移动、复制处理。如图6-41所示，下面以移动文献为例介绍：勾选所需文献，单击"移动"按钮，在弹出界面选择所要移动到的学习专题"知识服务与信息素养"，单击"确定"按钮，刷新后，就可以看到新添加的文献了。

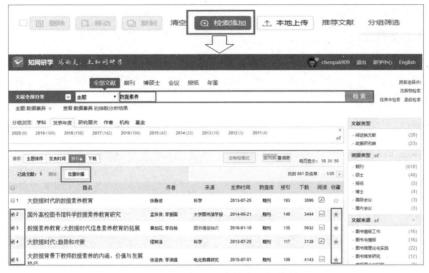

图6-40　知网研学检索添加文献

图6-41　移动文献到学习专题

（2）本地上传

打开某一学习专题，单击图6-39中的"导入本地文件夹"按钮，可将本地文档上传到该专题下统一学习。

（3）浏览器插件添加文献

如图6-42所示，使用浏览器插件（CNKI E-Study）将文献题录下载到研学平台。按照相关提示安装并运行，安装完成后知网研学会自动嵌入到 Word 工具栏上。

图6-42　知网研学浏览器插件下载

2. 文献阅读

知网研学平台的文献阅读分为在线阅读和 PDF 文献阅读两种，通过图标区分 XML 文献

（ ） 和 PDF 文献（ ）。

（1）XML 文献阅读

选择某一学习专题，单击某一文献题名，即可进入文献阅读界面（见图6-43）开始阅读文献。在阅读过程中，可以完成目录管理、查看章节目录/参考文献/图表/知网节等信息，也可以添加笔记，查看工具书等。分述如下。

图6-43　XML 文献阅读界面

1）目录管理。目录管理的操作如下：选中目录章节后，单击鼠标右键，即可对目录进行添加子目录、添加内容、插入其他章节、删除目录、重命名等操作。其中，选择"插入其他章节"，即可插入该专题下其他文献的章节。

2）查看章节目录/参考文献/图表/知网节。知网研学平台完成了对大量文献的篇、章、节、图、表、公式的碎片化加工。

单击左侧栏章节名称，可实现内容的自动跳转定位。

单击图表名称，可以实现文中图表的快速定位。当鼠标定位在图表的时候，可以放大或缩小图表，也支持对图表进行笔记、摘录、涂鸦等操作，具体如图6-44所示。

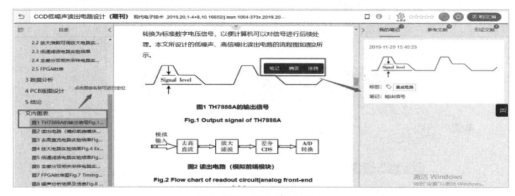

图6-44　XML 图表阅读

单击作者姓名，可自动跳转到该作者的知网节，了解该学者的基本信息、研究方向、主要成果、关注领域、合作作者等，如图6-45所示。

图6-45　XML 作者信息阅读

单击单位名称、关键词、基金等，也可自动跳转到对应的知网节，了解相关文献、关注度指数分析等。

在阅读的过程中，单击参考文献角标，在右侧"参考文献"标签下，将自动定位到该参考文献（见图6-46）。单击参考文献，即可直接打开该参考文献进行阅读。

图6-46　XML 参考文献阅读

3）添加笔记。用户在文献阅读过程中，可对文章内容添加笔记。操作方法为：选中需要做笔记的内容，右键单击会出现如图6-47所示的选项，即可添加笔记。

文献阅读中，还可以对原文内容进行管理：如图6-47所示，可对当前文献的内容进行复制、划线、高亮、矩阵分析、摘录、翻译、纠错等操作。

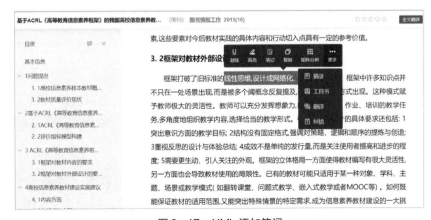

图6-47　XML 添加笔记

4）查看工具书。阅读文献时，可在当前页面查看文内专业名词的工具书解释，如图6-48所示。

图6-48　XML工具书功能

（2）PDF文献阅读

PDF文献可以通过目录导航查看文章内容。如图6-49所示，在所阅读的正文上方，有一条工具栏，有别于XML阅读工具栏，这里是可以隐藏的。阅读时只要单击一下正文就能够再次显示，这些工具有方便阅读的功能。单击打开之后，能够看到左侧是目录，但目录当前并不完善，只能显示页码，并不能显示该页的内容或标题。

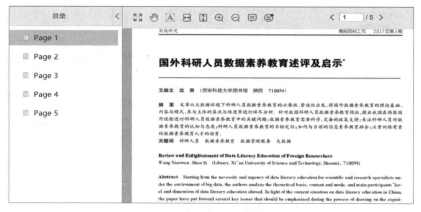

图6-49　PDF文献阅读界面

（3）文献对比阅读

无论是PDF还是XML方式，都可在文献阅读界面实现文献对比阅读。单击方框中的图标 ，可以对学习单元内的两篇文献全文并排对比，以便阅读查看文献之间的异同。

3. 做笔记

（1）做笔记的方法

在文献阅读的过程中，可随时做笔记，并且所做的笔记内容会对应插入到原文。选择需要做笔记的原文内容，单击"笔记"按钮，进行笔记添加即可，如图6-50所示。所做笔记的内容，也支持插入超链接、图片、附件、公式等。

（2）内容摘录

在阅读的过程中，发现对自己有价值的内容，选择相应内容后，单击"文摘"按钮，内容就会自动摘录到"我的文摘"中，方便总结个人学习成果，以及个人创作中作为直接参考和引用的素材，如图6-51所示。

图6-50 知网研学做笔记

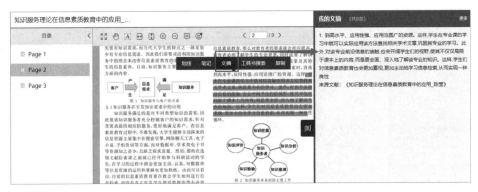

图6-51 知网研学做摘录

（3）分类查看笔记

在 XML 阅读页面，单击"笔记"→"我的笔记"标签，可以分别按照笔记类型、学习专题、笔记标签、引用关系查看本篇文献笔记，如图6-52所示；也可以单击图6-53中的"笔记导图"，查看对某篇文献所做笔记的内容结构。

图6-52 知网研学分类查看笔记页面

4. 笔记汇编

（1）单篇文献笔记汇编

文献阅读结束后，可以将该篇文献中所做的全部笔记以文档的形式汇总出来，从而完成文献从厚读薄的过程。操作方式是在文献阅读页面，单击"笔记汇编"按钮，如图6-54所示。

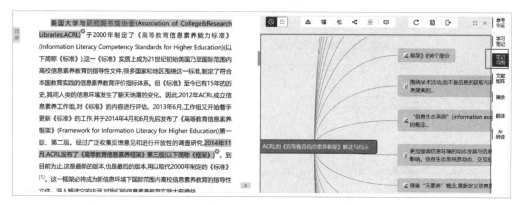

图6-53 按照引用关系查看笔记页面

图6-54 文献笔记汇编

知网研学还支持对汇编的笔记文档进行再次编辑修改，如写下新的想法、观点等。编辑过程中，还可插入我的文摘、我的笔记、笔记汇编、我的创作、我的专题、CNKI文献等在线素材，如图6-55所示。插入我的文摘后，系统会自动形成引文链接，该引文链接同时支持编辑修改，以减少手动输入编辑的时间，提升学习效率。

图6-55 汇编笔记的编辑

（2）专题笔记汇编

某一学习专题的文献阅读完成后，返回研读学习主页面，选中该学习专题，单击"学习笔记"按钮，可以查看该专题下所有文献的笔记。单击"一键汇编"按钮，就可将本专题下全部笔记汇编成文档，如图6-56所示。

图6-56 学习专题学习笔记汇编

与单篇文献笔记汇编的操作相同，汇编完成后，即可在"我的笔记"中查看，如图6-57所示。

图6-57 某一学习专题的学习笔记汇总（成果展示）

五、知网研学的创作投稿

1. 新建创作

在研学平台主界面，选择"创作投稿"，即进入创作投稿的主界面。知网研学平台提供了三种新建创作的方式：文档、思维导图、新建文件夹，如图6-58所示。创作时读者根据自己的使用习惯选择其中一种方式进行即可。

视频6-07
利用 CNKI E-Study
写作、排版与投稿

图6-58 新建创作

2．导入/上传模板

新建创作时，可以基于空白模板开始创作，或是上传撰写本类文档相关的模板，或是上传导图大纲模板。下面以文档模板方式介绍本功能：单击文档模板，可以预览模板内容并加以使用，还可以对模板进行再次编辑。单击图6-59中的"使用模板"按钮，可以根据抽取级别将导图转为文档模板，可直接用于文档编辑。

图6-59 知网研学导入模板

3．内容编写

完成模板导入或者编辑后，即自动进入内容编写的页面，如图6-60所示。

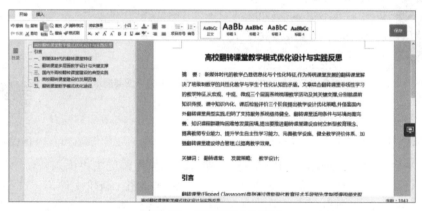

图6-60 知网研学内容编写

（1）插入多媒体内容

在内容编写的过程中，知网研学平台支持插入特殊符号、公式、超链接、图片、表格、音视频、在线素材、引用等。以插入视频为例，单击"插入"→"视频"，选择视频文件即可完成插入。插入的音视频文件均可在线播放，如图6-61所示。

（2）引用在线素材

知网研学平台提供了引用在线素材的功能。使用时单击页面右侧"我的素材""我的专题""CNKI文献"按钮，可以检索并插入在线素材，包括我的文摘、我的笔记、笔记汇编、我的创作、我的专题、CNKI文献等。以插入文摘为例，指针移至某条文摘后，出现"添加"按钮，单击"添加"按钮，本条文摘会自动插入到编辑器中，如图6-62所示。

图6-61 插入视频

插入在线素材后，系统会自动生成引用的题录信息。点击参考文献角标，可修改题录信息。

图6-62 插入文摘

（3）手动插入引用

写作中常常会引用他人的观点或者内容，这种情况下需要我们手动插入引用，可单击"插入"→"插入引用"，系统将自动按照引用顺序生成引用角标。单击数字，可对题录信息进行编辑。

4．文档导出

在知网研学平台创作的文档完成后，可以导出为 Word、PDF、Epub 三种格式，如图6-63所示。

图6-63 知网研学写作文档导出

5．投稿通道

知网研学平台提供了多种期刊的官方投稿地址和 CNKI 腾云采编平台投稿地址，用户可按学科导航选择查看，如图6-64所示。

图6-64　知网研学投稿通道

六、标签管理

知网研学平台支持将个人笔记标签和文献标签按名称或按专题分类，如果需要新建一个标签，只需单击箭头处的图标 即可，如图6-65所示。

图6-65　知网研学标签管理界面

建立的标签可以编辑，也可删除。针对需要编辑的标签，将指针定位到标签时，会出现两个按钮，分别是"编辑标签"和"删除标签"。如图6-66所示，单击某个标签，右侧便会呈现该标签对应的笔记内容及所在文献，即可进行编辑或者删除。

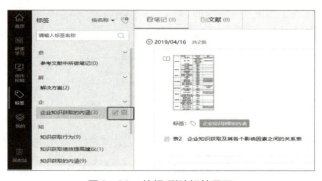

图6-66　编辑/删除标签界面

七、订阅

进入知网研学平台主页，单击"我的"，此处提供了"我的订阅""记事本""我的学术成果""全文翻译记录"。其中"我的订阅"提供了多种订阅方式，包括期刊订阅、RSS订阅、学科订阅、主题订阅和作者关注，用户可以根据需要自行选择，如图6-67所示。

图6-67 知网研学添加订阅界面

可以将订阅推送的文献单篇收藏到相应的专题中，也可以"全部收藏到专题"。订阅完成后，每次登录研学平台，即可在首页"我的订阅"（见图6-68）中看到推送的最新文献。

图6-68 订阅推送文献

使用知网研学的注意事项：
1. 知网研学的 APP 是"知网研学"，桌面客户端是"知网研学"。
2. 知网研学是软件平台，提供在线浏览阅读功能，不提供文献下载功能，与 CNKI 总库有区别。
3. 知网研学必须以个人账号登录，不能使用机构包库账号。
4. 用个人账号登录后先进行团队关联，关联成功后才可免费使用。
5. 如果出现下载扣费页面提示，请确定是否访问的是知网研学平台。

活动与训练

一、活动描述

小明是一位医学生，他毕业论文选题为免疫学方向的热点问题，论文完成质量很高，指导老师建议他去投稿发表，在此之前他听从老师的建议利用知网研学来获取更多文献和资料。如今，老师依然建议他利用知网研学进行创作投稿。

二、活动分析

利用文献管理工具进行创作投稿可以提高工作的效率和准确性。知网研学平台是中国知网旗下的在线学习平台，该平台集文献检索、阅读学习、笔记汇编、成果创作、个人知识管理等功能于一体，并可实现跨域资源共享。平台提供网页版、移动端以及桌面版等多个学习终端，通过平台可以查找阅读期刊论文、在线摘录整理笔记、在线写作投稿等。

经过以上分析，知网研学完全能满足小明的需求。

三、活动演练

1) 单击右侧条目框的"创作投稿"，如图 6-69 所示。

图6-69 创作投稿界面

2) 选择"投稿通道"，再选择与自己论文相关的学科，如图 6-70 所示。

图6-70 从投稿通道筛选投稿期刊

3) 选择相应的期刊，即可查询投稿方式。例如，准备向《中国疫苗和免疫》投稿，按照图 6-71 的流程进入图 6-72，单击图中的 CBPT网址 图标即进入该杂志的在线投稿界面（见图 6-73）。

图6-71 知网研学投稿通道界面1

图6-72　知网研学投稿通道界面2

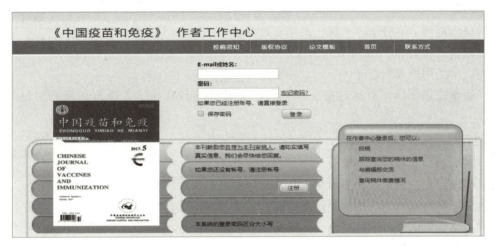

图6-73　《中国疫苗和免疫》在线投稿界面

四、活动反思

通过反思和总结投稿过程，可以发现问题并寻找改进的机会。每次投稿都是一个学习和成长的过程，帮助我们不断提升自己的研究和写作能力。需要从以下几方面进行反思和总结。

1）投稿流程中在选择目标期刊、查找适合的主题和范围、准备材料和格式要求、提交过程等，是否有不顺畅或不清晰的地方？是否能够优化流程以节省时间和精力？

2）文章准备。反思文章的准备过程，包括文献查找、资料整理、数据分析、写作和修改等，是否有任何遗漏或不足之处？是否可以改进文献管理、数据分析或写作技巧以提高效率和质量？

3）反馈和修订。投稿后，如果收到了审稿人或编辑的意见和建议，反思自己对这些反馈的处理方式。是否能够充分理解和回应审稿人的意见？是否能够合理、准确地进行修订？如何改进自己的写作和表达能力以更好地回应审稿人的意见？

4）目标和适应性。反思自己选择的目标期刊或会议是否合适。是否充分了解目标期刊或会议的主题和范围？是否适应其投稿要求和审稿标准？如果投稿被拒绝，是否需要重新评估目标和调整策略？

5）学习和成长。反思整个投稿过程中的学习和成长。是否从审稿人的反馈中获得了新的见解和观点？是否能够借此机会改进自己的研究和写作能力？如何继续学习和提升自己以在未来的投稿中取得更好的结果？

✎ 单元小结

知网研学提供了丰富的学术资源和学习工具。它是一个功能齐全、资源丰富、检索功能强大、学习工具齐全、用户体验良好的在线学习平台。通过使用该平台，用户可以方便地获取学术资源、提高学习效果和效率，促进学术交流和合作。

⁇ 思考与练习

一、填空题

1. 知网研学提供了多种学习工具，包括文献阅读、_____、_____和参考文献格式转换等。

在线测试 6-03

2. 知网研学的用户界面设计_____，操作_____。

3. 知网研学提供了学术社区功能，用户可以在社区中与其他学者进行交流和讨论，分享_____和_____。

二、判断题

1. 知网研学是一家在线学习平台。 （ ）

2. 知网研学只提供学术期刊资源，不包括其他类型的学术资源。 （ ）

3. 知网研学的检索功能只支持关键词检索，不支持其他维度的检索。 （ ）

4. 知网研学提供的学习工具只包括文献阅读和文献引用。 （ ）

5. 知网研学的用户界面设计复杂，操作困难。 （ ）

三、选择题

1. 知网研学的检索功能支持（ ）的检索。

　A. 关键词　　　　　　B. 作者　　　　　　C. 期刊　　　　　　D. 学科

2. 知网研学提供的学习工具包括（ ）。

　A. 文献阅读　　　　　B. 笔记管理　　　　C. 文献引用　　　　D. 图表绘制

3. 知网研学的用户界面设计（ ）。

　A. 复杂且难以操作　　　　　　　　　　B. 简洁清晰且易于使用

　C. 复杂但易于使用　　　　　　　　　　D. 简洁但操作困难

4. 知网研学的学术社区功能主要用于（ ）。

　A. 分享学术心得和研究成果　　　　　　B. 购买学术资源

　C. 提供学术导师指导　　　　　　　　　D. 提供在线学习课程

单元四　个人知识管理工具

案例导入

亚马逊创始人杰夫·贝索斯说："在亚马逊开会是不同寻常的。因为我们开会的模式是从一份 6 页的叙述性备忘录开始的，然后大家'自习'，安静地坐在那里 30 分钟，阅读相关内容。"

"在空白处做笔记，然后再讨论。为什么要这样'自习'？我其实更喜欢让大家提前看过这些备忘录，但问题是很多人没时间去那样做。如果我要求大家提前看，结果就是他们可能只是粗略地看了下里面的内容，或者压根没看，导致他们跟不上会议节奏。又或者他们会像大学里那样虚张声势，假装他们看过了。"

贝索斯认为这种通过记录和整理自己的思考，能够更清晰地表达自己的愿景和战略，同时也能够帮助团队成员理解和共享这些思考。

这个案例表明个人知识管理工具的功效在于帮助个人整理和深化自己的思考，并能够为未来的决策提供有用的参考。

培养子目标

知识目标

理解个人知识管理的概念和重要性；掌握个人知识管理的基本原理和方法；熟悉常用的个人知识管理工具和技术。

能力目标

能够分析和评估个人知识需求，制订合适的知识管理计划；能够有效地收集、整理和存储个人知识资源；能够运用合适的工具和技术进行知识整合、分享和传播。

素质目标

培养学生积极主动的学习态度和持续学习的习惯，重视个人知识的积累与更新；激发学生对创新思维和创造性能力的兴趣，鼓励学生在个人知识管理方法上的探索和创新；培养合作与沟通能力，能够与他人分享和协同管理知识资源；培养创新思维和创造性能力，能够发现和创新个人知识管理的方法和工具。

相关知识

一、知识管理概述

1. 知识管理的定义

知识管理（Knowledge Management，KM）是对知识进行组织和再组织，以及对人或者领域的显性和隐性知识进行管理，通过对知识的获取、组织、分发、应用，实现知识共享和知识创新，提升组织的创新能力。

2. 个人知识管理软件工具

知识管理在于巧妙结合工具与思维，实现高效能。优秀的个人知识管理软件应具备完善的

音频6-02
印象笔记概述

操作示例6-02
印象笔记的使用方法

知识分类、快速索引搜索、支持多格式文件编辑与自动备份功能。

在学习、保存、使用、共享知识方面，常用工具（见表6-2）能极大提升效率。这些软件多基于网页编辑器原理开发，为个人知识管理提供便捷途径。本单元将主要介绍为知笔记、有道云笔记、Mind Manager 等工具的使用。

表6-2　个人知识管理常用工具

功能	类别	管理软件和工具
学习知识	搜索引擎类	百度、必应
	百科类	百度百科、互动百科
	文库类	百度文库、360doc、爱问共享资料、豆丁等
	问答社区	百度知道、新浪爱问、搜搜问问、知乎、PMCAFF 等
	订阅关注类	blog、公众号等
保存知识	网盘类	百度云盘、华为网盘、360 云盘、115、Dropbox、Evernote
	书签收藏类	360 书签等
使用知识	思维导图	Xmind、MindManager
	知识管理工具	为知笔记、小密圈、印象笔记、有道云笔记等
共享知识	社交网络分享	微博、微信、QQ
	长文类	公众号、头条、简书、行业投稿、其他媒体平台转载

二、为知笔记

（一）为知笔记概述

为知笔记是一款免费的个人知识管理软件，定位于高效率的工作笔记，向用户提供资料进行沟通的协作工具。不仅如此，为知笔记还是一款记录生活、工作点滴的云服务笔记软件。用户可以随时随地记录和查看有价值的信息，而且所有数据在 PC、手机、平板、网页可通过同步保持一致。

为知笔记官网地址：https://www.wiz.cn/zh-cn。

（二）基本功能

为知笔记作为一款强大的个人知识管理软件，具备强大的知识管理能力。知识管理包括知识生成与获取、微观的知识管理、分享知识三个方面。

1）知识生成与获取。从知识构成上看，人类的知识构成，主要包括如下两个方面：一是来源于外界的知识，包括学习所得，以及各种书籍、网络、好友分享等；二是来源于自己思考生成。

2）微观的知识管理。微观的知识管理主要包括知识的保存与分类整理，以便于日后的使用、查找与记忆。

3）分享知识。为知笔记具有强大的知识分享功能，能够满足用户多种分享自己知识的需要。它支持好友分享、微博博客分享、群组分享以及邮件分享四种分享知识方式。

（三）界面介绍

为知笔记提供了强大功能，但布局却很简单，下面以 Windows 客户端为例介绍。如图6-74所示，为知笔记主界面主要由侧边栏区域、笔记列表区域、笔记编辑区域、账户设置区域、搜索区域、工具栏区域以及菜单栏区域7个区域构成。

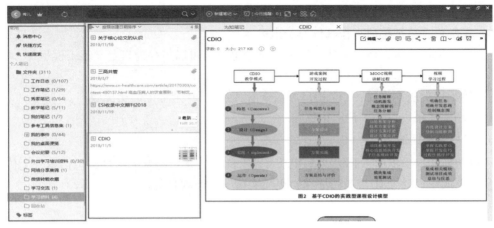

图6-74 为知笔记主界面

1. 侧边栏区域

（1）常用工具栏

消息中心：接收群组成员通过@、评论、编辑笔记时的消息提醒。

快捷方式：可以通过拖拽标题把常用的笔记、文件夹以及笔记标签的快捷方式拖曳到这个区域，可以快速定位。

快速搜索：可以通过日期、附件、评价等快速搜索笔记。

（2）个人笔记区域

文件夹：存放个人笔记的文件夹目录。

标签：目前支持个人笔记，存放个人笔记的标签目录树。

（3）团队 & 群组区域

本区域包括企业群组和个人群组。企业群组主要存放自己创建的企业群组和被别人加入的企业群组目录树结构，个人群组分为"我的群组"和"其他群组"。其中"我的群组"存放的是自己创建的个人群组，而"其他群组"存放的是被别人添加的个人群组。

2. 笔记列表区域

1）笔记列表排序：可以通过创建日期、修改日期、访问日期、评价等排序笔记列表。

2）个人笔记列表：指定目录下的笔记列表。

3）群组笔记列表：指定目录下的群组笔记列表。

3. 笔记编辑区域

（1）笔记标题

新建状态下显示未命名，可在此处添加笔记标题。

（2）笔记正文

笔记正文编辑区可以编辑笔记内容。

（3）笔记操作

1）编辑：在阅读状态下显示，单击"编辑"按钮可以对笔记进行编辑。

2）保存并阅读：保存笔记，保存后笔记为阅读状态。

3）添加标签：可以为笔记添加标签。

4）添加附件：可添加多种格式附件。

5）笔记属性：显示笔记创建时间和修改时间，并可快速定位到相应文件夹。

6）发邮件：可把笔记当作邮件发送出去。

7）分享笔记：可以通过微博、博客等分享笔记也可以另存为自定义笔记模板。

8）评论笔记：可以添加笔记的评论。

9）笔记历史版本恢复：VIP用户可以查看和恢复20个笔记的历史版本。

10）删除笔记：可直接把笔记删除。

4．账户设置区域

可以切换账户、退出、升级到VIP以及查看并设置账户的有关信息，包括本月上传流量使用量、更换用户登录ID、邀请好友、更换头像、修改昵称等。

5．搜索区域

根据关键词来搜索笔记。为知笔记不仅可搜到标题内容，若附件是导入并在正文显示，则可以搜索到附件内容。

6．工具栏区域

1）新建笔记：建立新的空白笔记，单击下拉框可创建模板笔记。

2）全屏切换：切换笔记视图。

3）为知笔记应用中心：链接到为知笔记插件中心，下载为知笔记插件。

4）自定义工具栏：右键单击顶部菜单栏空白区域可调出自定义工具栏，可添加便签、任务列表等快捷方式。

7．菜单栏区域

1）更换皮肤：更换为知笔记皮肤。

2）文件：导入/导出文件内容等。

3）查看：笔记视图的切换等。

4）工具：可调用浮动工具栏等。

5）帮助：查看帮助手册、在线反馈问题等。

6）选项：可进行笔记的默认设置等。

（四）软件下载与安装

为知笔记支持多平台、多终端，提供了供Windows、Web、Android、iPhone、iPad、Mac等设备使用的各版本软件。图6-75是为知笔记软件下载页面，用户可以根据自己的需要下载任意一个版本的软件。

图6-75　为知笔记软件下载页面

成功安装为知笔记客户端之后，打开为知笔记，会弹出登录、注册界面，单击"注册"按钮，输入一个有效的邮箱名，然后两次输入密码即可创建账号。

为知笔记账号注册与登录：

提供了第三方账户登录，可利用 QQ 账号、微博账号或快盘账号快速登录。第三方登录在部分功能上有限制，若希望长期使用，可以到头像旁下拉菜单里的"账户设置"进行创建并绑定邮箱账号，即可使用绑定的邮箱登录并享受更多功能。

三、有道云笔记

（一）有道云笔记概述

视频 6-08
有道云笔记

有道云笔记是网易旗下有道搜索于 2011 年 6 月 28 日推出的云笔记免费软件，是专注办公提效的笔记软件，支持多端同步，用户可以随时随地对线上资料进行编辑、分享以及协同。有道云笔记通过云存储技术帮助用户建立一个可以轻松访问、安全存储的云笔记空间，让用户实现"记录工作和生活点滴，办公文档随身携带"，解决了个人资料和信息跨平台跨地点的管理问题。

有道云笔记可以称得上是一个云端资料库，它能一站式管理并保存工作、学习、生活中的各类珍贵资料数据，并实现实时同步。这些珍贵资料能永久留存，且通过安全加密保护，绝不外泄。同时，它持全平台使用，无论计算机还是手机，都能编辑和查看文档。

有道云笔记又是一个文档管理器。Word、Excel、PPT、PDF 等多种格式办公文档在笔记内可直接查看和编辑多级目录，海量文档管理井井有条并能实现全局搜索。有道云笔记支持搜索文档内容，更轻松定位目标笔记文档分享，文档也可以像笔记一样，通过网页链接、易信、微信、QQ 等多种形式分享给朋友。

有道云笔记也是一个资料收集库。有道云笔记能一键保存，实现网页剪辑、微信收藏和微博同步。

有道云笔记官网地址：http://note.youdao.com/。

（二）基本功能

1）文档管理与高效记录：支持文字、图片、语音、手写、OCR 及 Markdown 格式；兼容 Office、PDF 等文档，可在线查看与编辑。

2）多媒体内容收藏：满足文档、手写、名片等 OCR 需求；支持 PDF 转 Word 功能。

3）多端同步与加密保存：PC、手机、平板及 Web 端实时同步；云端备份，重要资料加密存储。

4）轻松分享与团队协作：一键分享至微信、QQ、微博、邮件等平台；支持团队实时协作编辑与处理。

（三）使用方法

1. 注册、登录与下载

有道云笔记支持 PC、手机、平板及网页版，覆盖多种使用场景。其中，桌面版兼容 Windows XP 和 Windows 7，并提供多平台下载选项，包括桌面端、移动端等。网页版功能齐全，支持主流浏览器，无须安装，登录即可使用。注册方式灵活多样，支持邮箱账号及网易通行证、微博、微信、QQ 等第三方账号登录。注册后，用户可同步使用多个客户端，实时更新笔记内容，如图 6-76 所示。

图6-76 有道云笔记注册与登录界面

2. 创建笔记

如图6-77所示，单击左上角的"新文档"按钮，首先用"我的文件夹"功能实现文件的基本分类。右键选择新文档，选择新建文件夹，输入文件夹的名字。然后在此文件夹下创建新笔记：右击文件夹，在弹出的对话框中选择笔记类型，就可以在界面的右侧看到一篇空白的笔记了。输入笔记标题后，可以在编辑框中输入内容，有道云笔记支持丰富的笔记格式。还可以在笔记中插入图片，或者PDF、TXT、Word、Excel、PPT等格式的附件。

3. 上传文档

上传办公文档，用户就可直接在有道云笔记内管理、查看和编辑各类Office、PDF文档。如图6-78所示，单击"我的资料"或者其他的自己建的文件夹，右击选择新文档，然后导入文件或者文件夹即可。

图6-77 创建新笔记

图6-78 上传文档

4. 同步

有道云笔记桌面版能及时将笔记同步到云端。如需要立即同步，也可通过单击界面上方的"同步"按钮得到更快的同步体验。当右下角出现"同步成功"提示时，笔记已经安全保存了。也可以使用快捷键<F5>实现同步。

5. 搜索

有道云笔记支持搜索功能，方便用户在众多信息中迅速定位想要的笔记。在图6-79所示搜索框中输入关键词，并下拉选择搜索范围后，笔记标题或正文中包含该关键词的笔记将被选出，关键词同时被高亮显示。

图6-79　笔记搜索功能

6. 收藏微信内容

1）保存微信内容。优秀的微信文章可以使用有道云笔记一键收藏，并支持编辑与管理。具体做法是单击任一微信文章页右上角"···"，向右滑动，选择"有道云笔记"，微信文章即保存到用户绑定的云笔记中了。

2）保存微信小视频。首先，将小视频收藏至微信收藏：长按要收藏的小视频，在弹出的对话框中单击"收藏"；然后，在有道云笔记公众号对话框中，点进"＋"中的"收藏"，选择该小视频即可以 MP4 格式永久保存至有道云笔记账号中。

7. 截图

有道云笔记有截图功能，单击编辑栏最右侧的截图按钮即可，也可单击下拉按钮，选择"截图并隐藏笔记窗口"也可以使用 < Ctrl + Shift + PrintScreen > 快捷键进行截图操作。

四、MindManager 思维导图软件

（一）MindManager 概述

视频6-09
MindManager 概述

MindManager 是一款高效的思维导图软件，助力用户快速捕捉、组织及共享思维与想法。其独特的可视化界面和强大功能，显著提升了项目组的协作效率。拥有约 400 万用户的 MindManager，相较于其他思维导图软件，其突出优势在于与 Microsoft Office 的完美融合，实现与 Word、PowerPoint、Excel 等的无缝数据交互。

MindManager 官网地址：https://www.mindmanager.cn/。

（二）MindManager 下载与安装

1. 下载 MindManager

进入 MindManager 中文版下载中心，填写简单的信息便可以获得 MindManager 的安装程序，并可以免费试用 30 天。

2. 安装 MindManager

1）双击下载好的 MindManager. exe 安装程序，安装包打开后，等待程序提取文件。

2）文件提取成功后，进入 MindManager 安装向导，单击进入下一步。

3）接受用户协议，单击"下一步"按钮。输入用户名及组织（可以忽略），单击"下一步"按钮。

4）选择标准安装，单击"下一步"按钮，完成安装，或者可以自定义安装，选择高级选项及更改安装路径，单击"下一步"按钮完成安装。

（三）MindManager 注册

安装完成以后，双击 MindManager 图标即可打开软件。软件会自动弹出注册框，用户可以选择 30 天免费试用，也可以输入授权号完成注册，如图 6 - 80 所示。MindManager 注册主

要分为三步骤：①购买 MindManager 授权码；②填写注册信息获取激活码；③在软件内输入激活码，即可成功激活 MindManager。

（四）MindManager 命令简介

MindManager 左上角的"文件"选项卡是独立于功能区的一个菜单，包含新建、保存、打印及帮助等命令。

图 6-81 为 MindManager 中文版软件界面，在顶部左上角找到"文件"按钮并单击。左边按钮项目是常用的文件菜单功能按键，单击各项命令即可查看相关按钮附属选项或者打开相关的对话框，下面将一一介绍 MindManager "文件"菜单各个选项的功能及具体作用。

图 6-80　MindManager 注册页面

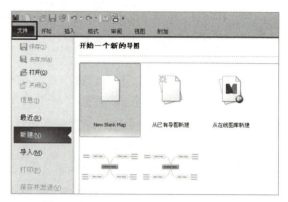
图 6-81　MindManager 中文版软件界面

1. 保存和另存为

"保存"命令，快捷键为 < Ctrl + S >，可以保存当前的思维导图，如果保存新建的思维导图，将会弹出"另存为"对话框。

"另存为"命令，快捷键为 < F12 >，可以将当前的思维导图另存一个位置、名称及格式。

2. 打开和关闭

"打开"命令，快捷键为 < Ctrl + O >，可以打开一张已有的思维导图、思维导图模板、导图部件或者是 Microsoft Word 文档及 Microsoft Project Exchange 文件。

"关闭"命令，快捷键为 < Ctrl + W > 或者 < Ctrl + Shift + F4 >，用于关闭当前导图。

3. 信息

"信息"命令可以用来查看当前导图的文档信息，包括标题、作者、关键字等，信息命令还包括加密文档，可以对当前的导图进行加密，提高安全性。

4. 最近

"最近"命令用于打开近期编辑或者使用的导图。

5. 新建

MindManager 打开默认使用新建命令，用户可以从中选择需要新建的思维导图类型，包括空白导图、从已有导图或者在线图库等新建导图、导图模板等，还可以使用快捷键 < Ctrl + N >，快速创建一张空白导图。

6. 导入

"导入"命令可以导入两种类型的文档，分别是 Microsoft Word 文档和 MPX 文件。

7. 打印

"打印"命令下包含打印预览（快捷键＜Ctrl＋F2＞）、快速打印（快捷键＜Ctrl＋P＞）、页面设置及打印设置等选项，除了可以打印整个思维导图外，还可以打印备注、甘特图及主题属性等。

8. 保存并发送

MindManager 除了可以更改保存文件的类型，还可以通过邮箱发送给其他用户。

9. 导出

"导出"命令可以将思维导图导出到不同的格式，包括 PDF、SWF、图片、CSV、Word、网页等。

10. 帮助

"帮助"命令包含多个选项，可以了解更多关于 MindManager 软件介绍、教程和技巧等，并且还提供相关在线帮助。

11. 选项

自定义选项包括常规、视图、编辑等选项的设置及自定义，如图 6-82 所示，可以根据自己的喜好对程序进行设置。

12. 退出

"退出"命令用于关闭 MindManager 软件，也可以使用＜Ctrl＋X＞或者＜Alt＋F4＞快捷键退出软件。

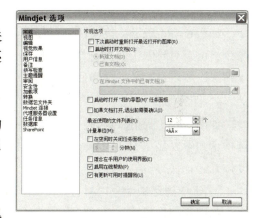

图 6-82　MindManager 自定义选项界面

（五）MindManager 界面介绍

图 6-83 为 MindManager 主界面。MindManager 通过绘制思维导图将用户的思维计划等以可视化形式呈现。通过 MindManager 思维导图绘图窗口可以创建及编辑思维导图，下面逐一介绍 MindManager 界面。

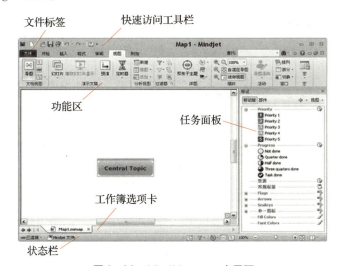

图 6-83　MindManager 主界面

1．文件选项卡/标签

通过 MindManager "文件"选项，可以打开、保存、打印、组织、发送及发布思维导图，也可以导入、导出文件等。

2．功能区（Ribbon）

通过功能区命令，可以快速选择命令创建及编辑思维导图。所有命令分组放在各标签下，包括开始、插入、格式、审阅、视图及附加，有的命令还包含小箭头，可以打开列表或者对话框以提供更多选项。单击功能区右上角思维导图界面功能区小箭头，可以收起展开功能区，也可以双击标签，或者使用 < Ctrl + F1 > 快捷键。

3．快速访问工具栏

如图 6 - 84 所示，快速访问工具栏位于整个窗口的最上方，是独立于当前功能区的一组命令，可以对导图快速执行新建、打开、保存、打印、撤销、恢复等命令，单击右边向下的小箭头，可以自定义快速访问工具栏，选择需要的命令显示在快速访问工具栏。

4．任务面板

如图 6 - 85 所示，通过"文件"→"选项"→"视图"命令，选择显示"任务面板"选项卡，即可显示 MindManager 任务面板，也可以通过右下角任务面板图标，选择需要的任务标签。

5．工作簿选项卡

如图 6 - 86 所示，通过工作簿标签并排显示打开的或者创建的多个思维导图，通过"文件"→"选项"→"视图"命令，可以选择显示或者不显示工作簿选项卡，也可以选择工作簿选项卡的位置。

1）单击不同的标签可以切换打开的导图。

2）右击标签可以选择保存、打印、删除或者关闭导图；取消过滤；浏览或者更改思维导图的属性。

3）双击空白区域或者工作簿标签，可以创建一个新的思维导图。

图 6-84　快速访问工具栏

图 6-85　任务面板

图 6-86　工作簿选项卡

6．状态栏

状态栏位于窗口最下方，可以快速执行过滤、展开、导图视图、大纲视图及甘特图命令，可以调整思维导图及甘特图的缩放因子，也可以通过最右边图标显示任务面板。

（六）MindManager 常用的操作

思维导图是由主题构成的，以分支概要结构，以可视化方式展现相关概念的一幅图片。

MindManager 思维导图主要由中心主题、主题、子主题、附注主题、浮动主题、关系线等模块构成，通过这些导图模块可以快速创建需要的思维导图。打开软件，系统会自动创建一张空白导图，导图中心有一个主题，即中心主题。在此基础上再添加主题、添加子主题、主题切换、主题删除以及主题的拖放移动等。下面将逐一介绍这些基本操作。

添加新主题：选中中心主题，按 < Enter > 键，或者在空白处双击鼠标，或者使用中心主题上的加号，可以快速插入主题；单击主题即可添加文字。

添加子主题：选中主题，按 < Enter > 键或者使用主题上的加号，即可插入子主题。

编辑主题：单击主题或者子主题，直接可以进入编辑状态，输入需要的内容即可，如果需要换行，使用 < Shift + Enter > 键。

移动 & 连接主题：选中主题，用鼠标拖动主题到适当位置，连接向导显示可行的主题连接和关系。

扩展 & 折叠主题：单击折叠加/减号可以展开或者折叠子主题组。

添加图片或者其他：使用鼠标拖放，可以将计算机中的图片，或其他图标，或文件等放入主图中。

进度追踪：右击主题，选择图标来添加任务进度及优先级图标。

添加浮动主题：右击导图空白区域，可以添加浮动主题。

添加附注主题：选中子主题，单击附注主题按钮或按 < Ctrl + Shift + Enter > 键插入附注主题。

其他：选中主题，右击格式化主题或格式菜单，设置文本、形状、背景、连接线等，还可以插入关联、附件、边界框、标签、超链接、便笺等。

（七）MindManager 使用指南

MindManager 是一款可视化的思维导图软件，人们运用它进行个人规划、项目管理、会议管理、头脑风暴等，下面以图 6 – 87 所示案例为载体，来具体说明如何画出思维导图。

视频 6–10
MindManager 的基本绘制

1. 选择导图模板

第一步：打开安装好的 MindManager 思维导图软件，选择新建导图模板，可以选择新建空白模板，或者根据导图分类选择已有内容的模板，MindManager 还为用户提供了更多的在线模板，登录即可查看。

（1）选择模板

结合图例，首先分析它的形状，整体导图是向右的，因此在打开 MindManager 之后，选择新建的空白模板是右向导图，然后进行创建，如图 6 – 88 所示。

（2）选择画布

结合图例的背景，单击空白处，选择画布，右下方单击背景图片，就会显示出 MindManager 自带的背景图片，单击即可应用，如图 6 – 89 所示。此外，还可以添加自己喜欢的背景图片。单击图片，会看到一个添加背景图片，上传即可。

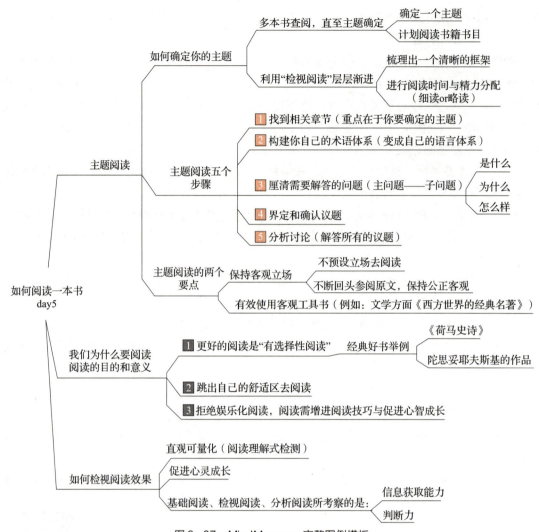

图6-87　MindManager完整图例模板

图6-88　选择导图模板

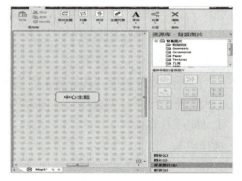

图6-89　添加画布

2. 添加主题

第二步：添加导图的中心主题，一个导图只有一个中心主题且是不可删除的，全导图围绕中心主题展开。结合案例，可以看到中心主题右边有三个分支，接下来，就来创建三个分支主题。

在"开始"中添加主题或子主题，或者右击主题，选择"插入"进行添加。添加主题也可以使用较为快捷的方法，单击中心主题可以看到右边有个"＋"号，单击它即可创建分支主题；还可以直接使用快捷键＜Insert＞或＜Ctrl＋Enter＞创建子主题，使用＜Enter＞创建同级主题。现在按照上面的框架，先把框架搭建好。如果创建错误，可使用＜Delete＞键删除。如图 6-90 所示，框架已搭建完成。

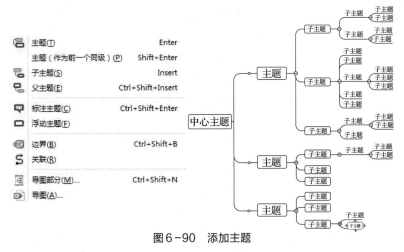

图 6-90　添加主题

3. 添加主题内容

第三步：在主题中输入主题内容，使用主题元素进行充实，包括图标、标记、链接、附件、备注等，右击主题也可添加。

接下来，结合案例添加内容。具体方法如下：使用＜Shift＋Enter＞键换行，单击主题进行文字编辑，只要选中主题，直接输入，按＜Enter＞键结束，使用键盘的上下左右键即可继续选中要输入文字的主题。如图 6-91 所示，现在基本内容框架都已经确定好了。

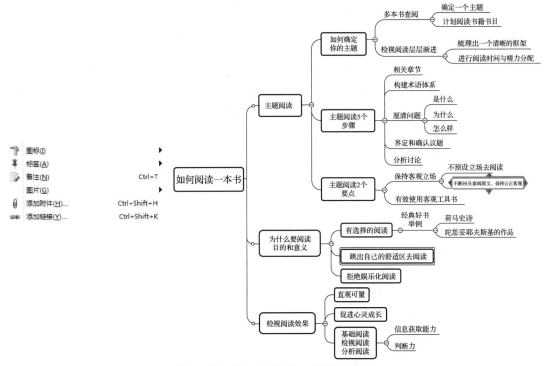

图 6-91　插入主题内容、搭建内容框架

4．导图的美化与整理

第四步：对导图进行美化，进行格式化设置。在"设计"中，用户可以根据自己的喜好，对导图主题的外观进行设置，包括文字字体格式，如图6-92所示。

图6-92　美化与整理

整理导图是指运用 MindManager 思维导图中的关联、边界等功能对导图进行关系的整理，使导图看起来更为清晰。

5．导图的检查与审阅

第五步：对导图进行检查、审阅，并最终定稿。用户可以设置 MindManager 的语言并对导图中的文档输入进行检查，避免出错，亦可设置自动更正来纠正输入错误。想改变一个主题的格式，可以选中主题，右击，选择格式化主题。①形状与颜色，选择自己需要的，如果背景想显示画布的背景色，将透明度调高即可。②线条的格式，选择子主题布局，选择自己喜欢的应用并确定即可。③优先级的设置，直接右击主题，图标就会显示出来。更改主题格式快捷键为 < Alt + Enter >。

按照以上五个步骤，一个 MindManager 思维导图的制作就完成了。MindManager 还有很多其他功能的表现形式，可以在实践中学习和累积经验，做出更好的思维导图。

活动与训练

一、活动描述

请使用 MindManager 制订一个旅行计划。

二、活动分析

1．假设你准备去一个陌生的城市旅行，制订你的旅行计划。需要梳理以下一些信息，才能便于你利用 MindManager 来规划你的行程：

1）你有 5 天的时间在该城市旅行，从星期一到星期五。

2）你想参观以下景点：博物馆、公园、购物中心和观光塔。

3）你希望在每天的行程中均匀安排时间，每天至少参观两个景点。

4）每个景点参观所需时间如下：博物馆（3 小时）、公园（2 小时）、购物中心（4 小时）和观光塔（1 小时）。

5）你希望每个景点的参观时间在上午 10 点到下午 4 点之间。

2．围绕以上五点信息，你需要回答以下问题：

1）你计划在星期几参观博物馆？

2）你计划在星期几参观公园？

3）你计划在星期几参观购物中心？

4）你计划在星期几参观观光塔？

三、活动演练

根据以上分析，利用 MindManager 制订旅行计划，操作步骤如下。

1）使用 MindManager 创建一个主题节点，命名为"旅行计划"。

2）在主题节点下创建 5 个子节点，分别命名为"星期一"～"星期五"，表示每天的行程安排。

3）在每个子节点下创建 4 个子节点，分别命名为"博物馆""公园""购物中心"和"观光塔"，表示每个景点的参观安排。

4）在每个景点的子节点下添加备注，记录该景点参观所需时间。

5）根据题目要求，调整每个景点的参观时间，使其在上午 10 点到下午 4 点之间。

6）根据题目要求，每天至少参观两个景点。在每个子节点下创建连接线，将两个景点的节点连接起来。

7）根据连接线的数量，判断每天的参观景点数量是否满足要求。

8）根据连接线的连接顺序，回答问题 1）～4）。

9）根据每个子节点的内容，提供旅行计划表。

四、活动反思

在这个案例中，使用 MindManager 制订旅行计划是一个很好的应用方式。通过使用 MindManager，我们能够清晰地组织和管理旅行计划的信息，将各个景点和时间安排连接起来，使得计划可视化和易于理解。

这个案例还展示了 MindManager 在时间管理方面的优势。通过将每个景点的参观时间记录在节点的备注中，并根据题目要求，在上午 10 点到下午 4 点之间调整时间，我们可以更好地掌握每天的行程安排。此外，通过创建连接线，我们可以直观地看到每天参观景点的数量是否满足要求。

然而，在实际操作中可能会遇到一些挑战。例如，根据题目要求，每天至少参观两个景点，但是可能存在时间冲突或者某个景点的参观时间超过了可用时间段。在这种情况下，我们需要灵活调整计划，根据实际情况进行取舍。

此外，MindManager 的使用也需要一定的学习和熟悉过程。对于初次使用 MindManager 的用户，可能需要花费一些时间来了解其功能和操作方法。因此，在实际应用中，我们需要提前进行一些练习和探索，以便更好地应用 MindManager 来制订旅行计划。

总之，使用 MindManager 制订旅行计划是一个高效和直观的方式。通过合理安排节点和连接线，我们可以清晰地展示每天的行程安排，并根据需要进行调整。这种应用方式不仅可以用于旅行计划，还可以用于其他时间管理和规划的场景。

单元小结

本单元主要介绍了 MindManager 的基本功能和应用方式，并通过实际案例进行了实践。

首先，我们了解了 MindManager 的界面和基本操作。MindManager 的界面简洁、直观，用户可以轻松地创建和编辑思维导图。我们学会了如何创建节点、添加文本和图标，以及调整节点的样式和布局。其次，我们学习了 MindManager 的高级功能，如添加链接、附件和备注。最后，我们通过旅行计划的案例，实践了如何使用 MindManager 来制订和管理计划。

总的来说，MindManager 是一款功能强大、易于使用的思维导图软件。它不仅可以帮助我们更好地组织和管理信息，还可以提升我们的思维和创造力。通过灵活运用 MindManager 的各种功能，我们可以在工作和生活中更加高效地进行规划和管理。

✏️ 思考与练习

一、填空题

1. 个人知识管理工具是用来帮助个人_____、整理和利用知识的工具。

2. 为知笔记是一款支持多平台同步的_____软件。

3. 有道笔记是一款提供_____笔记和云存储的工具。

4. 个人知识管理工具可以帮助我们更好地_____和分享知识。

5. MindManager 是一款强大的_____软件。

6. 通过添加_____，我们可以将思维导图与其他文件或网页关联起来。

7. MindManager 可以帮助我们更好地组织和_____信息。

8. MindManager 可以提升我们的思维和_____。

在线测试6-04

二、判断题

1. 个人知识管理工具只能用于个人使用，无法实现团队协作。 （ ）

2. 为知笔记和有道笔记都支持多平台同步。 （ ）

3. 个人知识管理工具可以帮助我们更好地整理和利用知识。 （ ）

4. 所有个人知识管理工具都提供云存储功能。 （ ）

5. MindManager 是一款只能在计算机上使用的软件。 （ ）

6. MindManager 只能用于个人使用，无法实现团队协作。 （ ）

三、选择题

1. 个人知识管理工具的主要功能是（   ）。
   A. 记录和整理知识　　　　　　　B. 分享和协作
   C. 云存储和同步　　　　　　　　D. 所有以上选项

2. 为知笔记主要适用于（   ）操作系统。
   A. Windows　　　　　　　　　　B. macOS
   C. iOS　　　　　　　　　　　　　D. 所有以上选项

3. 有道笔记支持（   ）类型的笔记。
   A. 文本笔记　　　　　　　　　　B. 图片笔记
   C. 语音笔记　　　　　　　　　　D. 所有以上选项

4. 个人知识管理工具的最大优势是（   ）。
   A. 方便快捷　　　　　　　　　　B. 多平台同步
   C. 多种格式支持　　　　　　　　D. 提供云存储

5. MindManager 可以添加（   ）到节点中。
   A. 文本和图标　　　　　　　　　B. 链接和附件
   C. 备注和链接　　　　　　　　　D. 所有以上选项

6. MindManager 可以帮助我们更好地进行（   ）方面的管理。
   A. 资金管理　　　　　　　　　　B. 项目管理
   C. 时间管理　　　　　　　　　　D. 人力资源管理

// 模块小结 //

　　文献管理工具是研究者和学术人员在进行学术研究时必备的工具之一。它们帮助用户收集、整理、管理和引用文献，提高研究工作的效率和质量。

　　文献管理工具的主要功能包括文献收集、文献整理和文献引用。在文献收集方面，这些工具可以通过各种渠道获取学术论文和相关文献，如在线数据库、图书馆目录和互联网搜索引擎。通过文献整理功能，用户可以对收集到的文献进行分类、标注和注释，以便后续查找和使用。文献引用功能允许用户在写作过程中引用文献，并自动生成参考文献列表，以确保引用的准确性和一致性。

// 综合训练 //

　　1. 使用文献管理工具（EndNote）导入你研究领域中的中文文献进行文献的管理，并进行期刊的订阅。数据库可从中国期刊网、维普数据库中任选其一。

　　2. 使用文献管理工具（EndNote）导入你研究领域中的英文文献进行文献的管理，并进行期刊的订阅。英文数据库可从 Web of Science、SciFinder 中任选其一。

在线测试 6-05

模块七　文献信息分析工具

文献分析工具是这样诞生的

20 世纪 90 年代末，计算机科学研究者 Steve Lawrence 注意到了学术论文检索的一个问题。他发现，尽管有很多学术搜索引擎可以帮助人们找到相关的论文，但很少有工具能够提供全面的学术文献索引和引用分析。

受到这个问题的启发，Steve Lawrence 和他的团队决定开发一个新的学术搜索引擎，旨在提供广泛的学术文献索引和引用分析功能。他们将这个搜索引擎命名为"CiteSeer"，意为引用检索。

为了建立这个搜索引擎，团队开始收集和索引各个学科领域的学术论文。他们开发了一套算法和技术，可以自动从互联网上获取学术文献，并提取其中的引用关系和元数据。

经过多年的努力，CiteSeer 逐渐成为学术界的一个重要工具。它可以帮助人们快速找到相关的学术论文，并提供文献引用分析和引用网络可视化功能，包括文献推荐、作者合作关系分析、研究热点追踪等。他们还改进了搜索算法，提高了搜索结果的准确性和相关性。

如今，CiteSeer 通过持续的更新和改进，被广泛应用于各个领域的研究和学术评估中，帮助人们发现新的研究方向、评估学术影响力和寻找合作伙伴。

// 培养目标 //

知识目标

理解文献分析的概念和重要性；熟悉文献引用和引用网络的分析方法。

能力目标

能够使用文献分析工具分析和评估学术文献的质量和可靠性；能够使用文献引用和引用网络来揭示学术研究的影响力和合作关系；能够利用文献分析工具进行研究热点追踪、趋势分析以及可视化分析。

素质目标

培养批判性思维和信息素养，以更好地理解和应用学术文献；培养独立学习和自主研究的能力，以提高学术研究的质量和效率；培养合作与交流的能力，以促进学术合作和知识共享；培养对学术研究的兴趣和热情，以持续追求学术进步和创新。

// 知识导图 //

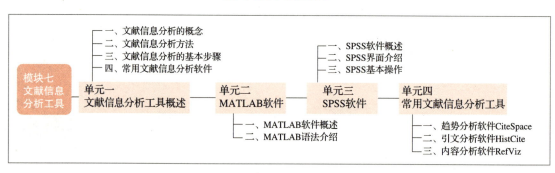

单元一 文献信息分析工具概述

案例导入

当我们面对成百上千篇文献时，如何快速找到与自己研究领域相关的文献，并了解其发展历程以及发展趋势？如何筛选出高质量的文献，以支持自己的研究？如何分析和解读文献中的数据和结果？这时候我们就可以借助文献可视化分析工具，帮助我们掌握文献整体脉络、作者间的合作关系，并找到当前研究的热点，从而更好地开展研究工作，避免在文献丛林中迷失方向。

幸运的是，现代科技为我们提供了各种文献分析工具，它们以高效、准确和全面的特点，成为我们进行文献分析的得力助手。这些工具可以帮助我们快速找到与自己研究领域相关的文献，筛选出高质量的研究成果，并提供丰富的数据和结果供我们分析和解读。

培养子目标

知识目标

了解文献分析工具的基本概念、原理和分类；熟悉主要的文献分析工具；理解文献分析工具在科研和学术领域的重要性和应用价值。

能力目标

能够根据研究问题和需求，选择合适的文献分析工具进行研究，包括数据库、检索引擎和分析软件等。

素质目标

具备批判性思维和创新思维能力，能够对文献中的观点和结论进行评估和分析，提出自己的见解和观点。

相关知识

一、文献信息分析的概念

文献信息分析主要是指以对大量已知信息的内容进行整理和科学抽象为主要特征的信息深加工活动。在此过程中，要对信息的价值进行评估，然后选取可靠的、先进的、实用的信息进行信息整序和统计，提取信息中隐含的知识，从而获得增值的信息产品。

二、文献信息分析方法

文献信息分析是科学研究的重要环节，它能够帮助研究者从海量的文献中提炼出有价值的信息和知识。文献信息分析包括频次排序、共现分析、聚类分析和基于文献的知识发现四种方法。

1. 频次排序

频次排序是一种基础而重要的分析方法，它通过对文献中出现的关键词、主题等进行频次统计和排序，帮助研究者快速了解领域内的热点和重点。这种方法简单直观，能够揭示出文献中的高频词汇和主题，为后续的深入研究提供方向。

2．共现分析

共现分析是一种深入的分析方法，它研究文献中不同元素（如关键词、作者、机构等）之间的共现关系。通过挖掘这些元素之间的关联和共现模式，共现分析能够揭示出领域内的知识结构、合作网络等重要信息。这种方法在揭示学科交叉、研究合作等方面具有独特的优势。

3．聚类分析

聚类分析是一种将相似对象归为一类的分析方法，它在文献信息分析中的应用主要体现在对文献的自动分类和主题识别上。通过聚类分析，研究者可以将大量的文献按照主题、研究方法等进行分类，从而更好地理解和组织领域内的知识。这种方法有助于发现领域内的研究群体和主题聚类，为研究者提供系统的研究视角。

4．基于文献的知识发现

基于文献的知识发现是一种高级的分析方法，它利用计算机技术和人工智能算法对文献进行深度挖掘和分析。通过识别文献中的隐含关系、预测未来趋势等，基于文献的知识发现能够帮助研究者发现新的研究问题、提出新的假设和理论。这种方法在推动科学创新和发展方面具有重要的作用。

三、文献信息分析的基本步骤

第一步：确定研究主题的范围，检索相关文献的记录，下载相关文献记录。

第二步：抽取相关指标（如期刊、作者、引文等）进行频次统计。

第三步：将统计指标按照出现频次由高到低排列，截取其中高于某个阈值的部分，如高频主题词、高频期刊、高产作者等，作为进一步分析的样本。

第四步：统计这些高频指标在同一个文献记录中共同出现的频次，形成共现矩阵。

第五步：利用统计分析软件，根据共现矩阵，采用聚类分析、引文分析、社会网络分析等方法对相关指标进行分类。

第六步：对形成的类别进行内容分析，以此说明该领域的科学研究活动的基本状况，如研究热点、核心期刊等。

四、常用文献信息分析软件

文献信息分析软件通过结合文献计量学、社会计量学、统计学、图形学、信息科学、计算机科学的技术和方法，帮助用户快速地获取高价值信息，高效追踪学科前沿。它能够帮助人们对问题建模，然后找出解决方案或者决定逻辑道路。文献信息分析软件包括电子数据表、流程图和特殊目的的分析软件。文献信息分析软件很多，主要如下。

音频7-01　音频7-02
基于文献计量的分析工具1　基于文献计量的分析工具2

1）基于统计的分析工具：SPSS，SAS，Excel 等。

2）基于文献计量的分析工具：HistCite，Citespace，Bibexcel，Inspire，ColPalRed，SATI，Leydesdorff 系列软件，Bicomb，SCI2，Network Workbench Tool，Vantagepoint，Vosviewer，Citnetexplore，Refviz，SciMAT 等。

3）基于社会网络的分析工具：Pajek，Ucinet 等。

4）基于 PubMed 的分析工具：GOPubMed，PubMedplus，本地 PubMed，PubFocus 等。

每一个工具都有着不同的特点，没有一个工具能够囊括所有的功能。比较而言，

Citespace、SCI2、SciMAT 功能较完整，其他工具也有各自的优势。在开展文献信息分析时，应了解不同工具的特点，再根据不同的分析目的、特性和拟解决的问题，选择恰当的分析工具。

活动与训练

一、活动描述

选择一款合适的文献分析工具进行客户细分分析，并简要介绍其工作流程。

二、活动分析

客户细分分析是市场营销中常用的技术，旨在将大量客户分成不同的细分群体，以便更好地了解客户需求、制定个性化营销策略和提高市场细分质量。

SAS（Statistical Analysis System）是一套全面的数据分析软件和解决方案，用于数据准备、统计分析、数据挖掘、预测建模、机器学习等。它具有强大的数据处理和分析能力，广泛应用于各个行业，帮助用户从海量数据中做出明智决策。

本次项目利用 SAS 工具进行客户细分分析。

三、活动演练

SAS 工具进行客户细分分析的流程如下。

1. 数据准备

首先，需要准备客户数据，包括客户的个人信息、购买行为、互动历史等。这些数据可以来自企业的数据库、CRM 系统或其他相关系统。将数据导入 SAS 工具中，并进行数据清洗和预处理，包括缺失值处理、异常值处理和数据格式转换等。

2. 特征工程

在客户细分分析中，需要从客户数据中提取有意义的特征，以描述客户的特征和行为。特征可以包括客户的年龄、性别、收入水平、购买频率、购买金额等。使用 SAS 工具可以对原始数据进行特征提取和变量衍生，生成更加具有区分性的特征。

3. 统计分析

使用 SAS 工具进行统计分析是客户细分分析的核心步骤。可以使用聚类分析、因子分析、决策树等方法来识别潜在的客户细分群体。SAS 提供了丰富的统计分析功能和算法，可以根据具体的需求选择合适的方法。

4. 模型评估和选择

在进行客户细分分析时，需要评估和选择不同的模型，以找到最佳的客户细分方案。SAS 工具提供了模型评估指标和可视化工具，可以帮助研究者对不同模型进行比较和选择。

5. 结果解释和落地应用

最后，需要对客户细分分析的结果进行解释和应用。通过 SAS 工具提供的报告和可视化功能，可以将分析结果以易于理解和沟通的方式呈现给决策者和相关人员。根据分析结果，可以制定相应的营销策略，如个性化营销、定向广告和推荐系统等。

四、活动反思

1）数据准备：数据准备是一个非常重要的环节。在实际操作中，可能会遇到数据缺失、异常值、数据格式不一致等问题，这些问题需要在数据准备阶段进行有效的处理和清洗，以保证后续分析的准确性和可靠性。

2）特征工程：特征工程是客户细分分析的关键步骤之一。在实际操作中，需要对客户数据进行适当的特征提取和变量衍生，以提取出具有区分度的特征。在特征工程过程中，需要深入理解业务背景和需求，以选择合适的特征工程方法和变量衍生策略。

3）统计分析：选择合适的统计分析方法是至关重要的，不同的统计分析方法适用于不同的业务场景和问题。在实际操作中，需理解其原理和假设，以保证分析结果的准确性和可解释性。

4）模型评估和选择：模型的评估和选择是决策的关键环节。在实际操作中，需要使用合适的评估指标对不同模型进行比较和选择，并考虑模型的稳定性、解释性和实施难易度等因素。同时，也需要注意模型选择的复杂度和计算资源的需求。

5）结果解释和落地应用：将分析结果转化为实际的营销策略是客户细分分析的最终目的。在实际操作中，需要将分析结果以简洁明了的方式呈现给决策者和相关人员，并与他们进行有效的沟通和解释。同时，也需要考虑分析结果的可行性和实施成本，以确保分析结果能够真正落地并带来实际的商业价值。

单元小结

文献信息分析工具是一种用于整理、分析和利用文献的工具。通过文献信息分析工具，研究者可以快速获取文献的摘要和关键信息，了解文献的研究方法、结果和意义。这些工具还可以比较和关联分析不同文献之间的联系和趋势，帮助研究者追踪研究领域的前沿进展。文献信息分析工具还提供检索和筛选功能，帮助研究者对大量文献进行分类和组织，提高研究效率。然而，文献信息分析工具不能代替研究者对文献的深入阅读和理解，只能作为辅助工具来帮助研究者更好地利用文献。

思考与练习

在线测试 7-01

一、填空题

1. 文献分析工具是一种用于对文献进行_____和_____的工具。
2. 文献分析工具可以帮助研究者快速获得文献的_____和_____。
3. 文献分析工具可以通过对文献进行_____和_____，帮助研究者发现文献之间的联系和趋势。
4. 文献分析工具提供了_____和_____等功能，帮助研究者对大量文献进行筛选和分类。
5. 文献分析工具可以帮助研究者进行文献的_____，帮助他们了解研究领域的前沿进展。

二、判断题

1. 文献分析工具可以代替研究者对文献进行深入阅读和理解。　　　　　（　　）
2. 文献分析工具可以帮助研究者快速了解文献的研究方法和结果。　　　（　　）
3. 文献分析工具可以帮助研究者发现文献之间的相互引用关系。　　　　（　　）
4. 文献分析工具只能用于对已有的文献进行分析，不能用于新的研究领域。（　　）
5. 文献分析工具可以帮助研究者对文献进行筛选和分类，提高研究效率。（　　）

单元二　MATLAB 软件

案例导入

5G 具有高速率、低时延和大连接的特点，给人们的生活带来了颠覆性的变革。2019 年我国正式发布了 5G 商用牌照，基于领先技术的支持，加上全球最大的用户规模、巨大的 4G 网络、丰富的移动互联网应用等明显优势，我国 5G 已走在世界前列。我国不但拥有自己的通信标准、全面领先的 5G SoC 芯片，而且还能在第一时间获得出色的 5G 终端体验和丰富的互联网应用。

通信技术的发展离不开强大的软件支持，MATLAB 是一款专业的数学软件，能处理信号、图像和数据等，被广泛应用于信号处理、通信系统设计、性能分析和探索算法等方面，是通信工程领域的必备软件之一。

培养子目标

知识目标

了解 MATLAB 软件的基本信息；理解 MATLAB 软件的基本操作；掌握 MATLAB 软件曲线拟合器的简单应用。

能力目标

能够使用 MATLAB 软件实现简单的数值计算，并利用曲线拟合器解决生活中数据拟合问题。

素质目标

具备主动探索的学习态度，养成严谨踏实的学习习惯。

视频 7-01
MATLAB 概述

相关知识

一、MATLAB 软件概述

MATLAB 是 Matrix Laboratory（矩阵实验室）的简称，是美国 MathWorks 公司出品的商业数学软件。MATLAB 功能强大，可用于数值计算、数据分析、仿真实验和算法开发。MATLAB 扩展能力强，可与外部应用程序集成，其丰富的工具箱在众多领域有广泛应用，版本更新快，不断迭代新算法。MATLAB 简单易学，其对问题的描述非常贴近数学表达习惯，语法相较于其他高级语言更简单，是最受欢迎的数学软件之一。MATLAB 软件已成为国际学术界公认的科学计算标准软件。

（一）MATLAB 发展历程

20 世纪 70 年代，美国新墨西哥大学计算机科学系主任 Cleve Moler 用 FORTRAN 语言编写了最早的 MATLAB。1984 年，Little、Moler、Steve Bangert 合作成立了 MathWorks 公司，向市场发布 MATLAB 第一个商业版本 1.0 版；2004 年，推出了历史性的 MATLAB 7.0 版；2006 年之后，每年推出当年更新的 a 版本和 b 版本。在 MATLAB 命令行窗口输入：ver，即可查看当前软件和工具箱的版本信息。

（二）MATLAB 特点及主要功能

MATLAB 的特点及主要功能如下。①强大高效的数学计算能力。MATLAB 提供了线性代数、数学分析、微分方程、统计分析等多种计算工具。②完备的数据图示能力。MATLAB可以绘制二维、三维图形，支持点、线、面、立体和动画的可视化。③专业丰富的应用工具箱。MATLAB工具箱是基于实现特定功能集成的函数集合，不断迭代更新的工具箱大大方便了用户处理专业问题。④界面友好的用户环境。MATLAB是非常接近数学表达式的自然化语言，有利于用户学习和掌握。

（三）MATLAB界面

一般情况下，打开MATLAB之后，其主界面有工具栏、命令行窗口、工作区、当前文件夹和命令历史记录等，如图7-1所示。

1）工具栏：由主页、绘图和APP模块组成。可以实现文件的新建、打开、保存，代码的调试，工具箱的调取，APP的设计、安装和打包，MATLAB的环境设置，帮助，社区等联机功能。

2）命令行窗口：这是MATLAB工作的主要载体，输入的每条语句前面有标志性符号">>"。

3）工作区：显示内存中的变量名和变量类型等信息，其中，ans变量意为answer，表示最近计算结果。

4）当前文件夹：显示了当前文件夹下的文件名、文件类型、最后修改时间等信息，可查看当前文件夹下的M文件和其他文件，也可以在主页工具条中选择其他文件夹作为当前文件夹，以便于阅读和调用文件。

5）命令历史记录：记录了MATLAB每次开启的时间和执行的所有命令行，用户可查看、复制、执行以前的命令。

图7-1　MATLAB主界面

二、MATLAB语法介绍

（一）MATLAB常见命令

clear：清除内存；clear all：清除所有内存；clear+变量名：清除指定变量名的内存；clc：清除屏幕，但不清除内存。%：注释符号，注释代码的含义，注释里可以写中文。在命令行窗口敲击键盘上的↑和↓键，可以回看命令行。语句后有分号，表示不显示这行语句的执行结果。单击主页工具栏的帮助按钮"?"，或者在命令行窗口输入"help"，可以打开帮助浏览器。

（二）变量

MATLAB 运行代码的最基本单位是变量，变量可通过赋值或声明的形式被系统识别。

1. 变量命名规则

（1）区分大小写，如 Apple 与 apple 表示两个不同的变量。

（2）变量名可以包含英文字母、下划线和数字，变量名的首字符必须是英文。

（3）变量名长度限于 63 个字符。

示例如下。

```
>> a = 3        % 赋值变量, 系统能识别
>> a - 1
ans = 2
>> b - 1        % 未赋值变量也未声明变量, 系统不能识别
```

函数或变量"b"无法识别。

2. 符号变量

MATLAB 利用 syms 创建符号变量，示例如下。

```
>> syms b       % 未赋值变量但声明变量为符号变量, 系统能识别
>> b - 1
ans = b - 1
```

符号变量在微积分、线性代数、微分方程等计算领域有大量应用。

3. 预定义变量

操作示例 7-01
算术运算符

预定义变量：不需要赋值或符号变量声明就可以被系统识别，是为特定常数保留的名称，常见的预定义变量见表 7-1。用户定义的变量应避免与系统预定义变量重复，以免改变预定义变量的值。示例如下。

```
>> pi - 1       % 未赋值变量也未声明变量, 但预定义变量系统能识别
ans = 2.1416
```

表 7 - 1　预定义变量

变量名	意义
eps	MATLAB 定义的正的极小值 2.2204e - 16
pi	内建的 π 值
inf	∞ 值，正无穷大
NaN	不定值
i 或 j	虚数单位 $\sqrt{-1}$

4. 数据类型

MATLAB 的数据类型有浮点、整形、字符、逻辑、日期等 15 种，变量定义时默认为浮点型。在程序执行过程中，数值的显示格式也有短格式（format short）、长格式（format long）、指数格式（format short/long e）、有理数格式（format rat）等多种显示格式，MATLAB 数值默认为短格式。示例如下。

```
>> pi                  %默认短格式
ans =3.1416
>> format long         %长格式
>> pi
ans =3.141592653589793
>> format short e      %指数格式,3.1416e+00 =3.1416*100
>> pi
ans =3.1416e+00
```

(三) 矩阵

MATLAB 的基本单元是矩阵,矩阵运算是 MATLAB 的重要优势。

1. 数组的创建

矩阵的规模为 $n \times m$,即 n 行 m 列,当矩阵的规模为 $1 \times m$,也可理解为 1 维数组,数组有多种创建方式,常见的有以下几种。

(1) 直接输入

示例如下。

```
>> a =[1,3,5,7,9] 或 >> a =[1 3 5 7 9]          %元素间以逗号或空格隔开
```

(2) x = 初始值:步长:终止值

示例如下。

```
>> a =1:2:9
a =1    3    5    7    9                         %初始值为1,步长为2,终止值为9
```

(3) x = linspace (初始值, 终止值, 个数)

示例如下。

```
a =linspace(1,9,5)                              %初始值为1,终止值为9,均分5个
a =1    3    5    7    9
```

(4) 拼接数组

示例如下。

```
>> a =[1,3,5,7,9];
>> b =[a,4,2]                                   %在数组 a 的基础上拼接元素 4,2
b =1    3    5    7    9    4    2
```

2. 矩阵的创建

MATLAB 的所有运算几乎都以矩阵的操作为基础,矩阵的常见创建方式有以下几种。

(1) 直接输入

示例如下。

```
>> a =[1,2,3;4,5,6]          %行间以分号隔开,元素间以逗号或空格隔开
a =1    2    3
   4    5    6
```

（2）特殊矩阵

zeros：产生全 0 矩阵（零矩阵）。

ones：产生全 1 矩阵（幺矩阵）。

eye：产生单位矩阵。

rand：产生 0 ~ 1 间均匀分布的随机矩阵。

magic：其功能是生成一个 n 阶魔方矩阵。

示例如下。

```
>> ones(2,3)          %产生 2 * 3 的全 1 矩阵
ans =1    1    1
      1    1    1
>> magic(3)           %产生 3 阶魔方矩阵,也就是 9 宫格。
ans = 8    1    6
      3    5    7
      4    9    2
```

（3）拼接矩阵

示例如下。

```
>>a = [1,2,3];b = [4,5,6];
>>c = [a,b]            % 矩阵 a, b 按列拼接
c =1     2     3     4     5     6
>> d = [a;b]           % 矩阵 a, b 按行拼接
d =1     2     3
    4     5     6
```

3. 元素的提取

示例如下。

```
>>a = [1,2,3,4;3,4,5,6;5,6,7,8;7,8,9,0];
>>a(5)               %矩阵 a 按列排序的第 5 个元素
ans =2
>>a(1,2)             %矩阵 a 的第 1 行,第 2 列元素
ans =2
>>a(1,:)             %矩阵 a 第 1 行所有元素
ans =1    2    3    4
>>a(:,1)             %矩阵 a 第 1 列所有元素
ans =1
      3
      5
      7
```

（四）运算符

1. 算术运算符

算术运算是 MATLAB 最基本的运算，分为矩阵运算和数组运算。矩阵运算的运算规则遵循线性代数中矩阵的运算要求，数组运算则以对应元素作运算，见表 7 - 2。示例如下。

操作示例 7-02
预定义变量

```
>>a=[1,2,3,4,5];b=[1,3,5,7,9];
>>a.*b          % 矩阵 a, b 对应位置相乘
ans =1    6    15    28    45
>>a*b          % 矩阵 a, b 按照矩阵乘法运算,由于矩阵维度不匹配,报错
错误使用  *
```

用于矩阵乘法的维度不正确。请检查并确保第一个矩阵中的列数与第二个矩阵中的行数匹配。要单独对矩阵的每个元素进行运算,请使用 TIMES(.*)执行按元素相乘。

表 7 – 2　算术运算符

矩阵运算符	数组运算符	功能
+	+	加
−	−	减
*	.*	乘
/	./	左除
\	.\	右除
^	.^	次方

MATLAB 的运算符:

　　MATLAB 软件的算术运算符在使用时需要特别小心,只要是对应元素运算,一般都使用点运算,但如果是具体数字之间的运算或者数字与矩阵运算的乘法,运算符是否加点都是一个意思。

2. 关系运算符和逻辑运算符

　　比较变量间的大小或不等关系时,使用关系运算符;对变量进行逻辑运算时,使用逻辑运算符,它们的返回值为 0 (False) 或 1 (True)。此外,在逻辑运算中把输入的不为零的数值都视为真 (True) 而为零的数值则视为否 (False)。常见的关系及逻辑运算符见表 7 – 3、表 7 – 4。示例如下。

```
>>a=[1,2,3]; b=[2,3,4];
>>a>b
ans =0   0   0
```

```
>> a =[1,2,3];b =[2,3,4];
>> a>b
ans =
  1 ×3 logical 数组
   0  0  0
>> ~a
ans =
  1 ×3 logical 数组
   0  0  0
```

表 7 – 3　关系运算符

关系运算符	功能	关系运算符	功能
<	小于	>	大于
< =	小于等于	> =	大于等于
= =	等于	~ =	不等于

表 7 - 4　逻辑运算符

逻辑运算符	功能	逻辑运算符	功能	逻辑运算符	功能	逻辑运算符	功能
&	与	|	或	~	非	xor(a,b)	异或运算

（五）M 文件

1. 新建 M 文件

M 文件可以根据调用方式的不同分为两类：命令文件（Script File）和函数文件（Function File），后缀为 . m。在主页工具栏单击"新建脚本"按钮，即可新建一个 M 文件，如图 7 - 2 所示。

图 7 - 2　新建 M 文件

2. 命令文件

命令文件没有参数的输入/输出，可直接在脚本窗口单击"运行"执行脚本，也可在命令行窗口中输入文件名运行脚本。示例如下。

在脚本编辑器中输入命令文件内容：

```
clear;
f = input('输入温度:');
c = 5 * (f - 32)/9
```

以文件名 wendu. m 存盘，调用方法：在命令行窗口输入文件名。

```
>> wendu
输入温度:41
c = 5
```

3. 函数文件

function 是函数文件的关键词，且这条语句之前不能有任何语句，函数文件有参数的输入/输出，一般的格式为：function［返回参数 1，返回参数 2］ = 函数名（输入参数 1，输入参数 2）。示例如下。

在脚本编辑器中输入函数文件内容：

```
function c = wd(f)
c = 5 * (f - 32)/9
```

以文件名 wd. m 存盘，调用方法：在命令行窗口输入文件名，并给出参数。

```
>> wd(41)
c = 5
```

MATLAB 函数：

函数文件的起始句必须是 function 开头，不能在前面加 clear 等语句。

（六）函数

1. 函数格式

函数名 + （变量名），如数学上的 sinx 在软件中记为 sin(x)。

2. 预定义函数

预定义函数是指系统把常见的函数内置于软件，这些函数可以直接调用。常见的预定义函数有 sin(x)、cos(x)、tan(x)、cot(x)、log(x)、exp(x)、sqrt(x)、abs(x)、max(x) 等。示例如下。

```
>>sin(pi/2)              %sin 是系统预定义函数,可以直接调用
ans =1
```

3. 自定义函数

自定义函数是指用户编写的函数，一般通过 M 文件函数、匿名函数和内联函数实现。示例如下。

```
>>f =@ (x,y) x +y        %定义一个匿名函数,表达式为 x +y
f =包含以下值的 function_handle:@ (x,y)x +y
>>f(2,3)
ans =5
>>z =inline('x +y')      %定义一个内联函数,表达式为 x +y
z =内联函数:z(x,y) =x +y
>>z(2,3)
ans =5
```

📖 活动与训练

一、活动描述

某生化系学生为研究嘌呤霉素在某项酶促反应中反应速度（ms）与底物浓度（ppm）之间的关系，设计了一个实验，所得的实验数据见表 7 - 5。已知底物浓度与反应速度之间可能满足以下关系式：$y = \dfrac{ax + b}{x + c}$（有理函数）或 $y = a(1 - e^{bx})$（指数函数），根据问题的背景和数据确立一个合适的数学模型，来反映这项酶促反应的速度与底物浓度之间的关系。

视频 7 - 02
MATLAB 工具箱可
视化分析应用案例

表 7 - 5　底物浓度—反应速度

底物浓度 x(ms)	0.02	0.02	0.06	0.06	0.11	0.11	0.22	0.22	0.56	0.56	1.1	1.1
反应速度 y(ppm)	76	47	97	107	123	139	159	152	191	201	207	200

二、活动分析

本题的函数关系是已知的，只需要找到函数的系数即可，这是一个曲线拟合问题。曲线拟合是一种把现有数据透过数学方法来代入一个函数（曲线）的表示方式。科学和工程问题可以通过诸如采样、实验等方法获得若干离散的数据，根据这些数据，构造一个连续的函数（曲线）与已知数据相吻合，这个过程就叫作拟合（fitting），主要使用最小二乘法原理。曲线拟合问题可以使用 MATLAB

音频 7 - 03
曲线拟合

曲线拟合器解决。

三、活动演练

1. 数据准备

在 MATLAB 命令行窗口输入以下内容。

```
clear;
x = [0.02 0.02 0.06 0.06 0.11 0.11 0.22 0.22 0.56 0.56 1.10 1.10];
y = [76 47 97 107 123 139 159 152 191 201 207 200];
```

2. 有理函数拟合过程

在主窗口单击曲线拟合器，在曲线拟合器中单击"选择数据"按钮，拟合名称中输入"有理函数"，X 数据选择 x，Y 数据选择 y。再单击"拟合类型"窗口中的"有理数"，分子次数和分母次数均选择 1 次，如图 7-3 所示。

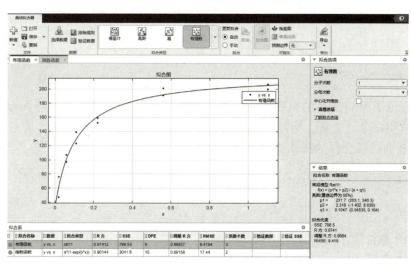

图 7-3　有理函数拟合

3. 指数函数拟合过程

在曲线拟合器中依次单击"新建"和"新建拟合"按钮，在曲线拟合器中单击"选择数据"按钮，拟合名称中输入"指数函数"，X 数据选择 x，Y 数据选择 y。再单击"拟合类型"窗口中的"自定义方程"，输入"a * (1 - exp (b * x))"，如图 7-4 所示。

4. 拟合结果分析

有理函数的拟合优度 R^2 为 0.9741，指数函数的拟合优度 R^2 为 0.9014，有理函数拟合更好，且有理函数拟合的其他参数（SSE、RMSE 和调整 R^2）也更好。因此，反应速度与底物浓度之间的关系为 $y = \dfrac{221.7x + 3.318}{x + 0.1047}$。

四、活动反思

MATLAB 曲线拟合器可以解决二维和三维的数据拟合问题，超过三维的数据拟合问题需要利用拟合工具箱函数实现。拟合前需明确待拟合函数，拟合结果的主要指标是 R^2，其值越接近 1 越好，另外 SSE 和 RMSE 越小越好。

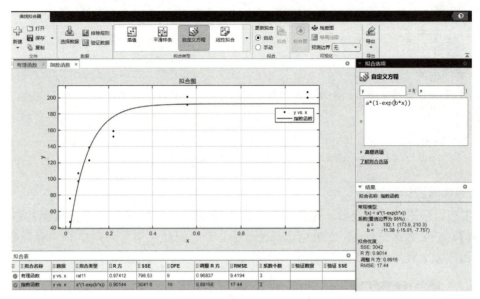

图 7 - 4　指数函数拟合

单元小结

本单元介绍了 MATLAB 的发展历程和主要功能；认识了 MATLAB 的界面布局；学习了 MATLAB 的常用命令、变量、矩阵、运算符、M 文件和函数的基本语法。通过实际案例分析了 MATLAB 曲线拟合器的操作要点。

思考与练习

在线测试 7 - 02

一、填空题

1. 在 MATLAB 软件中，$x = 2:2:9$，则 $x =$ _____。

2. 在 MATLAB 软件中，$a = [1, 2, 3]$，$b = [2, 4, 0]$，则 $a + b =$ _____。

二、判断题

1. 在 MATLAB 软件中，变量名区分大小写。　　　　　　　　　　　　　　　　　　（　　）

2. 在 MATLAB 软件中，表示语句注释的符号是 @ 。　　　　　　　　　　　　　　（　　）

3. 在 MATLAB 软件中，运算符 .∗ 与运算符 ∗ 永远表示相同的运算。　　　　　　（　　）

三、实训应用题

某人在短时间内喝下两瓶啤酒后，间隔一定的时间（小时）测量他的血液中酒精含量（毫克/百毫升），得到数据见表 7 - 6。已知饮酒后血液中酒精浓度 y 与时间 t 的关系为：$y = c_1(e^{-c_2 t} - e^{-c_3 t})$，根据实验数据，利用 MATLAB 软件拟合确定模型中的参数 c_1，c_2，c_3。

表 7 - 6　血液中酒精含量与饮酒时间的数据

时间（h）	0.25	0.5	0.75	1	1.5	2	2.5	3	3.5	4	4.5	5
酒精含量（mg/100mL）	30	68	75	82	82	77	68	68	58	51	50	41
时间（h）	6	7	8	9	10	11	12	13	14	15	16	
酒精含量（mg/100mL）	38	35	28	25	18	15	12	10	7	7	4	

单元三　SPSS 软件

案例导入

"碳达峰、碳中和"是我国未来发展的重要战略目标，"双碳"战略目标与人类命运共同体建设息息相关，是人类实现可持续发展的现实需要，也是推动我国经济实现高质量发展以及中华民族永续发展的客观需要。我国幅员辽阔，各地产业结构、资源禀赋等存在着很大的差异，因此在实施低碳发展时，有必要对各地区的碳排放情况做聚类分析，从而有目的、有针对性地制定不同的减排目标和策略。聚类分析是一种常见的数据挖掘技术，其本质特征是按照事物的特征来构建类别，解决"物以类聚"的问题。

SPSS 软件提供了系统聚类、K-均值聚类和二阶聚类等多种聚类方法，操作简单，可轻松解决聚类问题。SPSS 软件是统计分析领域最优秀的软件之一。

培养子目标

知识目标

了解 SPSS 软件的基本信息；理解 SPSS 软件的基本操作；掌握 SPSS 软件配对样本 T 检验的应用。

能力目标

能够使用 SPSS 软件实现简单的数据分析，并利用 T 检验解决生活中的配对比较问题。

素质目标

能够结合实际问题进行自主学习、拓展知识，培养终身学习的意识和能力。

相关知识

一、SPSS 软件概述

SPSS 是 Statistical Product and Service Solutions 的简称，由美国斯坦福大学的三位研究生 Norman H. Nie、C. Hadlai（Tex）Hull 和 Dale H. Bent 于 1968 年研发，是世界上最早的统计分析软件，也是现今世界上应用最广泛的统计软件之一。SPSS 软件的大多数操作可通过鼠标、单击"菜单""按钮"和"对话框"来完成，具有完整的数据输入、编辑、统计分析、报表、图形制作等功能，且能方便地与其他软件进行数据转换，也无须掌握复杂的统计分析数学运算过程，广泛应用于调查统计行业、市场研究行业、医学统计、数据挖掘和预测分析等领域，已成为国际公认的权威统计软件之一。

（一）SPSS 发展历程

20 世纪 70 年代，美国斯坦福大学的三位研究生 Norman H. Nie、C. Hadlai（Tex）Hull 和 Dale H. Bent 研发了 SPSS，最早取名为"社会科学统计软件包"；2000 年正式将全称更改为"统计产品与服务解决方案"；

音频 7-04
SPSS 被 IBM 收购

2009 年其公司被 IBM 收购，SPSS 更名为 IBM SPSS，一般每年更新一个版本，于当年的 8 月发布。SPSS 旗下主要有 4 个产品，IBM SPSS Statistics：统计分析产品，IBM SPSS Modeler：

数据挖掘产品，IBM SPSS Data Collection；数据采集产品，IBM SPSS Decision Management；企业应用服务，通常说的 SPSS，指的是 IBM SPSS Statistics。

（二）SPSS 特点及主要功能

1）功能强大。SPSS 全面涵盖了数据分析的主要操作流程，提供了数据获取、数据处理、数据分析、数据展示等数据分析操作，内置了各种统计方法与模型，从简单的描述统计分析方法到复杂的多因素统计分析方法。

2）图文并茂。SPSS 制图功能强大，操作简便，图形美观，图形可再编辑，可用多种格式保存，能满足大多数应用需求。

3）兼容性强。SPSS 可导入 Txt、Excel、SAS、Stata 等数据文件，可实现 R 语言、Python 语言的互联互通，调用最新统计方法，增加 SPSS 的扩展性。

4）简单易学。SPSS 软件的大多数操作可通过菜单和对话框来完成，无须学习繁杂的语法，也不需要通晓统计分析的具体算法，操作便捷，界面友好，轻松易懂。

二、SPSS 界面介绍

打开 SPSS 软件，其界面总体上有三大功能区：数据编辑窗口，语法编辑窗口，结果查看窗口，如图 7-5 所示。

1）数据编辑窗口：启动 SPSS 后看到的第一个窗口便是数据编辑窗口，如图 7-6 所示。数据编辑窗口是 SPSS 的基本界面，可以进行数据的录入、编辑和分析。主要由标题栏、菜单栏、工具栏、编辑栏、变量名栏、观测序号、窗口切换标签、状态栏构成。

2）语法编辑窗口：依次单击数据编辑窗口中的"文件"→"新建"→"语法"，打开语法编辑窗口。按照 SPSS 软件的语法规则编写命令程序，以 .sps 为文件扩展名保存。

3）结果查看窗口：SPSS 的大多数统计分析结果以表和图的形式在结果查看窗口中显示。窗口左边是导航窗口，用来显示输出结果的目录，可以通过单击目录来展开右边窗口中的统计分析结果。窗口右边显示统计分析结果，可以复制或者导出，输出结果可以 .spo 为文件扩展名保存。

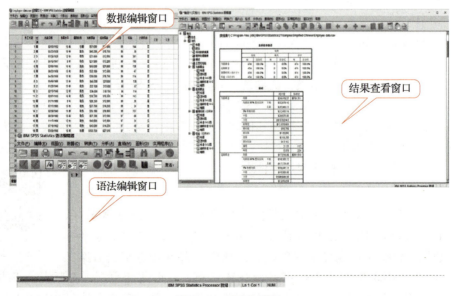

图 7-5　SPSS 界面

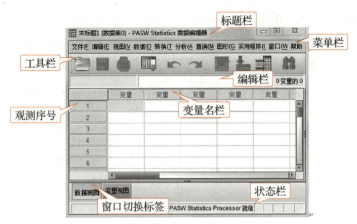

图7-6　数据编辑窗口

三、SPSS 基本操作

SPSS 数据分析一般需要 3 个步骤：数据录入、数据编辑和数据分析。

（一）数据录入

1. 文件录入

SPSS 软件可读取的数据格式有 sav、excel、sas、txt 等，常用的是 sav 和 excel 格式，单击"文件"→"打开"→"数据"，选择文件路径即可，如图 7-7 所示。

2. 直接录入

在数据编辑窗口的变量视图下定义变量名、变量类型、变量标签等变量信息，定义一个变量至少要定义它的两个属性，即变量名和变量类型，其他属性可以暂时采用系统默认值。变量名必须以字母、汉字或字符@开头，其后可以是任何字母、数字或!、?、#、$ 等符号，变量名不区分大小写，不能含有空格，也不能与 SPSS 保留字相同，如变量不能命名为 all、and、not、or 等，如图 7-8 所示。确定变量后在数据视图下录入个案信息。

图7-7　文件录入

	名称	类型	宽度	小数	标签	值	缺失	列	对齐	度量标准	角色
1	员工代码	数值(N)	4	0	员工代码	无	无	8	右	度量(S)	输入
2	性别	字符串	1	0	性别	{f, 女}...	无	1	左	名义(N)	输入
3	出生日期	日期	10	0	出生日期	无	无	13	右	度量(S)	输入
4	教育水平	数值(N)	2	0	教育水平（年）	{0, 0（缺少...	0	8	右	序号(O)	输入
5	雇佣类别	数值(N)	1	0	雇佣类别	{0, 0（缺少...	0	8	右	名义(N)	输入
6	当前薪金	美元	8	0	当前薪金	{$0, 缺少}...	$0	8	右	度量(S)	输入
7	起始薪金	美元	8	0	起始薪金	{$0, 缺少}...	$0	8	右	度量(S)	输入
8	雇佣时间	数值(N)	2	0	雇佣时间（以月...	{0, 缺少}...	0	8	右	度量(S)	输入
9	经验	数值(N)	6	0	经验（以月计）	{0, 缺少}...	无	8	右	度量(S)	输入
10	少数民族	数值(N)	1	0	少数民族分类	{0, 否}...	9	8	右	名义(N)	输入

图7-8　定义变量

SPSS 数据录入：

SPSS 数据录入是以变量定个案，在录入数据时，需要明确变量名和变量类型。

（二）数据编辑

数据编辑主要通过菜单栏中的"数据"和"转换"进行编辑加工，可以做文件级别的数据管理和变量级别的数据管理。常用的有个案排序、变量排序、选择个案、加权个案、计算变量、重新编码等操作，如图7-9所示。

图7-9 数据编辑

（三）数据分析

数据分析主要通过菜单栏中的"分析"实现。在数据分析前，需要明确数据的类型是计量数据还是计数数据。计量数据一般是连续的，是计量器具经检测而出具的数据，如身高、体重等；计数数据一般是离散的，是观察单位按其性质或类别分组，然后清点各组观察单位个数所得的数据，如性别、水果等级等。计量数据与计数数据选择的统计分析方法完全不同。常用的统计分析方法有正态性检验、配对样本T检验、独立样本T检验、卡方检验、秩和检验、方差分析、回归分析、相关性分析、时间序列分析、聚类分析、主成分分析、因子分析等数据分析方法，如图7-10所示。

音频7-05
正态性检验

图7-10 数据分析

视频 7-03
SPSS 分析方法
应用案例

活动与训练

一、活动描述

为研究孪生兄弟的出生体重与出生顺序的关系，收集了 15 对孪生兄弟的出生体重数据，见表 7-7，利用 SPSS 软件做两配对样本 T 检验，以检验出生体重与出生顺序是否有显著性差异。

表 7-7　15 对孪生兄弟的体重数据

编号	1	2	3	4	5	6	7	8	9	10	11	12	13	14	15
先出生者体重（kg）	2.79	3.06	2.34	3.41	3.48	3.23	2.27	2.48	3.03	3.07	3.61	2.69	3.09	2.98	2.65
后出生者体重（kg）	2.69	2.89	2.24	3.37	3.5	2.93	2.24	2.55	2.82	3.05	3.58	2.66	3.2	2.92	2.6

二、活动分析

在生活中，常常需要比较成对的样本，如用药前用药后的比较，两种不同药物治疗效果的比较，两种种子产量的比较等。

配对样本 T 检验：适用于检验两个配对样本的均值是否存在显著性差异。其检验思路为两个配对样本做差值，转化为单样本，再检验差值序列的总体均值是否与 0 有显著性差异，假设检验的原假设是没有显著性差异。另外，在配对样本 T 检验之前必须要求差值序列通过正态性检验。

先出生	后出生	差值
2.79	2.69	.10
3.06	2.89	.17
2.34	2.24	.10
3.41	3.37	.04
3.48	3.50	-.02
3.23	2.93	.30
2.27	2.24	.03
2.48	2.55	-.07
3.03	2.82	.21
3.07	3.05	.02
3.61	3.58	.03
2.69	2.66	.03
3.09	3.20	-.11
2.98	2.92	.06
2.65	2.60	.05

图 7-11　差值序列

三、活动演练

音频 7-06
差值序列通过正态性检验

（一）过程

首先，在 SPSS 变量视图中定义两个变量：先出生和后出生，在数据视图中录入相应的数据。

其次，单击"转换"→"计算变量"，在目标变量下输入"差值"，在数字表达式中单击输入"先出生-后出生"，计算先出生者体重减去后生者体重得到的差值序列，如图 7-11 所示。

然后，单击"分析"→"描述统计"→"探索"，把差值选入因变量列表，单击"绘制"按钮，勾选"带检验的正态图"对差值做正态性检验，如图 7-12、图 7-13 所示，检验结果如图 7-14 所示，可以看到 Kolmogorov-Smirnov 检验和 Shapiro-Wilk 检验，一般大样本看 Kolmogorov-Smirnov 检验，小样本看 Shapiro-Wilk 检验，本题的 Shapiro-Wilk 检验 p 值为 0.433，大于 0.05，差值通过了正态性检验。

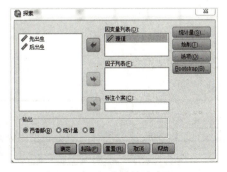

图 7-12　正态性检验步骤 1

图 7-13　正态性检验步骤 2

正态性检验

	Kolmogorov-Smirnov[a]			Shapiro-Wilk		
	统计量	df	Sig.	统计量	df	Sig.
差值	.177	15	.200[*]	.944	15	.433

*. 这是真实显著水平的下限。

a. Lilliefors 显著水平修正

图7-14 正态性检验结果

再次，单击"分析"→"比较均值"→"配对样本 T 检验"，将"先出生"和"后出生"选入右侧"成对变量"列表框，单击"选项"按钮，出现对话框，置信区间一般设为95%。

最后，回到"配对样本 T 检验"对话框，单击"确定"按钮执行。具体如图7-15、图7-16 所示。

图7-15 配对样本 T 检验操作步骤1

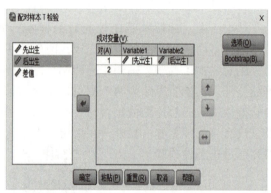

图7-16 配对样本 T 检验操作步骤2

(二) 结果解读

分析结果如图7-17 所示。成对样本统计量给出了两配对样本的基本统计信息。成对样本相关系数中相关系数为0.967，p 值为0.000，小于0.05，故认为先出生者体重和后出生者体重存在明显的线性关系。成对样本检验中先出生者体重 – 后出生者体重均值为0.06267kg，双尾检验 p 值为0.035，小于0.05，故拒绝原假设，认为孪生兄弟的出生体重与出生先后顺序有显著性差异，先出生者体重比后出生者体重更高。

成对样本统计量

		均值	N	标准差	均值的标准误
对 1	先出生	2.9453	15	.40516	.10461
	后出生	2.8827	15	.40922	.10566

成对样本相关系数

		N	相关系数	Sig.
对 1	先出生 & 后出生	15	.967	.000

成对样本检验

		成对差分							
					差分的95% 置信区间				
		均值	标准差	均值的标准误	下限	上限	t	df	Sig.(双侧)
对 1	先出生 - 后出生	.06267	.10430	.02693	.00491	.12043	2.327	14	.035

图7-17 配对样本 T 检验结果

四、活动反思

配对样本 T 检验适用于两组配对数据的差异性比较，使用前要求差值序列通过正态分布检验。若差值序列未通过正态分布检验，应采用两相关样本的秩和检验。若两组独立样本做差异性比较，应采用独立样本 T 检验。

单元小结

本单元介绍了 SPSS 的发展历程和主要功能；认识了 SPSS 的界面布局；学习了 SPSS 的数据录入、数据编辑和数据分析的简单操作。通过实际案例分析了 SPSS 配对样本 T 检验的操作要点。

思考与练习

在线测试 7-03

一、填空题

1. 在 SPSS 软件中，数据编辑窗口分为数据视图和_____视图。
2. 在 SPSS 软件中，统计分析结果在_____窗口中显示。

二、判断题

1. 在 SPSS 软件中，变量名区分大小写。　　　　　　　　　　　　　　　（　　）
2. 在 SPSS 软件中，变量名可以含有汉字。　　　　　　　　　　　　　　（　　）

三、实训应用题

随机抽取 8 名高血压病人，试用一种新降血压药，在用药前后分别测得舒张压（单位：mmHg）见表 7-8，请用 SPSS 软件分析数据并指出该药是否有显著降压作用。

表 7-8　用药前后舒张压的数据

编号	1	2	3	4	5	6	7	8
用药前（mmHg）	94	95	98	100	94	98	95	100
用药后（mmHg）	80	90	108	95	96	80	85	95

单元四　常用文献信息分析工具

案例导入

文献检索的意义在于查找与自己的研究课题相关的文献，汲取同一领域新的思想或研究方法，从而推动自己的研究。然而，随着互联网的发展，特别是伴随着大数据的到来，我们正进入一个全新的数据信息时代。对于科研工作者来说，除了掌握快速地收集信息和有效管理信息的能力之外，还需要有一定的信息分析能力。例如，当检索某个研究方向的文献时，可能会查到上千篇相关文献，此时我们该如何对待这些文献？精炼检索很可能会导致有价值的文献被排除在外。另外，在交叉科学盛行的今天，如果想了解其他领域的进展情况，由于缺乏相应的专业知识，如何判断哪些文献是有重要参考价值的文献？这些问题的解决都需要我们具备一定的文献信息分析能力。

目前基于文献的分析大多以文献计量学方法为基础，通过对文献的基本信息，如作者、主题、引文等进行对比统计，通过数据挖掘、信息可视化等技术手段获得有价值的信息，本单元重点精选三款与图书情报学方法相关的文献信息分析软件：趋势分析软件 CiteSpace、引文分析软件 HistCite 和内容分析软件 RefViz。

培养子目标

知识目标

掌握常用文献分析工具的基本概念和原理；理解常用文献分析工具的应用领域和优势；熟悉常用文献分析工具的使用方法和操作步骤。

能力目标

能够根据研究需求选择合适的文献分析工具；能够运用常用文献分析工具进行文献检索和分析；能够解读和分析文献分析工具生成的结果，提取有用信息。

素质目标

培养批判性思维和分析问题的能力；能够评估文献分析工具的可靠性和适用性；培养团队合作意识和沟通能力；树立终身学习意识；培养信息分析意识，能够不断学习和掌握新的文献分析工具。

相关知识

一、趋势分析软件 CiteSpace

（一）CiteSpace 简介

视频 7-04
CiteSpace 概述

在科研工作中，面对海量文献，挖掘学科前沿和研究热点是首要任务。CiteSpace 作为一款优秀的文献计量学软件，通过科学知识图谱的方式可视化展现文献关系，帮助梳理研究轨迹并预见未来研究前景。

1. 基本情况

该软件由美国德雷塞尔（Drexel）大学引文分析可视化技术研究的主要代表人物陈超美（Chaomei Chen）开发，基于 Java 平台和共引网络理论，适用于多元、分时、动态的网络分析，支持 ISI 格式文献数据导入，是开源的知识图谱软件。

CiteSpace 以可视化图形展现并识别学科前沿及其演进路径、经典基础文献，辅助用户挖掘、分析科学知识及其相互关系，并通过关键词聚类和突变词节点间探测来确定领域研究热点和趋势。此外，还可进行作者合作、机构合作、关键词共现、作者共被引、文献共被引等分析。CiteSpace 又翻译为"引文空间"，由于是通过可视化的手段来呈现科学知识的结构、规律和分布情况，因此也将通过此类方法分析得到的可视化图形称为"科学知识图谱"。通过 CiteSpace 的可视化分析，我们可以更直观地了解科学知识的结构、规律和分布情况。

2. 基本特点

1）高效处理：CiteSpace 软件可直接处理原始数据，无须转化为矩阵格式，减轻用户负担，支持 WOS 等数据库数据直接导入。

2）映射分析：软件将研究领域视为研究前沿与知识基础的映射，通过突变探测、中介中心性和异质网络揭示研究趋势和关键点。

3）多角度展示：同一数据样本可生成多种图谱，多角度呈现数据演变。

4）时间脉络清晰：节点和连线的颜色编码展示文献数据的时间变化。

5）引证情况可视化：节点的彩色年轮表示法直观展示不同时间段的引证情况。

6）连线共引频次标识：连线颜色代表共引频次达到阈值的时间。

3．优缺点

CiteSpace 软件的主要优势在于，只要从 SCI 数据库中套录引文数据，并把这些数据导入系统，就可以生成一系列的图表供用户分析解释，且所有的算法和技术都是软件规定好的，简单易用，具有很好的普适性。不足之处主要有三点：①没有数据清洗功能；②读图问题；③生成图的主观性。

4．基本功能

1）通过引文网络分析，找出学科领域演进的关键路径。

2）找出学科领域演进的关键点文献（知识拐点）。

3）分析学科演进的潜在动力机制。

4）分析学科热点和前沿。

（二）CiteSpace 常用术语

1．Betweenness centrality：中介中心性

中介中心性是测度节点在网络中重要性的一个指标，指网络中经过某点并连接这两点的最短路径占两点之间最短路径总数之比。中介中心性高的点往往位于连接两个不同聚类的路径上，CiteSpace 中使用此指标来发现和衡量文献的重要性，并用紫色圈对该类文献（或作者、期刊以及机构等）进行重点标注。

2．Burst：突现词

突现词是指突发主题或文献、作者以及期刊引证信息等。通过考察词频，将某段时间内频次变化率高的词从大量的主题词中探测出来。CiteSpace 中使用 Kleinberg, J（2002 年）提出的算法进行检测。

3．Citation tree-rings ：引文年环

引文年环代表着某篇文章的引文历史。引文年轮的颜色代表相应的引文时间，一个年轮厚度和与相应时间分区内引文数量成正比。

4．Thresholds ：阈值

阈值是指用户在引文数量、共被引频次和共被引系数三个层次上，按前中后三个时区分别设定阈值，其余的由线性内插值来决定。

以上为 CiteSpace 重要的术语，除此以外还有一些常用的术语，见表 7 - 9。

表 7 - 9　CiteSpace 的常用术语

英文名称	中文名称	含义
Nodes	节点	绘制软件中，节点即曲线中的控制点、交叉点，网络连接的端点
Centrality	节点中心度	所在网络中通过该点的任意最短路径的条数，是网络中节点在具体网络中所起连接作用大小的度量。中心度大的节点，相对容易地成为网络中的关键节点

（续）

英文名称	中文名称	含义
Citation	引用	所引用的内容
Co-citation	共引	指当两篇文献被一篇（后来发表的）文献同时参考引用时，两篇文献之间的关系
Citation tree-rings	引文半衰期	衡量文献老化速度的指标之一
Co-authors	合作者	共同写论文的人，或者论文经费支持单位
Pathfinder network scaling	路径网络简化	一种网络简化算法
Minimal spanning trees	最小生成树	一种网络简化算法
Pivotal points	关键点	网络中中介中心性大于或者等于0.1的节点，CiteSpace图谱中用紫色的节点来表示网络中的关键节点
Time slicing	时间分割	设定整个时间跨度和单个时间分区长度
Research front	研究前沿	定义为一组突现的动态概念和潜在的研究问题，印证文献组成了文献研究前沿
Intellecture base	知识基础	在科学文献中的引文和共引轨迹，被引文献组成了知识基础

（三）CiteSpace 软件下载与安装

1. 下载并安装 JRE

CiteSpace 软件运行需要安装 Java 运行环境 JRE。下载 Java 时，登录网址 http://www.java.com/en/download/index.jsp，网站打开后一般会自动检测最合适的版本，单击"download"按钮就可以下载最新版本的 JRE 了。安装时直接打开下载目录下的文件，然后单击"安装"按钮。安装成功后需要重启浏览器，然后再打开链接 http://www.java.com/en/download/testjava.jsp，检查并确保安装了最新的 JRE，如图 7-18 所示。

视频 7-05
CiteSpace 软件获取与安装

图 7-18　JRE 下载界面

2. 下载 CiteSpace

CiteSpace 是免费软件，登录 CiteSpace 主页，按照要求下载相应软件，如图 7-19 所示。

图7-19　CiteSpace软件下载界面

图7-20为CiteSpace下载页面，网页提供了各版本的CiteSpace及相应的Java下载链接，用户可根据需要选择适用的版本下载到指定的目录。

图7-20　CiteSpace下载页面

3. CiteSpace软件安装

安装CiteSpace前，首先检测Java运行环境JRE。检测成功安装Java后，将下载的CiteSpace文件解压缩，存储在C盘根目录下，使launch. jnlp文件路径为C:\CiteSpace\launch. jnlp，双击这个文件，即可自动安装了。第一次打开时可能会提示打开方式，一般会出现Java平台选项。

> **软件安装注意事项：**
>
> 1. Java版本要和CiteSpace版本一致，如果CiteSpace是32位的，Java也要选择32位。
> 2. 安装Java完成需要测试环境时，需要重启浏览器。
> 3. 有的安装过程可能因为配置问题会出现错误，需多次调试。

（四）CiteSpace使用

从信息分析的角度，CiteSpace能够在海量的文献数据中，以较为简单的操作步骤挖掘出我们所需要的特定主题的研究历史与研究前沿，操作步骤一般为四步。

视频7-06
CiteSpace数据分析
与图谱解读

第一步：收集文献全记录。从多个数据库（如 WOS、CNKI 等）收集文献全记录。

第二步：数据采集与清洗。根据需求选择参数、阈值和算法进行数据采集与清洗。因 CiteSpace 是基于 WOS 的数据格式进行开发的，非 WOS 数据需转为 WOS 格式。

第三步：利用 CiteSpace 的合作网络、引文网络、共现网络、共被引分析等功能绘制可视化知识图谱。

第四步：解读图谱，即根据分析结果揭示研究领域的发展趋势、热点研究等信息。

二、引文分析软件 HistCite

在日常工作和学习中，进行陌生领域的文献调研时，常用 Web of Science、百度等搜索引擎。但筛选高引用频次的文章并不理想，因为引用包括同行和外行，我们需找同行高引文献。同时，新综述因发表时间短、引用少而被忽略。对于陌生领域，关键词选择也是挑战。此时，HistCite 软件是最佳解决方案，它能在几小时内对大量文献进行引证关联分析，快速描绘领域发展脉络，锁定重要文献和明星科学家。

（一）HistCite 简介

Cite 意为引用，Hist 意为 History，HistCite = history of cite，意为引文历史，或者叫引文图谱分析软件。HistCite 是 Thomson Reuters 公司的一款产品，是 SCI 的发明人加菲尔德和他的同事开发的引文编年可视化软件。它能够用图示的方式展示某一领域不同文献之间的关系，可以绘制出该领域的发展历史，定位出该领域的重要文献，以及最新的重要文献。

1. 基本功能

HistCite 一般应用在论文或者科研项目开题或选题时，也用于了解课题的新领域，在撰写文献综述时可利用 HistCite 快速定位高质量文献。主要具有以下功能。

1）统计分析：定位重要文献、重要作者、重要机构等。

2）作图分析：快速了解某个领域的发展脉络。

3）找出无指定关键词的重要文献。

4）洞察某个领域的最新进展。

2. HistCite 相关术语

1）GCS 总引用次数：表示文献在 Web of Science（WOS）网站上的全球被引用次数，此结果与 WOS 网站按被引频次排序结果一致。

2）LCS 本地引用次数：指文献在当前数据集中的被引用次数，小于或等于 GCS，用于快速定位领域经典文献。

3）CR 参考文献数：表示文献引用的参考文献数量，用于快速定位综述文献。

4）LCR 本地参考文献数：指文献的参考文献在当前数据集中的数量，小于或等于 CR，可快速找出与研究方向最相关的新文献。

这些指标相互关联，有助于用户统计分析。高 GCS 但低 LCS 可能意味着文献主要被非同一领域科学家关注，参考价值有限。LCR 可帮助识别引用文献中与当前研究最相关的文章。

（二）HistCite 安装

HistCite 是一款免费的软件，登录 HistCite 官网，填写相关信息后，单击"SUBMIT"即可进入软件下载页面，下载后双击文件"HistCite Installer"，即可完成安装，安装完毕，单击桌面"HistCite"图标即可开启软件。

（三）HistCite 的使用

使用步骤如下。

1. HistCite 获取数据

HistCite 文献信息只能来源于 Web of Science 数据库。数据的获取分三步，如图 7-21 所示。第一步：在 WOS 数据库进行检索后，选择需要导出的数据记录，由于 WOS 每次只能导出 500 条记录，若检索结果超过 500 条则需要分多次导出；第二步：选择导出的文献记录之后，一定要选择输出全记录，并且要包含引文信息；第三步：将需要的文献保存成文本文件。一般来说，如果文献记录少于 500 条，分析的意义不是很大，分析文献数在几百到几千条记录之间比较合适。

图 7-21　HistCite 获取数据步骤

2. HistCite 导入数据

如图 7-22 所示，在 "File" 菜单下单击 "Add File"，导入前序保存的数据。如果有多个文本文件，可以重复执行导入。HistCite 对数据格式要求很严格，为保证数据顺利、完整地导入，应注意以下几个方面。

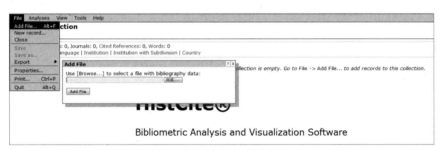

图 7-22　HistCite 导入数据

1）检索必须是在 Web of Science 核心合集中进行，而非 "所有数据库"。

2）打开将要导入的 txt 文件，将第一行中的 "FN Thomson Reuters Web of Science" 中的 "science" 改为 "knowledge"。

3）在 C 盘根目录下建立一个名为 "fakepath" 的文件夹，然后把从 WOS 导出的纯文本文件放在其中。注意，导出的文件必须放在该路径下面。

4）如果导入数据后出现 "No such file or directory" 的信息，可以按下面方法解决：依次打开 IE 中的 "属性" → "安全" → "本地" → "Internet" → "站点" → "高级"，把 http://127.0.0.1 的地址添加进去，单击 "确定" 按钮即可。

3. HistCite 统计分析

将数据导入到软件之后，文献会自动排列在软件的主界面。如图 7-23 所示，文献可以按日期、期刊或作者进行排序。文献记录的上方有一些蓝色字体的按钮，这些词都是可以单击的，单击后即进行相应分析，可以进行作者/机构/期刊/关键词分析/发表年份分析，进而可以快速定位该领域的高产作者（重要作者）/高产机构（重要机构）/重要刊物（重要文献）/重要检索词。例如单击"authors"，软件会列出所有作者，并将每位作者的文献数、引用次数等信息列出来。此外，还可以利用默认窗口右侧的 LCS、GCS、LCR、CR 功能键进行分析：根据 LCS 的排序，可以快速定位该领域的重要文献；根据 LCR 的排序可以快速定位近期关注该领域的重要文献，发现新动向；根据 CR 的排序，可以快速定位该领域的综述文献。

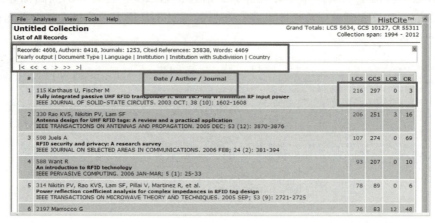

图 7-23　HistCite 统计分析

4. HistCite 作图

数据导入后，在"Tool"菜单下，选择"graph maker"激活作图器，然后在新的界面单击左上角的"make graph"按钮。软件会根据默认的条件作出一张引文关系图，来展示当前数据库中重要文献之间的关联。

5. HistCite 读图

作出图（见图 7-24）之后，理解图谱才是关键。一般默认会画出 30 篇文献之间的关联，图上有 30 个圆圈，每个圆圈表示一篇文献，中间有个数字，是这篇文献在数据库中的序号。圆圈的大小表示引用次数的多少，圆圈越大表示受关注越多。不同圆圈之间有箭头相连，箭头表示文献之间的引用关系。图最上面有一个圆圈较大，并有很多箭头指向这篇文章，那么这篇文章很可能就是这个领域的开山之作。

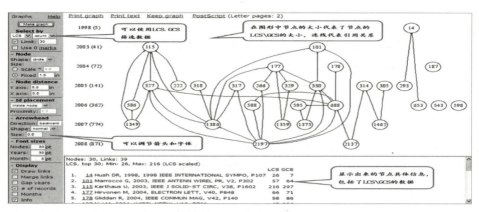

图 7-24　HistCite 读图

三、内容分析软件 RefViz

RefViz（Reference Visualization）是美国 Thomson Reuters 公司和 Ominiviz 公司合作开发的

用于文献信息可视化分析和数据挖掘的软件。RefViz 采用文献聚类地图的形式来输出分类的文献信息，可视性强，便于理解。

（一）RefViz 概述

1. 工作原理

RefViz 的文献处理方式模拟了人类的阅读过程，遵循"阅读—发现—分类"的步骤。它首先深入分析每篇文献的标题和摘要，运用数理统计原理精准标注出主要关键词、次要关键词和描述词，而不仅仅是基于词频。接着，利用这些关键词对文献进行标识，并通过先进的聚类技术将文献分组。RefViz 的独特之处在于，它无须新建文件夹，便能以直观的二维图形展示文献间的相互关系。在图形中，每个文件夹图标代表一组文献，图标的大小和位置反映了文献的数量和相似度，使得用户能够迅速把握各组文献的核心内容和相互联系。

2. RefViz 功能介绍

RefViz 作为信息分类的理想工具可以帮助用户轻松管理海量的文献信息，快速获取最新的信息，主要具有以下功能：①RefViz 可以在 EndNote 的工具中调用，实现无缝对接；②具有统计、语义分析功能，可以清晰地展示出不同主题之间的相关性分析，找出文献间的相互关系，帮助用户发现研究热点，快速了解某一领域的整体情况；③RefViz 以可视化的图形方式将归类的结果展示出来，可以帮助用户寻找新的研究方向、开拓研究思路，寻找新的解决方案和突破口。

3. RefViz 下载与安装

首先从 RefViz 官网上下载 RefViz 试用版，也可购买正式版，然后双击 RVINSTALL. EXE 进行安装，安装成功即可使用，第一次运行时需要输入序列号。

（二）RefViz 界面

图 7-25 为 RefViz 界面，主要由文献关联信息区、关键词显示区、文献基本信息区、功能解释区四部分构成。

图 7-25　RefViz 界面

　　文献关联信息区是显示分析结果的窗口，有两种视图显示方式：Galaxy 视图和 Matrix 视图。该区域显示文献按照主题词（最初建库时，这些主题词是由 RefViz 根据在文献数据库中某词的出现位置及频率自动生成的）的分类情况（在 Galaxy 视图中），以及主题词之间组合后的关联性（在 Matrix 视图中）显示的。

　　关键词显示区分为左中右三个区，从左往右是 Major、Minor、Other descriptive terms。左侧为一级关键词区（最初建库时，一级关键词是由 RefViz 自动生成的，这些关键词和 Galaxy 视图中的关键词完全相同，是文献分类的主要依据），显示与文章关联性最强的关键词；中间为次级关键词区，与一级关键词协助进行文献分类；右侧为描述性关键词，意义不是很大。

　　关键词显示区中单击"Search"可以对本文件中的参考文献各字段进行检索。例如，检索标题中包含"Nitrogen＊"的参考文献，得到 20 条记录，而只检索 Nitrogen 时，则只得到 19 条记录，有一条包含"nitrogen-phosphorus detector"的记录没有出现，而在 EndNote 里则无此区别。

　　功能解释区为 RefViz 软件的提示区域，显示相关帮助信息等。

（三）RefViz 工作流程

　　利用 RefViz 分析文献信息的工作流程如图 7－26 所示。

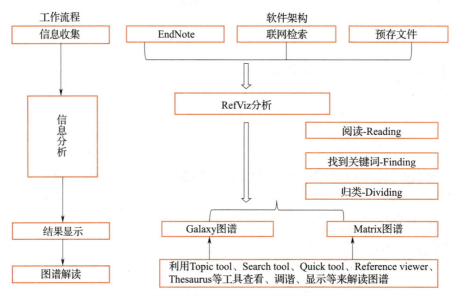

图 7－26　RefViz 分析文献信息的工作流程

　　第一步为信息收集：文献信息来源主要通过三种不同途径收集。一是通过 RefViz 直接联网检索；二是对文献管理软件已经建立的数据库进行分析；三是通过一些预存的文本文献信息或通过格式转换过来的文献信息。

　　第二步是信息分析（RefViz 分析）：通过阅读、找出关键词、归类等分析选择文献的过程。

　　第三步是结果显示：以 Galaxy、Matrix 两种直观的图示方式展现分析结果。

　　第四步是图谱解读：利用 RefViz 的相关辅助工具查看、调谐、解读图谱，获得相关信息。

活动与训练

一、活动描述

利用 CiteSpace 能够挖掘出我们所需要的特定主题的三个方面的信息，包括该研究主题的知识基础、相应的学科结构和最新的研究前沿。请以关键词"高等教育"为主题利用 CiteSpace 软件探究"高等教育"学科前沿情况。

二、活动分析

任何一个研究主题，背后都会有一个较为完整的知识体系作为支撑。这个研究主题越成熟，这个知识体系就越完整和丰富。我们知道共被引网络是由参考文献组成的网络。我们获取的这一主题的论文，其知识构成在很大程度上是由其参考文献的知识流动汇集得来的。那么由参考文献组成的共被引网络则能够很好地揭示某一个研究主题的"先验知识"，即我们可以通过获取参考文献的共被引网络的方式，得到某一研究主题的知识基础。

三、活动演练

1. 知识基础的获取

以关键词"高等教育"为检索对象，得到 28 万余条数据，得到的共被引网络如图 7 - 27 所示。

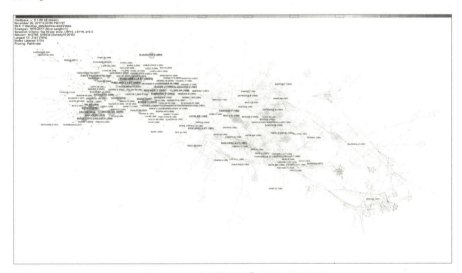

图 7 - 27　"高等教育"共被引网络图

通过对网络进行分析，对其中关键节点（即关键文献）进行研究，得知支撑高等教育发展的知识基础在时间上的发展演进情况。对这个结果网络进行聚类分析，可以看到各个阶段知识基础的主题的变化情况，方便我们进行主题聚焦。从图 7 - 28 中可以看到，在最近的研究中，知识基础为"反馈"类的文献，此时研究也许会以这个为出发点展开。

在了解整体的知识基础的框架和演进趋势后，我们关注高频节点和高中介中心性节点 2 个指标就可对关键文献进行定位了。也就是说图 7 - 29 中的这些文献是同时具备高中介中心性和高频特性的节点，就是本领域内的关键文献，也是这段时期内的关键文献，代表着这段时期的研究热点主题。

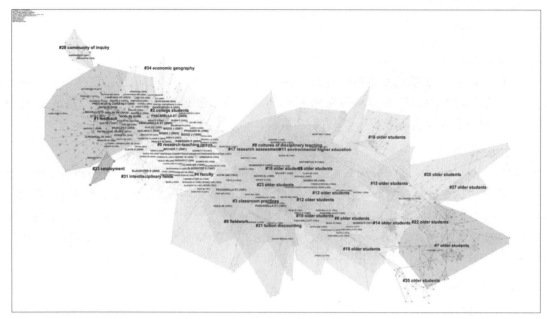

图7-28 "高等教育"关键节点图

Visible	Count	Centrality	Year	Cited References
☑	21	0.12	1997	SLAUGHTER S, 1997, ACAD CAPITALISM POLI, V0, P0
☑	16	0.09	1996	FAIRWEATHER JS, 1996, FACULTY WORK PUBLIC, V0, P0
☑	16	0.13	1998	CLARK BR, 1998, CREATING ENTREPRENEU, V0, P0
☑	15	0.19	1999	BIGGS J, 1999, TEACHING QUALITY LEA, V0, P0
☑	15	0.02	1996	TIERNEY WG, 1996, PROMOTION TENURE COM, V0, P0
☑	14	0.03	1994	GIBBONS M, 1994, NEW PRODUCTION KNOWL, V0, P0
☑	13	0.18	1995	PIKE GR, 1995, RES HIGH EDUC, V36, P1, DOI 10.1007/BF02207764
☑	12	0.55	1997	GLASSICK CE, 1997, SCHOLARSHIP ASSESSED, V0, P0
☑	10	0.14	1997	ETHINGTON CA, 1997, HIGHER ED HDB THEORY, V12, P165
☑	10	0.23	1997	BARNETT R, 1997, HIGHER ED CRITICAL B, V0, P0
☑	10	0.04	1993	ASTIN AW, 1993, WHAT MATTERS COLL 4, V0, P0
☑	10	0.09	1998	TROWLER PR, 1998, ACAD RESPONDING CHAN, V0, P0
☑	9	0.00	1997	**NATIONALCOMMITTEEOFINQUIRYINTOHIGHEREDUCATION, 1997, HIGH ED...
☑	9	0.29	1994	CABRERA AF, 1994, HIGHER ED HDB THEORY, V10, P225
☑	8	0.01	1998	FINKELSTEIN M, 1998, NEW ACAD GENERATION, V0, P0
☑	8	0.05	1998	RHOADES G, 1998, MANAGED PROFESSIONAL, V0, P0
☑	8	0.21	2000	COOK I, 2000, J GEOGR HIGHER EDUC, V24, P13, DOI 10.1080/03098260085...
☑	8	0.03	2000	MONK J, 2000, J GEOGR HIGHER EDUC, V24, P163, DOI 10.1080/0309826005...
☑	8	0.11	1994	**CARNEGIEFOUNDATIONFORTHEADVANCEMENTOFTEACHING, 1994, CLAS...
☑	8	0.04	1996	PASCARELLA ET, 1996, J HIGH EDUC, V67, P174, DOI 10.2307/2943979
☑	7	0.00	1995	SCOTT P, 1995, MEANINGS MASS HIGHER, V0, P0
☑	6	0.00	1993	TINTO V, 1993, LEAVING COLL RETHINK, V0, P0
☑	6	0.00	1994	MCDOWELL L, 1994, AREA, V26, P241
☑	6	0.04	1996	BANTA TW, 1996, ASSESSMENT PRACTICE, V0, P0
☑	6	0.18	1995	WEICK KE, 1995, SENSEMAKING ORG, V0, P0
☑	6	0.00	1996	HEALEY M, 1996, J GEOGR HIGHER EDUC, V20, P167, DOI 10.1080/03098269...
☑	6	0.15	1997	SLAUGHTER S, 1997, ACAD CAPITALISM, V0, P0
☑	6	0.03	2000	HENKEL M, 2000, ACAD IDENTITIES POLI, V0, P0
☑	6	0.09	1996	BRAXTON JM, 1996, HIGHER ED HDB THEORY, V11, P1
☑	6	0.02	1999	TRIGWELL K, 1999, HIGH EDUC, V37, P57, DOI 10.1023/A:1003548313194
☑	6	0.01	1997	MARTON F, 1997, LEARNING AWARENESS, V0, P0
☑	6	0.02	1998	KREFT I, 1998, INTRO MULTILEVEL MOD, V0, P0
☑	6	0.01	2000	MEYER JHF, 2000, EUR J PSYCHOL EDUC, V15, P5
☑	6	0.19	1995	BLACKBURN RT, 1995, FACULTY WORK MOTIVAT, V0, P0

图7-29 "高等教育"领域的关键文献

2. 学科结构的获取

一篇论文的关键词代表着这篇论文的论述重点，在一定程度上反映了这篇论文的学科结构。使用关键词共现网络，能够将数据全集中的学科结构清晰地展示出来。如图7-30所示，每一个节点代表一篇文献，节点越大，说明该关键词词频越高，与主题的相关性越高。同样，节点的颜色代表时间：颜色越暖，时代越近；颜色越冷，时代越久远。

3. 研究前沿的获取

使用"burst detection"功能键，可以获取到相关研究主题的研究前沿。在获取研究前沿前，如图7-31所示，需要先选中"Noun Phrases"，选择"Create POS Tags"。然后选中"Burst Terms"，单击"Detect Bursts"按钮，在弹出的对话框中单击"noun phrases"按钮。

图7-30 "高等教育"关键共现网络

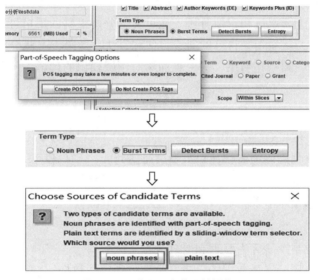

图7-31 获取研究前沿的操作

如图7-32所示，在知识图谱的界面，旁边有"Control Panel"窗口，单击"Burstness"标签，再单击下方的"Refresh"按钮，就可以生成我们所需要的关键词图片了。

关键词	强度	开始年份	结束年份	1998 - 2017
素质教育	183.837	1998	2001	
知识经济	64.0655	1998	2001	
教育观念	58.0954	1998	2002	
教育改革	128.6006	1999	2001	
创新教育	50.8054	1999	2003	
三个代表	46.1079	2000	2003	
思想政治工作	37.008	2000	2002	
美国教育	65.8783	2003	2008	
大学教学	69.2776	2004	2006	
教学评估	44.4183	2004	2008	
科学发展观	38.9894	2004	2009	
教育研究	159.9077	2005	2008	
高校	225.8431	2006	2008	
教育发展	71.5311	2007	2009	
创业教育	37.7912	2010	2017	
校企合作	36.9344	2010	2015	
英国	101.7791	2012	2017	
协同创新	59.8556	2012	2017	
大学治理	45.9527	2012	2017	
英国	42.1379	2012	2017	

图7-32 "高等教育"关键词图片

四、活动反思

通过使用 CiteSpace，我们发现它在许多方面都非常有用。首先，CiteSpace 提供了丰富的可视化功能，使我们能够更直观地理解文献之间的引用关系和知识演化趋势。其次，CiteSpace 还提供了多种分析指标和方法，可以帮助用户进行定量和定性的文献分析。例如，通过使用共词分析和时空演化分析，能够深入挖掘文献中的关键词和研究热点。此外，CiteSpace 还支持导出数据和图表，方便用户与他人分享和交流研究成果。然而，CiteSpace 也存在一些不足之处。例如，对于大规模文献数据的处理速度较慢，而且对于一些复杂的分析需求可能无法满足。因此，在使用 CiteSpace 时，我们需要根据具体情况进行权衡和选择，结合其他工具进行综合分析，以获得更准确和全面的研究结论。

单元小结

文献分析工具是人们在进行文献综述时的重要辅助工具。它可以帮助用户快速筛选出相关的文献，并对文献进行定量和定性分析。通过文献分析工具，用户可以更好地了解研究领域的现状和发展趋势，从而指导自己的研究方向和方法。此外，文献分析工具还可以帮助用户发现文献之间的关联和相互引用，进一步加深对领域知识的理解。

思考与练习

在线测试 7-04

一、填空题

1. 文献分析工具可以帮助研究者快速对大量文献进行_____和 _____。
2. 文献分析工具可以进行 _____和_____的数据分析。
3. 文献分析工具可以帮助研究者进行文本的_____和_____。

二、判断题

1. 文献分析工具可以帮助研究者整理和管理大量文献资料。　　　　　　（　　）
2. 文献分析工具只能用于定量数据的分析，不能处理定性数据。　　　　（　　）
3. 文献分析工具可以辅助研究者进行综合性文献综述和文本分析。　　　（　　）

三、选择题

1. （　　）是常用的文献分析工具。
　A. SPSS　　　　　B. Excel　　　　C. NVivo　　　　D. Microsoft Word
2. 文献分析工具主要用于（　　）方面。
　A. 数据收集　　　　　　　　B. 数据分析
　C. 数据可视化　　　　　　　D. 数据储存
3. 文献分析工具可以帮助研究者进行（　　）。
　A. 文章查重　　　　　　　　B. 文本标注
　C. 文献综述　　　　　　　　D. 数据清洗
4. （　　）不是文献分析工具的特点。
　A. 自动化处理　　　　　　　B. 多样化的分析方法
　C. 高效的数据导入　　　　　D. 实时数据同步

// 模块小结 //

　　本模块介绍了文献分析工具的重要性和应用。我们讨论了常用的工具，如 SPSS、CiteSpace、MatLab 和 RefViz 等工具，它们提供了丰富的功能和方法，帮助研究者进行数据收集、分析和可视化。我们强调了文献分析工具的多样性，可以进行定量和定性数据分析，以及文本标注和综述等任务。通过本模块的学习，学习者可以选择适合自己研究需求的工具，提高研究效率和质量。

视频 7-07
学术趋势分析用哪家

// 综合训练 //

　　1. 根据以下情境，选择一个合适的文献分析工具：研究者希望对一组定性数据进行内容分析，以了解参与者对于某一特定主题的态度和观点，并从中提取关键词汇和主题。

　　2. 根据以下情境，选择一个合适的文献分析工具：研究者希望对一组定量数据进行统计分析和数据可视化，以揭示数据之间的关系和趋势。

在线测试 7-05

　　3. 提交一份利用文献分析工具来分析"我国高校信息素养教育的发展历程"的解决方案。

　　4. 对某人用快速静脉注射方式一次性注入实验药物 300mg 后，在一定时刻 $t(\mathrm{h})$ 后采集血样，测得药物浓度 $y(\mathrm{\mu g/mL})$ 见表 7-10，已知药物浓度与时间的关系为 $y = ae^{bt}$，根据实验数据，利用 MATLAB 软件拟合确定模型中的参数。

表 7-10　药物浓度与时间的数据

时间 t（h）	0.25	0.5	1	1.5	2	3	4	6	8
药物浓度 y（μg/mL）	19.21	18.15	15.36	14.10	12.89	9.32	7.45	5.24	3.01

模块八　学术论文及其写作

近年来，随着以人工智能、大数据、物联网、云计算等为代表的新一代信息技术的迭代升级，生成式 AI 产品层出不穷，其中 AI 代写软件也悄然走进科研人员的视野，关于 AI 代写"有助科研"还是"助长作弊"的讨论也是众说纷纭。那么，学术论文的创作到底该不该借助 AI？AI 生成的学术论文到底有没有价值？这其中会不会滋生新的学术不端问题？本模块的内容主要围绕学术论文及其写作展开。作为对科学研究创新成果的科学记录，学术论文是最常见的科研文体之一，对促进学术交流、推广学术成果、促进科研成果转化有着重要意义，因而，学术论文的规范创作和撰写至关重要。一篇学术论文的写作过程，应该是一项科学研究的诞生过程，好的学术论文可以代替科研人员说话。

// 培养目标 //

知识目标

了解学术论文的概念、写作步骤及发表流程；理解学术论文的价值与学术不端；掌握学术论文选题方法、写作规范及投稿技巧。

能力目标

学会区分学术论文与非学术论文、学术期刊与非学术期刊；熟练利用工具辅助学术论文选题、写作与投稿；能够通过学术论题解决既定的现实问题。

素质目标

具备信息安全意识与信息甄别能力；具备学术规范、学术诚信、创新思维等基本的科研素养；具备良好的学术伦理与学术道德意识；形成通过学术研究解决实际问题的思维方式。

// 知识导图 //

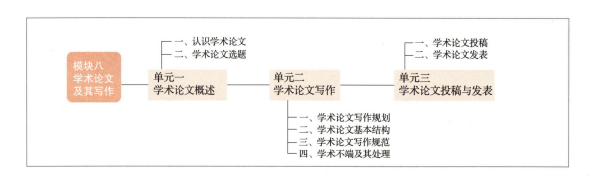

单元一　学术论文概述

案例导入

在 5G 网络逐步普及的过程中，网络上出现了一种谣言，声称 5G 网络会传播病毒。这种谣言引发了公众的恐慌和误解，对 5G 网络的推广和应用造成了不良影响。

针对这一谣言，多篇科学、权威的学术论文提供了有力的辟谣依据。其中，一篇发表在《电磁波与人体健康》杂志上的论文指出，5G 网络使用的电磁波频率与病毒的大小和结构完全不相符，因此无法通过 5G 网络传播病毒。另一篇发表在《生物电磁学》上的论文也通过实验证明，5G 网络信号对生物体的影响微乎其微，远不足以导致病毒传播。

在辟谣的同时，科学论文也为我们提供了解决方案。一方面，学术界和通信行业应加强科普宣传，提高公众对 5G 网络和电磁波的科学认识，消除恐慌情绪。另一方面，政府和相关部门应加大对网络谣言的打击力度，维护网络信息的真实性和准确性。

此外，针对公众对 5G 网络安全的担忧，科研人员也在积极探索更安全、更健康的 5G 技术应用方案。例如，有研究团队正在开发一种能够降低 5G 信号辐射对人体影响的技术，以确保 5G 网络在广泛应用的同时，也能保障公众的健康安全。

科学、权威的学术论文在辟谣和提供解决方案方面发挥了重要作用。这些论文不仅为我们提供了严谨的科学依据来识别和抵制网络谣言，还为实际生活中的难题提供了有效的解决方案。通过加强科普宣传、打击网络谣言以及积极探索更安全的 5G 技术应用方案，我们可以更好地享受科技带来的便利与福祉。

培养子目标

知识目标

了解学术论文的含义、特征、类型；理解学术论文价值与作用；掌握学术论文选题的方法。

能力目标

学会区分学术论文与非学术论文；能够合理运用检索工具辅助学术论文选题；能够在现实问题中挖掘出选题的方向。

素质目标

初步具备科学研究的基本素养；形成通过专业知识解决实际问题的思维方式；树立谨、严、细、实的学术作风。

相关知识

一、认识学术论文

作为对科学研究创新成果的科学记录，学术论文是最常见的科研文体之一，也是促进学术交流、科研深化、考查研究人员科研水平的重要载体之一。

（一）学术论文的含义

学术论文是某一学术课题在实验性、理论性或观测性上具有新的科学研究成果或创新见解和知识的科学记录；或是某种已知原理应用于实际中取得新进展的科学总结，用以提供在学术

视频8-01
学术论文的那些
事——概念和特点

音频8-01
学术论文的含义

会议上宣读、交流或讨论；或在学术刊物上发表；或作其他用途的书面文件。学术论文应提供新的科技信息，其内容应有所发现、有所发明、有所创造、有所前进，而不是重复、模仿、抄袭前人的工作。学术论文的本质属性是学术性，其与非学术性文章的区别在于学术论文是在前人研究基础上的知识创新。

（二）学术论文的特征

学术论文在理论研究和实践指导中的价值和意义是由学术论文本身所具有的特点所决定的。基于科学研究过程本身严谨性、实证性和规范性等的属性，学术论文主要具备四个方面的特征。

1. 学术性

学术性是学术论文最本质的特征。学术代表着专深而系统的学问，学术的本质是创造和发展知识。首先，学术论文的学术特性最本质表现在对未知的探索上。其次，学术性还体现在研究方法的严谨、逻辑的缜密、说理的充分等方面。最后，时效性也是学术论文学术性考量的一个重要方面。

2. 科学性

科学性是学术论文的灵魂，没有科学性的学术论文是没有生命力的。学术论文的科学性主要表现在三个方面。其一是实事求是，学术论文的内容必须是客观存在或潜在的事实，不脱离实际。其二是客观公正，学术论文不得将个人好恶偏见代入其中，不得主观臆想编造。其三是自圆其说，这一点表现在学术论文的行文不得跑题或产生悖论。

3. 创新性

创新性是学术论文的使命，是衡量一篇学术论文价值的根本标准。学术论文创新性的一方面在于发现新问题，而不是对已有研究结论的重复论证；另一方面在于解决新问题，用现有研究方法与理论有效解决新问题是创新，开拓新的研究方法与理论更高效地解决现有问题是创新，用新的研究方法与理论去解决新的科学问题更是创新。

4. 理论性

理论性是学术论文立论、行文之基石，也是学术论文生命力得以延续的必备条件。学术论文的理论性一方面在于立论之理论基础，科学研究应该是继承与创造并存的活动；另一方面在于学术论文所记载科学研究本身的理论价值，这是学术成果能够经受检验并被广泛传播应用的前提。

（三）学术论文的类型

学术论文没有严格统一的分类标准，按照不同的标准维度，学术论文可以划分为不同的类型。按研究的学科划分，学术论文可以分为自然科学论文和社会科学论文。按论文形式和研究层次划分，学术论文可以分为理论型论文、应用型论文和综述型论文。按写作的不同阶段划分，学术论文可以分为学年论文、毕业论文和学位论文。

视频 8-02
学术论文的那些事
——种类和价值

音频 8-02
按研究的学科划分
学术论文

音频 8-03
按论文形式和研究
层次划分学术论文

音频 8-04
按论文写作的不同阶段
划分学术论文

（四）学术论文的作用

首先，学术论文用于记录和保存科研成果，学术论文是记录科学研究成果的重要载体之一，好的学术论文可以代替科研工作者说话，科学研究成果特别是社会科学研究成果大都是以文献的形式反映出来的。学术论文一经成文发表，是一项学术活动的记录，以纸质或电子载体形式得以保存，其中有代表性的优秀的学术成果能够长久地保存于人类的科学宝库中。2022 年 7 月 23 日落成的中国国家版本馆是保藏和展示国家版本资源的场馆，它以版本为载体，记录历史变迁，是国家版本资源总库和中华文化种子基因库。中国国家版本馆由中央总馆文瀚阁、西安分馆文济阁、杭州分馆文润阁、广州分馆文沁阁组成，各场馆均设置展示区、保藏区、交流区等，旨在全面履行国家版本资源的保藏传承职责。

其次，学术论文能够促进学术交流与科研成果转化，每个科研工作者都应该以学术论文为载体，积极投身于科研成果的良性交流与传播当中去，以此促进整个社会科学研究事业的深入和长远发展。

最后，学术论文可以衡量作者科研水平，通过学术论文衡量作者科学研究水平主要考虑两个方面，一是学术论文的质量，二是学术论文的数量。

二、学术论文选题

决定学术论文质量高低和价值大小的因素是多方面的，但其中选题的好坏无疑是首要因素。科研选题往往决定着一项科学研究的主要方向和目标，好的选题是研究成功的一半。

视频 8-03
毕业论文选题
常犯的那些错

（一）何为学术论文选题

学术论文选题是指在诸多专业领域的现实问题中选择所要研究和解决的问题，确定研究方向，找准和明确所要解决的主要问题。选题一旦确定，论文的研究和写作方向也便随之确定了。学术论文选题是科学研究和论文写作的第一步，是主观愿望和客观需要相结合的产物，决定了整个研究的价值、走向和提升空间，必须以严谨的科学态度从客观实际需要出发，选择和确立论文课题。

在选题之后，还有一个重要的问题就是题目的表达，即怎样把选择的问题和将要研究的内容表述出来。一是题目不宜太长。二是核心概念不宜过多，最好一个，最多两个。核心概念若超过两个，则论文表达的中心研究主题就会漂移，论文到底研究什么就非常难把握了。三是表达要精准，题目如果题意不清或引起歧义，那么论文在研究和写作时很可能出现跑题现象。

（二）学术论文选题原则

1. 科学性原则

选题要选择那些客观上有科学价值和对现实有实际意义的课题。选题要有科学依据，遵从科学原理并符合科学逻辑。首先，最基本的条件是要有科学依据，包括前人的经验总结和个人研究工作的实践，这是选题的理论基础。其次，选题要符合客观规律。最后，选题设计与研究必须科学，符合科学逻辑。

视频 8-04
毕业论文选题的
原则与方法

2．需要性原则

学术论文选题的需要性原则也称为价值性原则，要求选题具有实用价值。所谓需要，一是社会的需要，二是科学本身发展的需要。所谓价值，主要表现在研究课题的实际应用价值与科学理论价值两个方面。前者是指现实生活中急待解决的问题，社会需要，群众关心，研究目标明确。后者是指某些选题内容，虽然一时还不能直接应用于实际生产和社会实践，但对于科学文化的发展，对于解决理论上的疑难问题却具有重要意义。

3．学术性原则

学术性原则包含学术性和专业性两个方面。学术性主要体现在选题的理论价值上。具有较高学术价值的选题，一方面应该是在学科中占有比较重要的地位，另一方面应该是最有可能或最有希望"创新"的问题。专业性主要体现在选题的专业学科领域上，单一学科或跨学科选题，都需要有专业学科领域的基础理论知识作为研究基础。

4．创新性原则

选题创新的核心在于突破。选题要防止与他人雷同，要有自己的真知灼见和开创性。从研究成果来看，选题创新主要表现在三个方面：一是理论创新；二是应用创新；三是方法创新。从创新的内容和形式来看，选题创新主要表现在三个方面：其一是探索前沿、填补空白；其二是纠正通说、正本清源；其三是补充前说、有所前进，也可以是老题新论、旧题新作。

5．可行性原则

选题的可行性原则体现在实现研究课题的主要技术指标的可行性和经济效益的合理性两方面。其中，主要技术指标的可行性包括主观条件（研究人员自身）和客观因素（研究人员本身以外的因素）的可能性，经济效益的合理性包括课题研究的成本核算和研究成果的经济价值。

（三）学术论文选题方法

选题通常有两种情况：一种是没有明确的想法，需要从大量材料中选定，另一种是已经有了某种研究方向和想法，需要进一步明确和验证。不管哪种情况，都要通过资料的收集和研究工作才能最终确定选题。基于这两种情况，可以通过以下四个方法进行选题。

1．文献调研法

首先，通过多种方式和途径开展材料收集，收集材料的过程实际上也是选题初选的过程。其次，广泛而大量研读所收集的文献，做初步的记录，然后对研读记录做深度加工，也就是对记录进行分类组合，寻找和发现存在的共性和特性问题。最后，通过文献资料的研读和深层加工，找到感兴趣或有研究价值的问题，这个问题可以是文献调研中发现的共性问题，即其有遗漏、有更新、有反驳、有争论的研究点，也可以是特性问题，即其有发展、有完善、有创新、有空白的研究点。

2．社会调查法

撰写论文的最终目的是为社会服务，那么选题的确定也理应以社会需要为出发点，从社会实践中搜集第一手资料，真正做到选题源于实践，服务于实践。社会调查可以关注社会生活的方方面面，包括政治、经济、军事、文化、教育、医疗、法律、生态、科技、安全、民生等诸多方面，选取一个感兴趣的领域，了解其发展现状、研究与关注热点，从中找到一个具体而微的切入点进行研究，确定选题。

3. 拟想验证法

研究人员根据自己平时的研究、观察、学习和积累，对某一领域专业问题产生新的想法，初步确定了选题范围，再通过有目的的资料搜集和研究，明确想法的依据，判断其可行性，如不可行则重新选题，如可行则细化选题内容。判断已有想法可行性时，首先，需要考虑已有的想法是否与前人研究重复。其次，需要考虑已有的想法是否为该领域理论空白，或者是否能对前人的观点进行补充。最后，已有想法过于单薄时，需要在文献调研中捕捉新的想法，在此基础上验证已有想法的可行性。

4. 启发式选题法

启发式选题的灵感往往来源于现有科研选题或学术观点，可以是研究前人未曾研究过的开创性研究课题，也可以是前人研究过的发展性研究课题，可以是相关领域学术界公认的学术观点，也可以是具有批判价值或争论性的学术观点。研究人员在现有的科研课题中找到新的研究方向或方法，在现有的学术观点中找到漏洞或创造出新的学术理论和观点，都是行之有效的选题方法。

🏛 活动与训练

一、活动描述

某航空高校材料科学与工程专业研究生小王同学，从研究生入校起就立志要成为一名学术达人，一年时间即将过去，看着身边同学偶有学术成果产出，小王既羡慕又迷茫，听了同学的经验分享，小王准备带领学习小组通过实验数据资料和实验成果发表一篇学术论文。作为一名学术小白，从成功做出实验到顺利发表论文，是一个漫长且艰辛的过程，发表什么方向的论文？怎么选题？如何开展实验？目标期刊有什么要求？对于这些问题，小王目前毫无头绪。

二、活动分析

小王的最终目标是带领学习小组通过实验成果发表一篇学术论文，那么关键的第一步是先进行选题。小王可以请教导师的建议，从自己所学专业"材料科学与工程"和导师的研究方向入手，通过选题确定大致的方向，进而开展研究，然后根据实验结果撰写学术论文，最后投稿发表。对于选题工作的开展，小王可以利用相关学术趋势分析工具（如中国知网的"指数"，万方数据知识服务平台的"万方选题""关键词知识脉络""灵析"等）进行。选题过程中要注意选题的科学性、需要性、学术性、创新性、可行性的原则，避免进入选题常见的过大、过小、脱离实际等误区。

【活动关键点】

1）选题工具的选择。
2）文献信息的收集。
3）检索结果的利用。
4）选题方向的拟定。

三、活动演练

1. 活动流程

活动流程如图 8-1 所示。

2．选题示例

选题示例如图8－2所示。

选定某一个或综合选定某几个选题工具

选定所学专业领域或研究兴趣领域相关关键词2~3个

根据选定的选题工具和关键词，进行学术文献资料信息的检索、整理和分析，筛选高质量论文进行研读

根据检索、分析与研读结果初步拟定选题方向

结合选题工具和学术文献数据库，针对初步拟定的选题重新进行文献资料的检索和分析，修正选题

确定选题

图8-1　确定学术论文选题活动流程

选定学术趋势分析工具：万方选题

选定关键词："复合材料""航空航天""航空发动机"

学术文献资料检索、整理和分析：
1）利用"选题发现"模块的"关键词"和"学科"检索，开展学术脉络、研究重点、研究边界、新兴主题的分析。
2）利用"文献精读"模块的"搜论文"和"搜专家"检索，获取高关注论文、新发表论文、综述性论文、优秀学位论文和研究主题领域的专家信息。
3）根据检索结果开展分析和高质量文献研读

初步拟定选题方向：复合材料对航空发动机的作用

修正选题：利用"定题评测"模块，对选题进行新颖性测评，通过"选题拓展"和"学科渗透"探索相关研究热点，进一步细化或扩展选题方向

确定选题：复合材料在航空发动机中的应用

图8-2　选题示例

四、活动反思

在选题过程中，需要注意以下六个方面的选题常见误区。

1. 混淆选题与标题

学术论文选题并不等于学术论文的标题或题目。选题与标题的相同点在于，都表达学术研究的中心思想和研究方向，但选题与标题还是有着本质区别的，选题不是选择研究题目，而是选择研究方向。

2. 选题偏大

选题偏大，往往容易泛泛而谈，无法做更深入的钻研，也就失去了研究的目的。当遇到较大的选题时，可由以下几点作为考量缩减范围的因素：一是对问题某一特殊的面加以申述，二是将选题限定在特定的时间范围内，三是从某一特殊事件看此问题，四是将以上三个因素合并讨论。

3. 选题偏小

如果选题偏小，论文的研究价值就会非常小甚至没有研究价值，这与学术论文的创新价值性是相违背的。当出现选题偏小的问题时，可以从以下三方面考虑适度扩大选题，一是扩大选题研究对象的范围，二是扩大选题研究的时间范围，三是探索选题研究成果的普适性。

4. 选题存在逻辑错误

选题的逻辑错误主要表现在研究对象、方法和内容上。在既有的公认的理论与实践研究体系之下，如果选题的研究对象与方向存在明显悖论，那么沿着这个选题方向进行的研究，会产生两种现象，一是研究难以进行下去，二是研究过程逻辑不清，勉强得出的研究结论既经不起推敲，还容易误导读者。

5. 为新而求新

学术论文选题必须具有创新性，但对现有的学术观点、理论或术语换个新说法，在精神内核上却并无创新之处的选题，是典型的"为新而求新"。这种行为在很大程度上中断了学科内在的联系性和逻辑性，打碎了原有的概念体系的内在关系，这样的选题也是应该避免的。

6. 选题脱离实际

脱离实际的选题，往往难以形成真正的研究价值。论文的选题要和实际生活紧密联系，要在实践中去挖掘，运用自己的研究成果去解决实际问题。选题脱离实际的根本原因还是缺乏学术意识，不能及时捕捉到贴近实践的有价值的选题。

单元小结

本单元主要通过介绍学术论文的含义、特征、类型和作用，让学习者学会区分学术论文与非学术论文，从而正确认识学术论文的价值与作用；通过介绍学术论文选题的原则与方法，重点结合选题实例的活动与训练，让学习者能够灵活运用学术趋势分析工具辅助科学研究选题，初步培养学习者通过专业知识解决实际问题的能力和思维方式，树立谨、严、细、实的学术作风，具备良好的科研素养。

在线测试 8-01

思考与练习

一、多选题

1. 以下（　　）属于学位论文。

　　A. 学士学位论文　　　　　　　　B. 硕士学位论文

　　C. 博士学位论文　　　　　　　　D. 博士后学位论文

2. 学术论文选题应遵循以下（　　）原则。

　　A. 科学性　　　　　　　　B. 需要性　　　　　　　　C. 学术性

　　D. 创新性　　　　　　　　E. 可行性

3. 以下可以辅助学术论文选题的学术趋势分析工具有（　　）。

　　A. 中国知网的"指数"

　　B. 万方数据知识服务平台的"万方选题"

　　C. 万方数据知识服务平台的"关键词知识脉络"

　　D. 百度学术

二、简答题

　　作为对科研创新成果的科学记录，学术论文是最常见的科研文体之一，它在格式、内容和作用等方面不同于常见的散文、小说等文学类的文章，请简要阐述学术论文的作用。

单元二　学术论文写作

案例导入

　　近年来，部分高校学生开始利用 ChatGPT 等 AI 工具辅助甚至代写论文，涉及罗列提纲、润色语言和降低重复率等。这引发了广泛的讨论：AI 在学术论文写作中的角色是否合适，以及它是否可能导致新的学术不端问题。

音频 8-05
ChatGPT

　　在学术领域，一些杰出的学者也曾因学术不端行为而受到关注。例如，2014年，日本理化学研究所的小保方晴子声称培育出了新型"万能细胞"STAP 细胞，但这一成果因无法被复制而被揭露存在造假，最终被正式撤稿。同样地，2016年，我国某大学副教授韩某发表的关于新基因编辑技术"NgAgo-gDNA"的论文，也因无法重复实验结果而遭到质疑，并最终撤稿。这些案例都违反了科学研究的诚信原则和规范。

　　我国在科技创新方面一直持鼓励态度，并对学术不端行为采取"零容忍"政策。为了加强科研伦理和学风建设，已出台了一系列相关政策规范。2019 年政府工作报告中首次明确提出"加强科研伦理和学风建设，惩戒学术不端，力戒浮躁之风"。

　　那么，在学术研究和论文写作过程中，我们应该坚守哪些道德底线和法律红线呢？

培养子目标

知识目标

　　了解学术论文写作规划与基本步骤；理解学术不端的概念和行为；掌握学术论文基本结构与写作规范。

能力目标

能够合理规划学术论文写作进程；学会在规范的结构下开展学术论文写作；熟练运用文献管理工具辅助论文写作；提升语言文字组织与表达能力。

素质目标

具备基本的学术规范和科研诚信素养；具备创新意识、独立思维、科学探索的能力；树立良好的学术伦理与学术道德意识；培养坚持不懈、迎难而上的坚韧品格；增强知识产权保护意识。

相关知识

一、学术论文写作规划

一篇学术论文从选题构思到文稿完成，大致要经过选题、写作前准备、拟定提纲、撰写初稿、修改论文、论文定稿这六个步骤。在这六个步骤中都要涉及资料查找、文献调研的工作，因而下文未将查找资料作为单独步骤列出。

（一）选题

选题是学术论文写作的关键一步，好的选题往往会让研究人员在论文撰写过程中思维活跃、启发创新。关于学术论文的选题，本模块单元一已阐述，在此不做赘述。

（二）写作前准备

对于学术论文的写作来说，做好充分准备的写作和随便有了一个念头就立刻开工是完全不同的。当我们确定了一个不错的选题之后，为了保证论文的质量，还需要做三方面的准备工作。

1. 心理准备

在着手论文写作之前，充分的心理准备是必不可少的。这种心理准备的核心在于"提高抱负水平"。换言之，如果我们在过去的论文写作中并未认真对待其所发表期刊的层次或公开性，那么现在我们应该适当提升自己的期望和目标。通过提高抱负水平，我们能够激发自身的潜能，以更加专注和投入的态度面对即将到来的论文写作任务。为了实现这一目标，我们需要做到以下三点：积极的自我激励、持续的心理暗示以及努力保持身心愉悦的状态。

2. 文献资料准备

俗话说"巧妇难为无米之炊"，在论文写作过程中，拥有充足的文献资料是至关重要的。这就要求研究者在文献信息的收集、检索、筛选、管理和研读等方面下足功夫。为了有效地进行文献资料准备，最基础的工作是熟练运用学术文献数据库进行文献检索。在此过程中，我们需要注意以下两点：首先，确保检索到的文献本身具有较高的质量，包括作者资质、出版物的层次和影响力等方面；其次，确保检索到的文献与论文选题具有高度相关性，能够真正支撑论文的研究和写作。通过结合这两个方面，我们可以努力寻找到"精准文献"。在文献资料准备过程中，还应遵循"经典、新近、多元"的原则。经典文献是指那些经过时间考验并广泛传播的高被引文献，具有极高的参考价值；新近文献则是指那些距离我们规划写作时间较近的文献，也具有一定的参考价值；多元则是指文献来源的多样化，包括不同语种、不同类型的文献等。

3. 目标准备

在进行论文写作之前，明确写作的外在目标也是非常重要的。对于学生和一般的科研工作者而言，他们的目标可能存在差异。例如，毕业论文的主要目标是申请和获得学位，而其他类型的论文则可能以公开发表为目标。对于需要公开发表的论文写作来说，研究者需要在准备阶段就做出预判，确定论文将要发表的刊物级别。这可以是权威高水平期刊、专业核心期刊或普通刊物等。在做出目标预判之后，研究者还需要有针对性地检索相关刊物的基本信息，了解刊物的特色、栏目设置以及投稿须知和征稿启事等内容。通过这些准备工作，我们可以确保论文在行文规范、格式要求以及内容要求等方面符合目标刊物的标准。

（三）拟定提纲

拟定提纲是搭建论文基本框架的初始步骤，它是论文的雏形与简化表达。提纲有助于作者从宏观角度把握全篇，构建系统化思路，突出中心论点，并确保论文逻辑结构的严谨性。它为论文撰写及后续修改提供了明晰的指引与参照。

提纲的核心在于完整展现论文的内容主题与材料，并合理规划论文的结构与语言形式。在拟定过程中，应确保各项内容齐全，使提纲能够初步勾勒出文章的整体轮廓，同时注意详略得当。

从格式上看，提纲的编写方式主要有纵贯式、并列式及递进式三种。从内容出发，提纲又可分为标题式与提要式两种编写方法。标题式提纲以简洁的语句或词组概括论文要点，编排目次，其简明扼要的特点使其便于记忆，因而在实践中应用最为广泛。提要式提纲，或称中心句提纲，则是对每一部分内容的要点进行概括性描述，为论文的正文撰写奠定基础。

（四）撰写初稿

前期准备工作和提纲完成以后，就正式进入论文文稿的撰写过程了。初稿的写作是论文形成过程中最艰巨的阶段，需要作者把完整的论证过程阐述清楚。它既是对论文内容精雕细琢的过程，又是作者思想认识不断深化的过程。初稿的目的是要把所有想写的内容全部表达出来，对全部实验数据和资料进行详细的分析、归类。从初稿的写作过程中还可及时发现前期研究工作有无不足或错误。

初稿的写作可以参考但不局限于以下三种方法。

1. 严格顺序法

也叫循序渐进法，这是论文一般的和最常用的写作方法，即作者按照拟定提纲框架的研究内容顺序逐一展开论述，采用这种方法对文章内容的一致性、逻辑性方面的要求比较容易把握。

2. 分段写作法

也叫化整为零法，把整篇文章分成若干部分，作者从最先考虑成熟的内容开始动笔，其余内容在考虑成熟或进一步研究后再进行写作，实行"各个击破"。

3. 重点写作法

指从论文的核心章节开始写作，若作者对论文的主要论点及论据已经明确，但一气呵成的条件还不十分成熟，则可采用重点写作法。

当然，根据作者的写作习惯、行文构思等，这些方法也不一定要按部就班。初稿是整个学术论文的雏形，前期所有的工作都是为了初稿的产出，后期的所有工作也都要在初稿的基础上进行，所以在初稿撰写过程中，一定要养成良好的研究与写作习惯，确保初稿内容充分、行文格式规范、主题突出、表达精准，在实施论证过程中，要逻辑严密、层次分明、论证有据、言之有物。

（五）修改论文

"不改不成文"，学术论文需经反复雕琢方可发表。修改是深化内容理解、优化表达形式的过程，即不断"找茬"并修正错误与不严谨之处。修改旨在更精准、鲜明地呈现研究成果，涉及内容如观点、材料、论证逻辑，形式如结构、语言、错别字句和格式等。初稿完成后，作者应通读检查基础错误并规范格式；随后可请教同行专家，以旁观者视角发掘潜在问题。经反复自查与他查，论文将更趋完善，经得起推敲。

（六）论文定稿

学术论文初稿完成后，需经过细致修改方可达至定稿标准。定稿前，论文应确保观点鲜明且创新，论据充实有力，论述条理清晰，逻辑严密，语言精确生动，并具备感染力，以赢得读者认同。对于字数控制，无论是毕业论文还是期刊论文，都需遵循相应规定，避免字数过少导致论证不足，或字数过多显得冗余。如需调整字数，可通过增减论证细节、事实依据或压缩引言、图表等非核心部分来实现，但务必保持论文的完整性和核心观点的突出。定稿标志着学术论文写作的最终阶段，此后便可根据论文目标进行后续操作，如提交毕业答辩或期刊投稿等。

二、学术论文基本结构

学术论文的基本结构是学术界约定俗成的行文格式，根据我国现行标准《学位论文编写规则（GB/T 7713.1—2006）》、《学术论文编写规则（GB/T 7713.2—2022）》、《科技报告编写规则（GB/T 7713.3—2014）》的规定，学术论文主要由前置部分、正文部分、附录部分三部分构成，其中附录部分是非必需的。前置部分主要包括题名、作者信息、摘要、关键词、其他项目；正文部分主要包括引言、主体、结论、致谢、参考文献；附录部分视学术论文形式和需要而定。

视频 8-05
毕业论文的通用
性结构（上）

视频 8-06
毕业论文的通用
性结构（下）

（一）前置部分

1. 题名

题名也称为标题、题目，是论文的总纲，是以最恰当、最简明的词语反映学术论文中重要的特定内容的逻辑组合。因此题名应注意以下问题：①简明扼要地反映论文核心内容，避免使用复杂和不常见的词汇。②中文题名建议不超过 20 字，外文题名不超过 10 个实词。③在必要时，可添加副题名以补充或区分内容。

音频 8-06
学术论文可添加副
题名的情形

2. 作者信息

作者是论文的创作者和法定责任人，其署名体现了对论文内容的所有权和责任。有多位作者时，应根据实际贡献大小排序。

3. 摘要

摘要是对论文内容不加注释和评论的简短陈述，具有独立性和自明性，应包含主要信息。中文摘要建议控制在 200～300 字，外文摘要不超过 250 个实词。需要注意的是，学术论文摘要撰写过程中，应以第三人称进行阐述，可以按照"背景与目的→过程与方法→结论与意义"的逻辑进行撰写。

4. 关键词

关键词是为便于文献检索从题名、摘要或正文部分选取出来用以表示论

音频 8-07
学术论文中关键词
的选取

文主题内容的词或词组。它的主要作用是便于计算机存储和文献检索，每篇论文可选 3～8 个关键词，包括正式主题词和非正式主题词，应反映论文主题且具有实质意义。

5．其他项目

论文前置部分要求：建议或允许标注的其他项目，如基金名称及项目编号、收稿日期及修回日期、引用本论文的参考文献格式、论文增强出版元素及相关声明（如二维码、网址链接、作者声明等）。

（二）正文部分

1．引言

引言也称为绪论、导言或前言。引言主要功能在于概述研究背景、目的、范围和相关领域的工作，引出下文。因此，引文应言简意赅，突出重点，避免与摘要重复，字数不宜过多，300 字左右为宜。

2．主体

音频 8-08
学术论文主体
的结构类型

主体部分是学术论文的核心部分，占主要篇幅，是研究、分析和解决问题的决定性部分，可集中反映论文的学术水平、学术价值等。主体部分可以包括调查对象、实验和观测方法、仪器设备、材料原料、实验和观测结果、计算方法和编程原理、数据资料、经过加工整理的图表、形成的论点和导出的结论等。主体部分的论证过程应符合以下六个方面：①内容要求科学，以事实为依据，客观真实；②思路要求清晰，合乎逻辑，准确完备；③结构要求层次分明，简练可读；④语言要求简洁、准确，尽量通过数据与事实说话；⑤可以运用图或表来表达文字难以说明的内容；⑥行文中直接引用的应标注引号，直接引用和间接引用的都要分别标明各自的出处，数据的引用要严谨、确切，以防止错引。

除了对主体部分内容的要求，对主体部分的格式也有相应的严格要求，这一点将在后文的写作规范中进行阐述。

3．结论

学术论文的结论也常称为结束语或结语，它是一篇论文的收束部分，是文章最终的、总体的结论。通常来讲，学术论文的结论中主要阐述以下三个问题：一是阐明本研究说明了什么问题，揭示了什么原理及规律，在学术理论研究和实际解决问题方面有什么样的作用和意义；二是阐明对比前人的研究成果，本研究有哪些异同，对前人的研究做了哪些检验、修正、补充与发展；三是阐明本研究的不足之处、遗留问题，以及对其的意见或未来展望。

音频 8-09
学术论文结论
撰写注意事项

4．致谢

致谢是作者对在研究和论文写作过程中给予帮助的个人或组织表达感谢。致谢是学术论文的非必要部分，一般学位论文有单独的致谢部分，期刊论文中比较少见，如若在期刊论文中表达感谢，通常置于结论部分，简单两句点到为止，不可洋洋洒洒抒发感情以致喧宾夺主。

音频 8-10
学术论文致谢的对象

5．参考文献

视频 8-07
毕业论文参考引用
文献规则

参考文献是撰写学术论文时，正文部分引用或借鉴的与研究主题相关的专著、连续出版物、析出文献、电子资源、专利等，是作者为撰写或编辑论文而引用的有关文献信息资源。参考文献是学术论文必不可少的组成部分，一般在行文结束后逐一列出。

作者将参考文献附于文末，一是为了反映出真实的科学基础和依据；二是为了表明严谨的科学态度；三是为了尊重前人的科研成果、保护知识产权；四是为了表明引用资料出处，便于读者检索和追溯原始文献；五是有助于界定作者的创造性成果，并避免剽窃、抄袭之嫌。所列的参考文献，只限于那些引用借鉴的、最重要的和最关键的相关文献，且为正式出版物。不引用与本文论述无关的文献，不隐匿重要的参考文献。同时，参考文献的格式必须根据有关标准来编写，我国现行的参考文献著录标准是《信息与文献　参考文献著录规则（GB/T 7714—2015）》。凡引用的参考文献都应在正文中用英文状态的方括号"[ ]"，再在其中用阿拉伯数字排序予以上标注明。当同一处引用多篇文献时，应将各篇文献的序号在方括号内全部列出，各序号间用"，"，如遇连续序号，起讫序号间用短横线连接。当多次引用同一著者的同一文献时，在正文中标注首次引用的文献序号，并在序号的"[ ]"外著录引文页码。在参考文献列表中，按引用文献出现的先后顺序注明来源。

常见的参考文献类型及其标识代码、电子资源载体类型及其标识代码、参考文献著录规则等在本书模块一中已介绍，在此不作赘述。

音频 8-11
GB/T 7714—2015

（三）附录部分

附录是学术论文正文的补充，非必需但有助于深入理解正文。通常包含因篇幅所限无法编入正文的重要参考资料，如详细数据、深入的技术叙述、罕见的珍贵资料等。这些材料对特定读者具有参考价值，且不影响正文连贯性。附录部分可包括更详尽的信息、推荐文献、补充资料以及原始数据等。

音频 8-12
学术论文附录
可包含的内容

三、学术论文写作规范

学术规范是从事学术活动的行为规范，是学术共同体成员必须遵循的准则，学术规范并非某种"行政化"的操作，而是在学术共同体内部所建构的一种自觉的制约机制。有学者指出，学术规范是学术的生命，甚至是学者从事学术活动的法律。

视频 8-08
学术规范是前提

学术论文写作规范主要有语言规范、格式规范、内容规范三个方面。

（一）语言规范

学术论文的语言是用来阐述某一领域专业知识的，通常应该是专业领域的规范的书面用语，不当的语言表达会影响科学思想的表达和学术信息传播，学术语言的表达要具备科学性、准确性、逻辑性和简洁性。

1. 学术语言基本要求

（1）避免语言错误

语言错误是学术论文的硬伤，常见的语言错误有语法错误、标点符号错误、行文时态不一致、中英文混杂表述等。

（2）避免文字口语化

学术论文是专业学科方向的文章，在谈论专业问题时，使用专业词汇是必要的。同时，要避免随意使用网络语言。网络语言一般是混乱、无序和随意的，日常使用时会在不同的语言背景下产生新的含义甚至歧义，这是学术语言的大忌。

（3）语句通俗易懂

学术论文的一个重要作用是记录、展示和交流科学研究成果，为了让学术成果得到更广泛的传播和认可，它就不能是晦涩难懂的。当然，部分学术论文确实只有专业人士才能读懂，但这并不表示它语言本身难懂，而是因为其中专业术语、公式、推理演算、实验过程等确实需要大量专业知识的储备。

（4）表达符合逻辑且流畅

逻辑性和流畅性是学术语言相对较高的基本要求，表达的逻辑性一是要符合普通思维的逻辑性，二是要符合行文论证的逻辑性。流畅性主要是语言表达详略得当，起承转合完整顺畅。

（5）图表使用得当

科学研究过程中一些数据分析、调查、试验结果通过图、表的形式展示出来往往会比文字更直观，有更好的表达效果。学术论文中适当的图、表不仅能辅助文字语言的表达，还能给读者形成较强的视觉印象，调整行文布局，可以说益处颇多。但是，再好的方法也需要对度的把握，没有不行，过多也无益。写作中要根据学术论文研究过程和内容主题等特点，恰当选择是否使用图、表辅助文字的表达，如需要，建议只列出关键图表信息。

2．学术语言表达误区

（1）机械搬用

网络文化的发展使得汉语新词大量出现，在学术研究领域涌现出了一些新名词、新术语，正确地运用"拿来主义"，吐故纳新为我所用，这对学术研究来讲是大有裨益的。可是，有些作者不论有无必要，都要生搬硬套一些新名词、新术语，常常没真正认识和把握"新"的内涵，而是囫囵吞枣、望文生义、生搬硬套，没有把"新"放到合适的地方，反而弄巧成拙。

（2）语法不当

学术论文中语法不当大部分是由于作者欠缺语法知识。常见的语法不当现象主要有：缺乏主句、句子主干成分分离、双谓语、西化的倒装句、并列成分不对等、量符号使用不当或者量名称使用混乱。

（3）论文不论

学术论文展示的是科学研究论证的过程，大量运用描写、抒情或夸张的语言，而极少使用分析、论述的语言，其结果就是将学术论文变得不伦不类，既不是文学作品，也不是学术论文，形成"论文不论"的局面。

（4）过度使用主观性语言

论文中要谨慎使用主观性语言。形容词牵扯到主观评价，而学术论文写作讲究客观，要尽量少做评价，形容词使用多了，会导致整篇论文的语言主观性过大。当然，像综述、述评类的文章，本身就是评价和总结性质的学术论文，可以适当使用评价性语言，但要注意切勿过度使用。评价性的语言一定要有事实依据来支撑，否则就会变成自说自话。

（二）格式规范

所谓"无规矩不成方圆"，如果说学术论文的语言规范和内容规范是需要作者内化的规范，那么格式规范就是外显的规范。学术论文的格式规范主要包含论文的基本结构规范，标题层次规范，数字、公式、图表规范三个方面。

以下规范要求主要参考于《学位论文编写规则（GB/T 7713.1—2006）》《学术论文编写规则（GB/T 7713.2—2022）》《科技报告编写规则（GB/T 7713.3—2014）》《信息与文献参考文献著录规则（GB/T 7714—2015）》《出版物上数字用法（GB/T 15835—2011）》《科技书刊的章节编号方法（CY/T 35—2001）》（新闻出版行业标准）。

音频8-13
GB/T 15835—2011

1. 基本结构规范

学术论文的基本结构规范是学术界约定俗成的行文格式，其行文格式详见我国现行标准《学位论文编写规则（GB/T 7713.1—2006）》《学术论文编写规则（GB/T 7713.2—2022）》《科技报告编写规则（GB/T 7713.3—2014）》。参考文献的格式还需要遵守单独的著录规则，详见前文及《信息与文献 参考文献著录规则（GB/T 7714—2015）》。以上各结构的具体行文规范在前文已做阐述，此处不再赘述。

2. 标题层次规范

（1）章节标题

学术论文的每一章、条、款、项的格式和版面安排，要求一致，层次清楚。一般按其内容分成若干章节进行论述，章节的编号采用阿拉伯数字。学术论文中通常使用标题、序号，使得结构脉络清晰，具备循序渐进的节奏美感。论文的标题层次分为篇、章、节、条、款、项、段，为使章节编号易于辨认和引用，章节的层次划分一般不超过四级，每级都应有相应的标题。当学术论文的结构复杂，需将章节的层次再细化划分时，可采用扩充类型的章节编号，向上扩充"篇"，向下扩充"条、款、项、段"。

标题文字要精练，一般不超过 15 个字。标题一般为一句短语，不可成句；不同层级标题不能重复；层次标题中，最好不用标点符号，实在无法删除的，可采用空格方法断开。

（2）基本类型章节编号

基本类型章节编号规则：

1. 科技文献的第 1 级层次为"章"，它是科技文献的基本划分单元，通常从 1 开始连续编号。

2. 每一章下可依次再分成若干连续的第 2 级层次的"节"，还可以进一步细分为第 3 级、第 4 级层次的"节"。节的编号只在所属章、节范围内连续。

3. 书写章节编号时，在表明不同级别章节的每两个层次号码之间加"圆点"，圆点加在数字的右下角。但终止层次的号码之后不加圆点。例如，"1""1.1""1.1.1"。

4. 在正文和目次中书写章的编号时，其前不加"第"字，其后不加量词"章"字，只在引用章的编号时书写成"第几章"以利于分清层次。在正文和目次中书写节的编号时，其后不加量词"节"字，只在引用节的编号时书写成"1.1.1 节"。

5. 学术论文如有前言、概论、引言或其他类似形式的章节，应以阿拉伯数字"0"作为该级层次的前置部分的编号。

（3）章节编号的排列格式

章节编号的排列格式：

1. 编号数字与标题之间应有一字空，基本类型章节标题末一般不加符号。

2. 基本类型章节编号全部顶格排，正文另起行；章的编号也可以居中排，但全文应统一。

3. 向上扩充类型"篇"的编号及其标题之间应有一字空，并居中排。

4. 向下扩充类型"条、款、项、段"的编号前应有二字空，正文接排，标题与正文之间应有一字空。

5. 为了版式的美化，各级编号的排列格式可以变化，但全文应统一。

（4）基本标题层级示例

基本标题层次名称编号及其引用示例见表 8 - 1。

表8-1　基本标题层次名称编号及其引用示例

类型	名称	编号	正文中引用示例
概论	—	0	—
第1级	章	1	…按第1章…
第2级	节	1.1	…参见1.1节…
第3级	节	1.1.1	…见1.1.1节…
第4级	节	1.1.1.1	…见1.1.1.1节…

3. 数字、公式、图表规范

（1）数字的格式规范

宜用阿拉伯数字的场合：

　　1. 论文中使用数字进行计量、编号的场合，为达到醒目、易于辨识的效果。

　　2. 现代社会生活中出现的事物、现象、事件，其名称的书写形式中包含阿拉伯数字，已经广泛使用而稳定下来，如5G。

　　3. 公历的年、月、日一律用阿拉伯数字，如2023年8月1日。

宜用汉字数字的场合：

　　1. 干支纪年、农历月日、历史朝代纪年及其他传统上采用汉字形式的非公历纪年等。例如，正月初一。

　　2. 数字连用表示的概数、含"几"的概数，如五六十年前。

　　3. 汉语中长期使用已经稳定下来的包含汉字数字形式的词语，如八九不离十。

　　4. 普通叙述中不很大的数目，一般不宜用阿拉伯数字。

（2）公式的格式规范

公式的格式规范：

　　1. 公式应另起一行居中撰写。较长的公式，另行居中横排。如公式必须转行时，只能在＋，－，×，÷，＜，＞处转行。上下公式尽可能在等号"＝"处对齐。

　　2. 公式的编号用圆括号括起放在公式右边行末，在公式和编号之间不加虚线。公式可按全文统编序号，也可按章单独立序号，如（1）、（8.1），采用哪一种序号应和文中的图序、表序编法一致。公式序号必须连续，不得重复或跳缺。

　　3. 文中引用某一公式时，写成由式"序号"可见，如由式（5.1）可见。

　　4. 将分数的分子和分母平列在一行用斜线分开时，注意添加括号以免含义不清，如：$a/b \cdot \sin\theta$ 就会既可能被认为是 $a/(b \cdot \sin\theta)$，也可能被认为是 $(a/b) \cdot \sin\theta$。

　　5. 公式中分数的横分数线要写清楚，特别是连分数（即分子、分母也出现分数时）更要注意分数线的长短，并把主要分数线和等号对齐。

（3）图的格式规范

　　图主要包括曲线图、构造图、示意图、图解、框图、流程图、记录图、布置图、地图、照片等。图的基本格式应遵守以下规范。

图的格式规范：

1. 图应具有"自明性"，即只看图、图题和图例，不阅读正文，就可理解图意。

2. 每张图应有简短确切的题名，连同图号置于图下。必要时，应将图上的符号、标记、代码以及实验条件等，用最简练的文字，横排于图题下方居中，作为图例说明。

3. 每张图应有图序，一篇文章即使只有一个插图也应用序号，即图1。图序必须连续，不得重复或跳缺。

4. 曲线图的纵横坐标必须标注"量、标准规定符号、单位"。此三者只有在不必要标明（如无量纲等）的情况下方可省略。坐标上标注的量的符号和缩略词必须与正文中一致。

5. 照片图要求主题和主要显示部分的轮廓鲜明，便于制版。如用放大缩小的复制品，必须清晰，反差适中。照片上应该有表示目的物尺寸的标度。

（4）表格的格式规范

表格的格式规范：

1. 表格必须与正文论证有直接联系，表格中的内容在技术上不得与正文矛盾。

2. 每个表格都应有自己的表题和序号，表题简短确切，连同表号置于表上。

3. 全文的表格可以统一编序，也可以逐章单独编序。采用哪一种方式应和插图的编序方式统一。表序必须连续，不得重复或跳缺。

4. 表的各栏均应标明"量或测试项目、标准规定符号、单位"。只有在无必要标注的情况下方可省略。表中的缩略词和符号，必须与正文中一致。

5. 表中数据应正确无误，书写清楚。表内同一栏的数字必须上下对齐。表内不宜用"同上""同左"和类似词，一律填入具体数字或文字。表内"空白"代表未测或无此项，用"—"或"…"表示。

6. 必要时，应将表中的符号、标记、代码以及需要说明事项，以简练的文字横排于表题下，作为表注，也可以附注于表下。表内附注的序号宜用小号阿拉伯数字并加圆括号置于被标注对象的右上角，不宜用星号"＊"。

（三）内容规范

内容是学术论文的血肉，只有内容丰满了，论文的论证才更形象、更立体、更有说服力。如果在内容上有瑕疵，不遵守学术规范，势必会影响论文的学术价值、传播与交流，甚至触碰学术道德的底线和学术法规的红线。学术论文的内容规范主要表现在两个方面，一是文章内容要切题，二是要遵守学术伦理与学术道德。

1. 内容切题

在进行学术研究时，确保切题至关重要，这主要体现在基本理论、论证过程、事实数据和研究结论四个方面。

1）基本理论切题：基本理论的选择必须与选题高度相关，确保观点、研究对象和发展方向的一致性。

2）论证过程切题：论证过程要紧密围绕选题展开，避免偏离主题，引入的其他理论或方法应辅助论证，而非转移焦点。

3）事实数据切题：所使用的事实数据必须直接支撑论证目标，确保支撑作用的明确性和显著性。

4）研究结论切题：研究结论要与论证过程相符，解决的问题应与提出的问题一致，同时指出的不足和未来展望应与选题的理论基础或发展方向相吻合。

2. 遵守学术伦理与学术道德

学术伦理和学术道德是进行学术研究时需要遵守的道德准则与行为规范，学术伦理是进行学术道德评判的依据和标准，学术道德表现为具体的行为规范，是研究者在学术研究过程中外显的个人学术品格。研究者应在学术研究的全过程遵守学术伦理与学术道德，在学术论文写作中更应如此。学术论文写作中关于内容规范的学术伦理与学术道德主要表现在两个方面：一是要杜绝学术不端行为；二是要保持实事求是、求真务实的写作过程。

四、学术不端及其处理

所谓学术不端，中国科学技术协会定义其是指在科学研究和学术活动中出现的各种造假、抄袭、剽窃和其他违背学术共同体道德惯例的行为。教育部出台的《高等学校预防与处理学术不端行为办法》中认为，学术不端行为是指高等学校及其教学科研人员、管理人员和学生，在科学研究及相关活动中发生的违反公认的学术准则、违背学术诚信的行为。

| 视频8-09 | 音频8-14 | 音频8-15 | 音频8-16 | 音频8-17 | 音频8-18 |
| 相似性检测的三大数据库 | 《高等学校预防与处理学术不端行为办法》 | 学术不端的行为 | 学术不端的处理1 | 学术不端的处理2 | 学术不端的防范 |

我国历来重视科技创新，遵循预防为主、教育与惩戒结合的原则，强调科研伦理和学风建设，对科技造假和学术不端坚决"零容忍"，对学术不端采取严厉措施。2019年，学术不端首次写入政府工作报告中，为规范科研行为，我国还出台了一系列政策文件（见表8-2），对学术不端行为进行惩戒。

2016年印发的《高等学校预防与处理学术不端行为办法》中明确界定了哪些属于学术不端，以及对学术不端行为责任人的十四种处理方式，文件中明确指出在科学研究及相关活动中有下列行为之一的，应当认定为构成学术不端行为，主要包括剽窃、抄袭、侵占他人学术成果；篡改他人研究成果；伪造科研数据、资料、文献、注释，或者捏造事实、编造虚假研究成果；未参加研究或创作而在研究成果、学术论文上署名，未经他人许可而不当使用他人署名，虚构合作者共同署名，或者多人共同完成研究而在成果中未注明他人工作、贡献；在申报课题、成果、奖励和职务评定、申请学位等过程中提供虚假学术信息；买卖论文、由他人代写或为他人代写论文；其他根据高等学校或者有关学术组织、相关科研管理机构制定的规则，属于学术不端的行为。

表8-2 我国关于学术行为规范的政策文件列表

发布时间	发布单位	政策名称
2002年2月27日	教育部	《关于加强学术道德建设的若干意见》
2006年5月10日	教育部	《关于树立社会主义荣辱观进一步加强学术道德建设的意见》
2007年1月16日	中国科学技术协会	《科技工作者科学道德规范（试行）》
2007年12月29日	全国人大常委会	《中华人民共和国科学技术进步法》（第一次修订）
2009年8月26日	科学技术部等十部门	《关于加强我国科研诚信建设的意见》
2010年2月9日	国务院学位委员会	《关于在学位授予工作中加强学术道德和学术规范建设的意见》

（续）

发布时间	发布单位	政策名称
2012 年 11 月 13 日	教育部	《学位论文作假行为处理办法》
2015 年 9 月 17 日	中国科学技术协会	《在国际学术期刊发表论文的"五不"行为守则》
2015 年 11 月 23 日	中国科学技术协会等七部委	《发表学术论文"五不准"》
2015 年 12 月 29 日	国务院办公厅	《关于优化学术环境的指导意见》
2016 年 6 月 16 日	教育部	《高等学校预防与处理学术不端行为办法》
2017 年 7 月 10 日	中国科学技术协会	《科技工作者道德行为自律规范》
2018 年 3 月 28 日	中共中央办公厅、国务院办公厅	《关于进一步加强科研诚信建设的若干意见》
2019 年 6 月 11 日	中共中央办公厅、国务院办公厅	《关于进一步弘扬科学家精神加强作风和学风建设的意见》
2020 年 9 月 25 日	国务院学位委员会、教育部	《关于进一步严格规范学位与研究生教育质量管理的若干意见》
2020 年 11 与 26 日	中国科学技术协会、民政部	《关于进一步推动中国科协学会创新发展的意见》
2021 年 12 月 24 日	全国人大常委会	《中华人民共和国科学技术进步法》（第二次修订）
2022 年 8 月 25 日	科技部等二十二部门	《科研失信行为调查处理规则》

活动与训练

一、活动描述

某航空高校材料科学与工程专业研究生小王同学，想要带领学习小组在专业领域的学术期刊上公开发表一篇学术论文，经过团队的研讨和导师的指导，小王将论文的选题拟定为"复合材料在航空发动机中的应用"。接下来的实验该如何开展？论文撰写怎么进行？学术论文的写作规范有哪些？本专业领域的学术期刊有哪些？怎么更高效地投稿目标期刊？什么工具可以辅助小王团队解决这些问题？

二、活动分析

小王的最终目标是带领学习小组在所学专业领域的学术期刊上公开发表一篇学术论文，根据前期的调研已经初步拟定了选题方向为"复合材料在航空发动机中的应用"，那么接下来小王团队就正式进入研究阶段了。在论文正式发表前，还需要完成资料收集、实验开展、论文撰写等一系列任务。作为学习小组的负责人，小王需要先为大家做好研究全过程的规划，除了带领团队一同开展实验工作，还需要进行资料的收集、整理，论文提纲的初步拟定，论文初稿的撰写与修订，目标期刊的选择等工作。在这个过程中，小王可以借助中国知网平台的"知网研学""格式精灵"等工具，辅助资料的检索收集、文献的研读、论文的创作与排版、目标期刊的选择等。研究过程中要时刻防范学术不端行为的发生；论文完稿后可以利用学术论文相似性检测系统进行检测；署名时应按照团队合作者实际贡献大小排序。

【活动关键点】
1）论文写作的合理规划。
2）文献管理工具的运用。
3）写作规范的严格遵守。
4）学术不端行为的防范。

三、活动演练

1．活动流程

活动流程如图 8-3 所示。

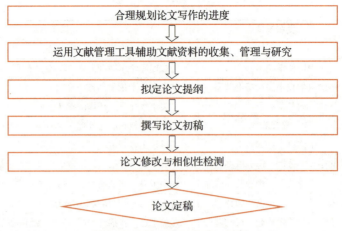

图8-3 学术论文写作活动流程

2．活动示例

活动示例如图8-4所示。

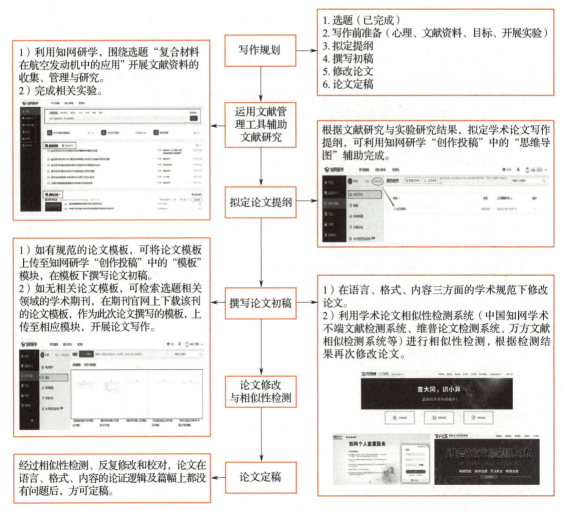

图8-4 活动示例

3. 范文示例

以下列举一篇学术期刊论文实例（部分）（见图 8 –5）：

1）论文标题：《大数据时代我国开放数据政策模型构建》。

2）论文作者：蒲攀、马海群。

3）发表期刊：情报科学。

4）发表时间及页码：2017 年第 35 卷第 2 期，第 3 –9 页。

·专　论·　　　　情报科学　第35卷 第2期　2017年2月

大数据时代我国开放数据政策模型构建

蒲　攀[1]，马海群[2]

（1.成都航空职业技术学院，四川 成都 610100；2. 黑龙江大学 信息资源管理研究中心，黑龙江 哈尔滨 150080）

摘　要：【目的/意义】随着大数据时代的来临，数据逐渐成为被激活的资产，并由此催生了全球范围内的数据开放与共享运动。本文旨在构建大数据时代我国开放数据政策模型，以对其政策现实予以解释和预测。【方法/过程】参考国际上对开放政府数据的研究视角，从公共管理的角度出发，通过内容分析、系统分析等方法，阐述开放数据政策系统及模型的基本理论。【结果/结论】构建了大数据环境下我国开放数据政策的“S–R–P”理论模型及其需求层、决策层和运行层子模型，通过两种循环路径的运行来调节现有的政策需求。模型运行的结果不必然是开放数据专门政策的出台，这也是“S–R–P”理论模型与一般公共政策理论模型的本质区别。

关键词：开放数据；大数据；公共政策；政策模型；政策研究

中图分类号：G250.7　　文献标识码：A　　文章编号：1007–7634（2017）02–03–07

DOI:10.13833/j.cnki.is.2017.02.001

Construction of China's Open Data Policy Model in Era of Big Data

PU Pan[1], MA Hai–qun[2]

(1. Chengdu Aeronautic Polytechnic, Chengdu 610100, China;
2. Research Center of Information Resources Management, Heilongjiang University, Harbin 150080, China)

Abstract: 【Purpose/significance】With the arrival of the era of big data, data is becoming the asset to be activated, and thus the data opening and sharing movement is expedited on a global scale. This paper aims to construct China's open data policy model in era of big data, explain and predict the policy reality of open data.【Method/process】Referring to the research perspective on government data opening internationally, and starting from the perspective of public management, this paper expounds the basic theory of the open data policy system and its model through the methods of content analysis and system analysis.【Result/conclusion】Constructing the System–Regime–Process theoretical model of China's open data policy and its sub–models of demand layer, decision layer and operation layer under the big data environment, and to adjust the existing policy requirements through the operation of two circular paths. The result of the model operation is not necessarily the introduction of the special policy of open data, which is the essential difference between the "S–R–P" theory model and the general public policy theory model.

Keywords: open data; big data; public policy; policy model; policy research

1　引　言

随着大数据时代的到来，数据成为被激活的资产，其存在被赋予了全新的意义，其利用超越了存在的原始途径，其价值的聚合效应引发了价值链的重构。一场新的权利与义务的变革由此展开。大数据时代为数据利用找到了新的出路，反过来，数据及数据集为大数据时代的形成和发展提供着最原始的动力，而开放数据正是这动力源源不竭的供给方。因此，大数据时代催生了数据的开放，开放数据依赖于大数据环境而产生、存在和发展，它们之间形成了一种内在的需求和供给的关系。数据的开放如果脱离大数据的发展环境，数据将无所依附，开放也将失去意义。基于此，本文对开放数据政策模型的构建是在大数据的环境下进行的，我们

收稿日期：2016–09–19

基金项目：国家社科基金重点项目（15ATQ008）

作者简介：蒲　攀（1990–），女，陕西人，硕士，主要从事信息资源管理研究。

假设在现实世界中是可供监测的，在具体的政策实践中也是可供检验的。原因在于，其一，它们是基于一般公共政策理论的推断，存在现实的理论基础，比如政策属性、政策主体、政策客体中人的方面；其二，它们是基于开放数据运动实践的推断，具有现实可测性，比如政策目标和政策客体中物的方面。另一方面，模型通过对政策现实的模拟来构造联系。总模型中，需求层、决策层和运行层之间是通过输出需求、决策和反馈信息相互衔接的。需求层子模型中的关系表现为动态博弈与需求平衡，决策层子模型中的关系表现为从需求到决策的转换，运行层子模型中的关系表现为对决策的执行。所构造的这些关系都是以政策现实为参考的，可以通过监测各环节信息的输入和输出，构建这些信息的有效性评价指标体系，以及监测并评价公众的政策回应等方式对模型进行测度和验证。基于以上分析，我们认为开放数据政策“S–R–P”理论模型存在可供实证分析和验证的变量体系，但

参考文献

1　谭开翠.现代公共政策导论[M].北京:中国书籍出版社,2013: 108–109.

2　朴贞子,李洪霞.政策制定模型及逻辑框架分析[J].中国行政管理,2009,(6):56–59.

3　李佳佳.信息管理的新视角:开放数据[J].情报理论与实践,2010,33(7):35–39.

4　[EB/OL].http://opengovernmentdata.org/about/,2016–07–10.

5　中国科学院国家科学图书馆开放资源建设组.开放数据调研报告[EB/OL].http://open–resources.las.ac.cn/drupal/?q=node/3064,2016–07–10.

6　徐佳宁,王　婉.结构化、关联化的开放数据及其应用[J].情报理论与实践,2014,37(2):53–56.

图 8 –5　范文示例

四、活动反思

学术论文写作过程中的问题，通常是由研究能力不足、写作能力不足、写作态度不端正三个方面导致的，在研究与写作过程中要特别注意。

1. 研究能力不足导致的问题

1）选题无新意。多数科研新手的选题都喜欢参考过去的科研项目，缺乏新意，重复进行低价值甚至无价值的研究。

2）研究内容不恰当。主要表现在：研究内容太多太杂，重点不突出；内容提炼不清；

研究难度过大或关键问题太多；为了创新而创新，而其中有些创新点并不能称为真正的创新。

3）研究方法陈旧老套。如果所有论文都使用同样的研究方法会导致两个问题，一是无法得出预期研究成果，二是研究成果与现实情况出现不同程度的偏离。

4）实验数据不合理。有的学者在研究中，由于实验条件、时间的限制，或者采用原有数据得不出预期的结果而采取以下行为：采用过时的数据；采用不恰当的数据；有意遗漏数据；运用错误数据等，都会影响学术论文论证过程和结论的真实性和有效性。

5）研究过程有纰漏。由于前期资料的不完备、考虑的不充分、能力的欠缺等原因，研究人员在实验设计、调研论证、阐述说理等方面会存在或多或少的纰漏，如不及时发现和纠正，则会在行文论证过程中出现逻辑错误，导致研究成果经不起推敲。

2. 写作能力不足导致的问题

1）层次不清，逻辑关系混乱。主要表现在同一类型的问题出现在不同的章节或层次下，不仅重复累赘，也使文章显得逻辑混乱。

2）表达语言过于口语化。学术论文是逻辑严密的科学文体，不同于记叙文、散文、诗歌等文体可以洋洋洒洒抒发情感，或者适当的口语化调节气氛，学术论文要以第三人称阐述事实、论证主题，语言应该是精练的。

3）不符合写作规范。学术论文的写作规范比较明确，国家也出台了很多的标准要求，专门针对公式、图表、参考文献、引用等项目的表述，为作者的规范写作提供了重要的参考和依据。但一些作者由于缺乏经验或者写作能力不足，常常出现以下问题：对学术论文的结构模糊不清；对文章内容中图、表的要求做不到位；引用参考文献内容不规范；对文章题名命名不到位等。

3. 写作态度不端正导致的问题

写作态度不端正导致的问题与作者的个人能力无关，大多是由于投机心理和怠惰心理。

1）一稿多投。为了达到文章发表的目的，又不耗费太长时间，有些作者会将同一篇文章同时投给几家甚至是几十家期刊杂志社，在获取的录用信息中再来筛选理想的刊物发表。这样一是造成期刊编辑多做重复无用功，二是为了提高自己投稿的命中率而违背了公平性。

2）文章复制比过高，涉嫌抄袭。学术论文抄袭现象是典型的学术不端行为，做学术研究不易，为了让这个难事变成易事，很多初做研究的人选择投机取巧，照搬别人的观点、理论甚至整个论证过程，将其作为自己的研究成果。这种抄袭现象应该坚决制止。

3）论文修改不认真。无论是学校里提交给导师的学术论文，还是提交至编辑部以待发表的论文，大都不会一稿即终稿，或是论述问题，或是格式问题，或是内容问题，都会存在需要进一步修改的地方，没有认真修改的态度往往会使自己的论文要么得不到高分的肯定，要么被编辑部退稿，这都是得不偿失的。

单元小结

本单元主要通过介绍学术论文写作规划和基本结构，让学习者能够合理规划学术论文写作进程，并在规范的结构下开展学术论文写作；通过写作实例的活动与训练，让学习者能够熟练运用文献管理工具辅助论文写作，提升语言文字组织与表达能力；通过阐述语言、格式、内容上的写作规范以及认识学术不端行为，进一步培养学习者的学术创新、学术规范、科研诚信意识，提升独立思维和科学探索能力，树立良好的学术伦理与学术道德意识。

思考与练习

在线测试 8-02

一、多选题

1. 学术论文写作的一般步骤有（　　　）。

　　A. 论文选题　　　　　　　B. 写作前准备　　　　　C. 拟定提纲

　　D. 撰写初稿　　　　　　　E. 修改论文　　　　　　F. 论文定稿

2. （　　　）属于学术论文的必需结构。

　　A. 题名　　　　　　　　　B. 摘要　　　　　　C. 附录　　　　　D. 参考文献

3. （　　　）行为属于学术不端行为。

　　A. 某高校雷某在毕业设计过程中通过网络平台购买代码完成毕业论文的实验

　　B. 张某通过网络平台找到赵某为其代写论文，在交付定金后被赵某拉黑

　　C. 甲高校 2021 届毕业生刘某的毕业论文与乙高校同年毕业的林某的毕业论文高度雷同，经查发现两名学生存在由他人代写、买卖论文的行为

　　D. 某研究机构高某为了帮助妻子获得职称晋升，在妻子未参与研究的情况下在自己的论文中署了妻子的姓名

二、简答题

　　请简要阐述学术论文的基本结构。

三、论述题

　　科学研究及相关活动中的哪些行为属于学术不端行为？学术不端行为会产生哪些危害？请谈谈你的认识。

单元三　学术论文投稿与发表

案例导入

　　2022 年 7 月，李女士向当地派出所报案，称自己在网上找人代发论文，结果被骗 3 万多元。事情的经过是这样的：2022 年 4 月，李女士准备发表论文，但连续遭到几家杂志社退稿。一个偶然的机会，她听朋友说可以在网上找人帮忙发表，于是便在网络搜索。很快，郑某发的帖子引起了李女士的注意，对方自称是某教育科技公司的工作人员，不但可以加急发表，而且是核心期刊。李女士赶紧与对方加为社交好友私聊，郑某称发表论文需要缴纳5800 元的劳务费。李女士担心受骗，先转账 580 元作为定金。不久后，对方就给李女士开了"发票"，并传来一份电子合同。李女士见"手续完整"，就完全放心了，随后将尾款结清。本以为论文很快就能发表，但紧接着，郑某又以保密协议金、维护金等理由，要求李女士转账，并表示有些钱在合同履行后可以退款。李女士为了能尽快发表论文，便陆续转账总计33220 元。到了约定日期，李女士见文章还没发表，便向对方询问，得到的回复是：目前是排版发表关键时候，编辑老师正忙碌着。郑某还安慰李女士，如果没有发表成功，钱会原路退回。又过了一个月，李女士发现对方不回复消息了，后来还将自己拉黑。此时，李女士才

意识到自己被骗了，赶紧报了案。

你身边有过类似经历吗？我们应该如何避免掉入论文发表过程中的"陷阱"？

现如今，面对科研、职称评审的压力，类似找"第三方"中介代写代发论文的事件屡禁不止，有人钱财被骗，有人论文被泄露，有人隐私信息遭泄露。面对种种论文发表过程中的"陷阱"，我们一方面要树立信息安全与学术不端行为防范意识，不要抱有投机的心理，要时刻坚守学术道德底线和法律红线；另一方面要努力提高自身的信息甄别能力，通过官方渠道投稿正规出版发行的学术期刊，从而避免踩入论文代发的"坑"。

🎯 培养子目标

知识目标

了解学术论文投稿与发表的一般流程；理解学术期刊审稿制度的发展；掌握选择目标学术期刊的技巧。

能力目标

学会区分学术期刊与非学术期刊；能够甄别学术期刊及其采编方式的真伪；熟练选择目标期刊并使用期刊采编系统在线投稿。

素质目标

具备信息安全意识；具备信息甄别能力；具备学术不端防范意识；形成良好的科研素养。

🏷 相关知识

一、学术论文投稿

论文的发表在某种程度上体现了研究人员的科研能力水平。学术论文一般通过学术期刊、学术会议、专业报纸等途径公开发表，最常见的形式是通过学术期刊发表。进入投稿阶段的学术论文，应该是一篇完整的学术论文，在格式、内容、学术规范和学术价值上都能达到一定的要求和水平。论文正式投稿前，选择合适的目标期刊极为关键。

视频 8-10
在线投稿的那些事

（一）选择目标期刊

选择合适的投稿期刊，一方面要考虑文章内容、质量等与目标刊物的匹配程度，另一方面还要能够准确鉴别期刊及其采编方式的真伪。

1．文刊匹配

在准备投稿学术论文之前，作者需要进行一系列细致的考量与策略规划，以确保论文能够顺利发表在与研究内容相匹配的期刊上。

（1）学术论文的自我评估

1）类别定位：明确论文属于理论型、技术型、应用型还是综合型，这有助于后续选择相应类型的期刊。

2）学术价值判断：对论文的理论价值和实践价值进行准确评估，确保研究内容具有创新性和实用性。

3）写作水平审视：检查论文是否逻辑严密、表达清晰，确保研究过程和结论得到准确阐述。

（2）期刊匹配性分析

1）宗旨与需求匹配：深入了解目标期刊的办刊宗旨、定位及载文需求，确保论文主题与期刊的收录范围相契合。

2）学术层次对应：根据论文的学术水平，选择合适的期刊层次（如普通期刊、核心期刊等），避免盲目投稿。

3）出版周期与刊载能力考量：了解期刊的出版周期和刊载能力，选择能够及时发表且影响力较大的期刊。

（3）投稿时机把握

1）关注选题指南：密切关注目标期刊的选题指南和投稿截止日期，确保在规定时间内完成投稿。

2）避免错过时机：一旦错过选题时间或投稿截止日期，即使论文质量再高，也可能面临长时间等待发表的风险。因此，作者应提前规划好投稿时间，并留出充足的准备和修改时间。

2．鉴别真伪

（1）鉴别学术期刊真伪

1）期刊真伪查询：可在"国家新闻出版署"官网验证期刊真伪。进入"办事服务"下的"从业机构和产品查询"模块，输入期刊名称或 CN 号后四位进行查询。如在我国公开出版发行的期刊只有 ISSN 号，没有 CN 号，即可认定其为非法出版物。

音频 8-19
国家新闻出版署

2）学术期刊验证：查看原国家新闻出版广电总局公示的学术期刊名单，确认期刊是否正规。

3）正刊与增刊辨识：正刊在国家新闻出版署备案，增刊虽不是非法，但质量较低，多不被学术界认可，所以应注意封面是否注明"增刊"。

音频 8-20
期刊真伪查询

（2）鉴别期刊采编方式

1）查阅纸质期刊：从最新纸质期刊获取投稿方式，信息较为真实准确。

2）网络搜索官网：通过搜索引擎查找期刊官网时，注意多种途径查找到的官网地址及投稿方式是否一致，网站功能是否齐备且无不相关弹窗。也可通过中国知网查看期刊电子目录页，获取官方投稿信息。警惕假冒网站和代发机构。

音频 8-21
学术期刊刊号的鉴别

（二）论文投稿

1．投稿前

作者在找到目标期刊正确的投稿方式后，在正式投稿之前，还需要查找该刊物的投稿指南、投稿须知或稿件格式模板，将写好的学术论文与之一一比对，按照期刊要求进行修改。

视频 8-11
搞清 SCI、EI、ISTP，
国外期刊随便投

2．投稿中

一般的投稿方式有纸质文稿邮寄、电子邮件投稿和在线投稿系统三种，由于网络技术的发展和时效性的考量，现在最常见的投稿方式是期刊采编系统在线投稿。在线投稿一般分为以下四个步骤：①进入官方在线投稿系统，并注册登录；②根据系统提示签署投稿确认书、版权转让协议、安全保密协议等；③根据系统提示完成稿件信息的录入与文本上传；④确认录入的信息并正式投稿，接收"投稿成功"回执。

3．投稿后

作者投稿完成后，一般会收到期刊编辑部自动发出的投稿成功通知邮件。需要注意的是，投稿成功并不等于论文发表，所投的稿件可能会面临退稿、退修等后续工作，所以投稿成功后作者还需要在投稿平台及时关注审稿进度，根据编辑部反馈及时跟进后续流程。

二、学术论文发表

学术论文公开发表能最大限度地传播科研成果，广泛交流学术经验，促进成果应用实践。绝大部分的学术论文是通过学术期刊发表的。一篇学术论文公开发表的一般程序是：投稿或约稿、审稿、退改、定稿与校对、印刷与发行等。学术论文在经历了投稿或约稿阶段后，将依次进入稿件审理、退稿或退修、编辑加工、排版校对、正式出版的发表流程。

（一）学术期刊的收稿方式

1. 编辑部约稿

为提升刊物的质量和学术影响力，期刊编辑会主动向知名学者约稿，以应对稿源不足、质量参差或特定需求。此举对期刊的学术影响力至关重要，可确保内容独特且具时效性。

2. 作者投稿

作者投稿是学术期刊常见的收稿方式。通常的收稿方式有纸质稿件邮寄、电子邮箱收稿和在线投稿系统收稿三种方式。目前，纸质邮寄已因效率低和安全性问题正被逐渐淘汰；电子邮件投稿虽有改进，但仍存安全隐患和查询不便。现今，多数期刊采用在线投稿系统，集投稿、审稿、信息查询于一体，高效安全且透明，已成为主流收稿方式。

（二）学术论文的发表流程

了解学术论文的发表流程，有利于作者掌握投稿注意事项和稿件处理流程，以便密切配合编辑部工作，提高投稿命中率。一篇学术论文发表的基本流程是论文投稿、论文审稿、论文发表三个阶段，如图8-6所示。

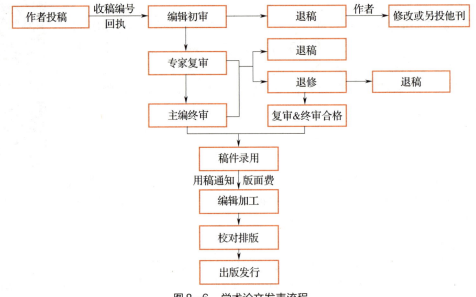

图8-6 学术论文发表流程

1. 论文投稿

学术论文投稿阶段的主体是作者。作者在选定目标期刊后，需根据投稿须知修改论文并通过在线系统投稿。成功投稿后，通常会收到编辑部的收稿回执邮件，附带稿件编号及查询进度方式。

2. 论文审稿

学术论文审稿的结果分为退稿、退修再审和直接录用。退稿可能发生在初审、复审或终审阶段；直接录用通常针对高质量稿件，如约稿；退修再审则表示稿件有价值但需修改。作者应认真对待修改意见，避免粗糙修改导致被多次退修甚至退稿。

音频 8-22
学术期刊的审稿制度

3. 论文发表

论文审稿通过被录用后，作者会收到用稿通知，需按要求支付版面费（如有）。编辑随后进行加工处理，包括文字、图表等。校对是发表前的最后纠错环节，需作者协助。最终，论文经出版印刷发行后，编辑部会邮寄样刊给作者。一经发表，期刊即享有论文版权（投稿时作者已签署版权转让协议）。

（三）发表学术论文"五不准"

近年来，我国科技事业取得了长足的发展，国际和国内学术期刊发表论文数量大幅增长，质量显著提升。但是在取得成绩的同时，也暴露出一些问题，出现了因学术不端行为频发的撤稿事件。为了弘扬科学精神，加强科学道德和学风建设，抵制学术不端行为，端正学风，维护风清气正的良好学术生态环境，2015 年 11 月，中国科协、教育部、科技部、卫生计生委、中科院、工程院、自然科学基金会联合印发了《发表学术论文"五不准"》，要求对违反"五不准"的行为视情节做出严肃处理，坚决抵制"第三方"代写、代投、修改等学术不端行为。

《发表学术论文"五不准"》规定如下。

1）不准由"第三方"代写论文。科技工作者应自己完成论文撰写，坚决抵制"第三方"提供论文代写服务。

2）不准由"第三方"代投论文。科技工作者应学习、掌握学术期刊投稿程序，亲自完成提交论文、回应评审意见的全过程，坚决抵制"第三方"提供论文代投服务。

3）不准由"第三方"对论文内容进行修改。论文作者委托"第三方"进行论文语言润色，应基于作者完成的论文原稿，且仅限于对语言表达方式的完善，坚决抵制以语言润色的名义修改论文的实质内容。

4）不准提供虚假同行评审人信息。科技工作者在学术期刊发表论文如需推荐同行评审人，应确保所提供的评审人姓名、联系方式等信息真实可靠，坚决抵制同行评审环节的任何弄虚作假行为。

5）不准违反论文署名规范。所有论文署名作者应事先审阅并同意署名发表论文，并对论文内容负有知情同意的责任；论文起草人必须事先征求署名作者对论文全文的意见并征得其署名同意。论文署名的每一位作者都必须对论文有实质性学术贡献，坚决抵制无实质性学术贡献者在论文上署名。

活动与训练

一、活动描述

某航空高校材料科学与工程专业研究生小王同学，带领学习小组共同完成了学术论文的选题、实验的开展以及论文的撰写、修改、审校等工作，他们最终确定的论文题目为《树脂基复合材料在民用航空发动机中应用的关键技术研究》。考虑到实际情况的影响，接下来将由小王独立负责论文的投稿与发表过程。那么，小王该如何快速找到目标期刊？如何判定目标期刊是否为正规出版的学术期刊？投稿前需要做哪些准备？目标期刊对投稿论文有什么要求？如何进行稿件投递？怎样跟进稿件处理情况？什么工具可以辅助小王解决这些问题？

二、活动分析

小王团队目前已经完成了投稿前的论文撰写与审校工作，接下来进入论文投稿与发表阶段。首先，小王需要从论文类型、研究主题、学术价值、写作水平等方面对所撰写的论文《树脂基复合材料在民用航空发动机中应用的关键技术研究》进行评估。其次，根据评估结果寻找相应的目标期刊并找到官方投稿系统平台。最后进行在线投稿并及时关注稿件处理进度，及时回应编辑部意见。在寻找目标期刊的过程中，小王可以利用中国知网平台上文献管理工具"知网研学"中"创作投稿"的相关功能，同时通过"国家新闻出版署"官网查证学术期刊的真伪。由于是团队共同的研究成果，正式投稿前需要再次跟本人确认署名及排序，注意选择正规的学术期刊投稿，谨防第三方仿冒期刊网站的骗局。

三、活动演练

1. 活动流程

活动流程如图8-7所示。

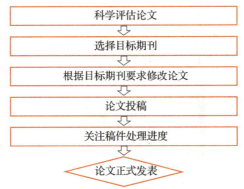

图8-7　学术论文投稿与发表活动流程

2. 活动示例

活动示例如图8-8所示。

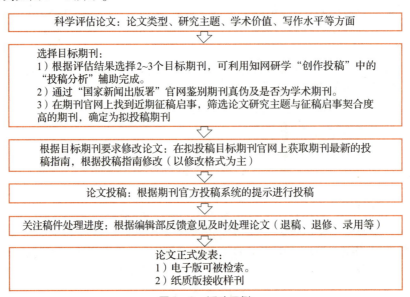

图8-8　活动示例

3．投稿过程实例

下面以学术期刊《情报科学》投稿系统为例，演示在线投稿过程。

1）通过搜索引擎检索，鉴别真伪，进入《情报科学》官方网站，如图 8－9 所示。

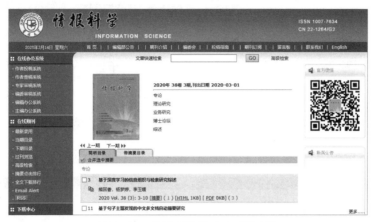

图 8－9　《情报科学》官方网站主页

2）单击"作者投稿系统"，进入投稿系统登录界面，新用户需先注册，如图 8－10 所示。

图 8－10　《情报科学》期刊投稿平台的登录界面

3）进入投稿主界面，选择"向导式投稿（建议）"，如图 8－11 所示。

图 8－11　《情报科学》期刊投稿平台的投稿主界面

4）阅读并勾选"投稿确认书"各项，单击"同意并继续投稿"按钮，如图8－12所示。

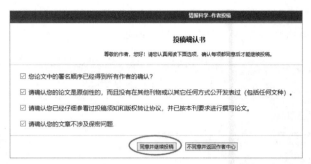

图8-12 《情报科学》期刊投稿平台的投稿确认书

5）阅读"投稿须知"，单击"同意并继续投稿"按钮，如图8－13所示。

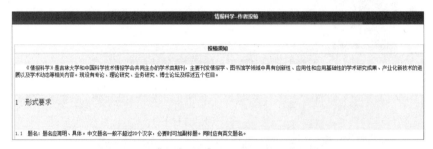

图8-13 《情报科学》期刊投稿平台的投稿须知

6）同意"版权转让协议"。单击"同意并继续投稿"按钮，如图8－14所示。

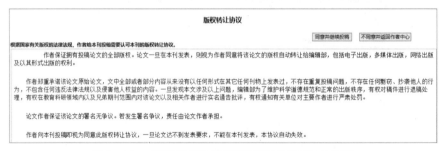

图8-14 《情报科学》期刊投稿平台的版权转让协议

7）根据左侧"投稿步骤"依次输入文章题目、作者信息、摘要、关键词、基金资助信息、参考文献等，上传稿件文本及相关附件文件，并确认信息，正式投稿，如图8－15所示。

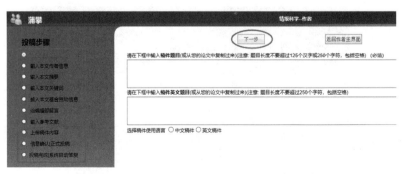

图8-15 《情报科学》期刊投稿平台的向导式投稿界面

8）投稿成功，如图 8-16 所示。

图8-16 《情报科学》期刊投稿平台的投稿成功界面

四、活动反思

在学术论文投稿发表的过程中要重视以下道德规范及注意事项。

（1）禁止一稿多投

部分作者为了提高稿件命中率，缩短等待时间，会进行一稿多投，但是学术界将一稿多投归为学术不端行为，所以杂志社一般明令禁止这种行为，一旦被发现，稿件将会被退稿。个别杂志社还会将作者拉入黑名单，拒绝发表该作者作为主要作者的所有稿件并向兄弟期刊通报。

（2）坚决抵制"第三方"

检索资料和论文投稿的过程中，很容易误入第三方"中介"的代写、代发的陷阱。中介的种种行为本身就触犯了学术道德底线和法律红线，如果作者抱着投机心理，主动向第三方寻求服务，一方面本身就是学术不端行为，另一方面也容易造成论文泄露、钱财被骗的结局。

（3）署名问题

所有论文署名作者应事先审阅并同意署名发表论文；论文署名的每一位作者都必须对论文有实质性学术贡献，坚决抵制无实质性学术贡献者在论文上署名；当作者人数超过一人时，应按照合作者的实际贡献大小为作者署名排序；论文的署名必须无争议。

（4）版权问题

作者须郑重承诺该论文的原创性，不存在任何学术不端行为，保证拥有投稿论文的全部版权，论文一旦在投稿期刊发表，则视为作者同意将该论文的版权自动转让给该期刊。

（5）进度查询

作者投稿完成后要保持邮箱、电话、投稿系统等的畅通，及时跟进查询稿件处理进度，及时回应编辑部的反馈意见。

✏ 单元小结

本单元主要通过介绍学术论文投稿与发表的一般流程和关键环节，让学习者能够大致把握研究论文的发表进度，掌握选择目标期刊的技巧；通过介绍正规学术期刊及期刊采编方式的鉴别方法，让学习者学会甄别期刊及其采编方式的真伪，并能区分学术期刊与非学术期刊，培养信息安全与学术不端行为的防范意识，提升信息甄别能力；通过投稿实例的活动与训练，让学习者能够熟练选择目标期刊，并在有效鉴别投稿系统真伪的前提下，使用期刊采编系统在线投稿，形成良好的科研素养。

思考与练习

一、多选题

在线测试 8–03

1. 以下国家正式出版发行的期刊中（　　）不属于学术期刊。
   A.《读者》　　　　　　　　B.《中国科技信息》
   C.《时代教育》　　　　　　D.《材料工程》
2. 以下学术不端行为中属于一稿多投的行为是（　　）。
   A. 将同一篇论文同时投给多个期刊
   B. 将只有微小差别的多篇论文，同时投给多个期刊
   C. 将他人正在投稿中的论文据为己有，再次投稿
   D. 将论文投稿给 A 期刊（约定的回复期为一个月），半个月未收到回复后转投 B 期刊
3. 以下（　　）行为违反了《发表学术论文"五不准"》中的规定。
   A. 上网找中介代写、代发表学术论文
   B. 提供虚假的同行评审人信息
   C. 将对论文没有实质性学术贡献的人署名为论文作者
   D. 学术论文遭某一期刊退稿，修改完善后改投其他期刊

二、简答题

请简要阐述学术论文投稿与发表的一般流程。

// 模块小结 //

本模块主要通过介绍学术论文的概念、作用、选题、写作规划、基本结构和写作规范，让学习者对学术论文及其写作形成规范认知，树立学术创新、学术规范和科研诚信意识；通过介绍学术论文投稿与发表的关键环节，让学习者掌握选择目标期刊的技巧，提高信息甄别能力；通过学术论文选题、写作、投稿的活动与训练，让学习者学会合理运用工具辅助科学研究，提升语言文字组织与表达能力，培养学习者运用专业知识解决实际问题的能力和思维方式，树立信息安全、学术伦理与学术道德意识，形成良好的科研素养。

// 综合训练 //

一、单选题

在线测试 8–04

1. 以下（　　）不是学术论文前置部分的基本结构。
   A. 题名　　　　　　B. 作者　　　　　　C. 正文　　　　　　D. 摘要
2. 下列参考文献标识代码对应错误的是（　　）。
   A. 图书专著 – M　　B. 期刊 – Q　　　　C. 报纸 – N　　　　D. 学位论文 – D
3. 下列期刊的国内统一刊号（CN）搭配错误的是（　　）。
   A.《复合材料学报》：11 – 1801/TB

B. 《航空制造技术》: 11 – 4387/V

C. 《南京航空航天大学学报（自然科学版）》: 32 – 1429/V

D. 《北京航空航天大学学报（自然科学版）》: 11 – 3979/C

二、多选题

1. 以下（　　）是学术论文的作用。

    A. 记录科研成果　　　　　　　　　　B. 促进学术交流

    C. 衡量研究者科研水平　　　　　　　D. 促进科研成果转化

2. 根据《高等学校预防与处理学术不端行为办法》，以下（　　）行为属于学术不端。

    A. 剽窃、抄袭、侵占他人学术成果

    B. 篡改他人研究成果

    C. 伪造科研数据、捏造事实、编造虚假研究成果

    D. 未参加研究或创作而在研究成果、学术论文上署名

3. 以下（　　）是常用的学术论文相似性检测平台。

    A. 中国知网学术不端文献检测系统

    B. 维普论文检测系统

    C. 万方文献相似检测系统

    D. PaperPass 论文检测平台

三、判断题

1. 学术论文选题既要考虑选题本身的理论价值，也要考虑社会需要。　　　　（　　）

2. 学术论文选题等于学术论文的标题或题目。　　　　　　　　　　　　　（　　）

3. 学术论文中对于数字的表述可随意使用，不需要区分阿拉伯数字和汉字数字。（　　）

4. 为他人代写论文不是学术不端行为。　　　　　　　　　　　　　　　　（　　）

5. 学术不端行为只是违反了学术伦理与学术道德，并不触犯法律。　　　　（　　）

6. 与正刊相比，增刊在许多科研院所和高校中不纳入学术成果认定范围。　（　　）

7. 凡是在国家新闻出版署官方网站上能查到的期刊都是学术期刊。　　　　（　　）

四、实训应用题

请结合本模块相关知识，参照活动与训练示例流程和步骤，完成以下任务。

任务 1：运用某一个或几个学术趋势分析工具（如中国知网的"指数"，万方数据知识服务平台的"万方选题""关键词知识脉络""灵析"等），在所学专业或研究兴趣领域开展学术研究选题。注意避免选题进入偏大、偏小、逻辑错误、脱离实际等误区。

任务 2：根据任务 1 的选题，综合运用文献管理与分析工具（如中国知网平台的"知网研学""格式精灵"等）开展学术论文写作（若选题涉及实验操作等，请结合相关实验）。注意语言、格式和内容上的规范，杜绝学术不端行为。

任务 3：请从论文类型、研究主题、学术价值、写作水平等方面对任务 2 撰写的论文进行评估，并根据评估结果选择对应专业领域的目标学术期刊，查找该期刊官方的线上投稿系统进行投稿，展示投稿过程，关注稿件处理进度。注意选择正规的学术期刊投稿，谨防第三方仿冒期刊网站的骗局。

参考文献

[1] 陈萍秀，徐春玲，于蓓莉，等. 文献信息检索实用教程[M]. 3 版. 北京：机械工业出版社，2020.

[2] 陈萍秀. 文献信息检索实用教程[M]. 2 版. 北京：机械工业出版社，2012.

[3] 陈萍秀. 文献信息检索实用教程[M]. 北京：机械工业出版社，2006.

[4] 曹丽英，邸玉琦，陈帅. 基于知识图谱的玉米病虫害研究可视化分析[J]. 吉林农业科学，2022，40（1）：145-150.

[5] 田中. 基于农业科研机构核心能力的知识共享体系构建研究[D]. 长沙：湖南农业大学，2024. DOI：CNKI：CDMD：2. 2010. 061603.

[6] 王林. 反恐情报信息保密制度研究[J]. 警学研究，2021（6）：15-23.

[7] 马晓静，孙超. 西文图书索书号辅助区分编制方法探讨——以辽宁省图书馆西文图书分类工作为例[J]. 新世纪图书馆，2022（4）：59-62.

[8] 王德聪. 文献学视域下的俄罗斯音乐文献整理与研究——以九所音乐学院学刊发表论文为例（1989—2019）[J]. 音乐文化研究，2023（1）：120-131.

[9] 王建朗. 钓鱼岛三题[J]. 抗日战争研究，2013（2）：9.

[10] 高金虎. 论情报的定义[J]. 情报杂志，2014，33（3）：1-5. DOI: 10.3969/j. issn. 1002-1965. 2014. 03.001.

[11] 刘璇，文庭孝. 国内专利竞争情报研究综述[J]. 情报探索，2013，（11）：7. DOI: 10.3969/j. issn. 1005-8095. 2013.11.016.

[12] 田儒会. 文献半衰期在图书馆文献成本测算中的应用——以贵阳市图书馆为例[J]. 图书情报工作，2011，增刊 1：2. DOI: CNKI: SUN: TSQB. 0. 2011-S1-032.

[13] 程伟. A 研究所标准文献知识仓库构建研究[D]. 北京：北京交通大学，2016. DOI: 10.7666/d. Y3126089.

[14] 韦宁. 论国外标准文献的查询服务[J]. 重庆图情研究，2014，15（2）：6. DOI: CNKI: SUN: CQTQ. 0. 2014-02-013.

[15] 姜春林. 普赖斯与科学计量学[J]. 科学学与科学技术管理，2001，22（9）：3. DOI: 10.3969/j. issn. 1002-0241.2001.09.005.

[16] 周吉光，计淑玲. 被引半衰期和引用半衰期的研究进展及对期刊编辑策划的启示[J]. 石家庄经济学院学报，2014（4）：126-131.

[17] 袁正英，卢奇，吕凤兰，等. 行业特色型高校专利质量分析与路径研究——以 2011～2019 年南京工业大学的数据评估为例[J]. 中国高校科技，2021（1）：4.

[18] 陈志兵，曹挥，郭华，等. 植物保护学的文献检索[J]. 农业技术与装备，2011（24）：9-11. DOI: 10.3969/j. issn. 1673-887X. 2011.12.003.

[19] 姚江河，苏晔，黄琪. 文献检索课教学改革刍议[J]. 塔里木大学学报，1999，（3）：4. DOI: CNKI: SUN: TLML. 0. 1999-03-014.

[20] 苏学，吴广印. 科研创新产出评价指标体系的初步构建[J]. 情报杂志，2010，29（增刊 B06）：3. DOI: 10.3969/j. issn. 1002-1965.2010. zl.045.

[21] 乔华. 基于 XML 文档的索引研究[J]. 情报探索，2007（12）：4. DOI: 10.3969/j. issn. 1005-8095. 2007.12.028.

[22] 孙妍妍，胡大海，从翠翠. 科技查新探讨[J]. 中国科技信息，2014（14）：2. DOI: 10.3969/j. issn. 1001-8972.2014.14.055.

[23] 郭晓兰. 文献数字化过程中的受控词与自由词标引[J]. 图书馆学研究, 2003(8)：4. DOI: 10.3969/j. issn. 1001 – 0424. 2003. 08. 028.

[24] 常伟, 肖素超. 项目式教学在高职院校文献检索课程中的应用[J]. 长沙铁道学院学报：社会科学版, 2012, 13(2)：88 – 89.

[25] 赵海燕. 浅谈信息、知识与数字图书馆[J]. 科技风, 2015(21)：1. DOI: CNKI: SUN: KJFT. 0. 2015 – 21 – 162.

[26] 周晓红. 基于内容与链接的页面价值算法研究[D]. 成都：电子科技大学, 2024. DOI: CNKI: CDMD: 2. 1011. 054017.

[27] 关高娃. 蒙古文停用词和英文停用词比较研究[D]. 呼和浩特：内蒙古大学, 2011. DOI: CNKI: CDMD: 2. 1011. 144558.

[28] 高敏. 基于本体的语义查询扩展研究[D]. 青岛：山东科技大学, 2024. DOI: CNKI: CDMD: 2. 2009. 021952.

[29] 廖军. 基于领域本体的信息检索研究[D]. 长沙：中南大学, 2007. DOI: 10.7666/d. y108.

[30] 谢小东. 专利信息管理及在企业技术创新中的应用[J]. 电力机车与城轨车辆, 2013, 36(3)：4. DOI: 10.3969/j. issn. 1672 – 1187. 2013. 03. 022.

[31] 吴其叶, 韦跃宇. 科技评估与科技查新相互支撑关系的探讨[J]. 现代情报, 2009, 29(1)：3. DOI: 10.3969/j. issn. 1008 – 0821. 2009. 01. 009.

[32] 张合成. 后发企业视角下的专利劫持形成机理与应对策略研究[D]. 成都：电子科技大学, 2016.

[33] 李雅奎. 浅析车载 GPS 新技术的应用[J]. 无线互联科技, 2014, (2)：1. DOI: 10.3969/j. issn. 1672 – 6944. 2014. 02. 195.

[34] 何冰. 医学信息检索与利用[M]. 北京：人民军医出版社, 2011.

[35] 邢志宇. 网络搜索中的检索式及其构建[J]. 科技情报开发与经济, 2007(17)：54. DOI: 10.3969/j. issn. 1005 – 6033. 2007. 17. 054.

[36] 吴育良. 图书情报机构在智库中的前端作用[J]. 图书情报工作, 2012, S2：3. DOI: CNKI: SUN: TSQB. 0. 2012 – S2 – 010.

[37] 杨玉梅. 浅谈科研开发和投资项目论证如何有效利用文献检索[J]. 科技经济市场, 2013(7)：26. DOI: 10.3969/j. issn. 1009 – 3788. 2013. 07. 026.

[38] 陈宁. 基于网络的关键词检索技巧[J]. 中国科技信息, 2008(2)：64. DOI: 10.3969/j. issn. 1001 – 8972. 2008. 02. 064.

[39] 佘正平. 搜索引擎的关键词分析与处理[J]. 情报探索, 2008(5)：30. DOI: 10.3969/j. issn. 1005 – 8095. 2008. 05. 030.

[40] 蒋玲. 再论数字图书馆及网络信息检索[J]. 科技资讯, 2008(35)：204. DOI: 10.3969/j. issn. 1672 – 3791. 2008. 35. 204.

[41] 肖燕茹. 网络信息资源检索技巧及应用[J]. 中国电力教育, 2011(33)：60. DOI: 10.3969/j. issn. 1007 – 0079. 2011. 33. 060.

[42] 张俊娜. 试论网络商务信息资源的获取策略[J]. 现代情报, 2009(9)：7. DOI: CNKI: SUN: XDQB. 0. 2009 – 09 – 007.

[43] 解金兰, 常琛. 新时代图书馆数据服务面临的机遇、挑战与发展方位[J]. 山东图书馆学刊, 2018(5)：6. DOI: 10.3969/j. issn. 1002 – 5197. 2018. 05. 003.

[44] 宋姬芳. 以信息资源建设助推大学图书馆"十四五"知识服务能力提升——以中国人民大学图书馆为例[J]. 图书情报工作, 2022, 66(5)：9. DOI: 10.13266/j. issn. 0252 – 3116. 2022. 05. 007.

[45] 周晓英, 张萍. 科技情报机构服务资源高端平台建设的思考[J]. 数字图书馆论坛, 2021(12)：2 – 8.

[46] 苏明强. 图书馆数字资源建设现状浅析[J]. 农业图书情报学刊, 2012, 24(7)：12. DOI: 10.3969/j. issn. 1002 – 1248. 2012. 07. 012.

[47] 刘丽, 黄国彬, 常唯, 等. 知者行之始 行者知之成——孟连生在资源建设与信息检索方面的研究与实践[J]. 图书情报工作, 2021, 65(15)：6. DOI: 10.13266/j. issn. 0252 – 3116. 2021. 15. 004.

［48］李沫，毛刚，郑爽，等．国家科技图书文献中心长春服务站建设与发展［J］．科技创新与生产力，2022（12）：61－64．

［49］化柏林，赵东在，申泳国．公共文化服务大数据集成架构设计研究［J］．图书情报工作，2020，64（10）：9．DOI：10.13266/j.issn.0252－3116.2020.10.001．

［50］魏大威，谢强，张炜，等．智慧图书馆建设的思考［J］．国家图书馆学刊，2022，31（3）：9．

［51］许建业．新时代图书馆区域协作高质量发展的若干思考［J］．图书馆学刊，2023，45（3）：14－21．

［52］柯平，刘旭青，彭亮．新中国书目事业70年［J］．图书馆杂志，2019，38（10）：8．DOI：CNKI：SUN：TNGZ.0.2019－10－003．

［53］詹丽华，孙林．高校图书馆文化外溢及其实现研究［J］．图书馆杂志，2022，41（3）：13－19．

［54］葛红梅，徐晶晶，刘靓靓，等．印本与数字期刊元数据差异与融合实践［J］．图书馆杂志，2022，41（10）：35－41．

［55］韩金，白冰，高波．中外图书馆联盟组织文化管理模式比较研究［J］．图书馆理论与实践，2022（1）：28－38．

［56］王佳萍，唐志红，张瑞娥．NSTL新疆兵团服务站的建设与发展研究［J］．江苏科技信息，2021，38（10）：74－77．

［57］陈琦．国际合作的特色文献联合目录建设探讨——以民国时期杭州地方文献为例［J］．图书馆杂志，2022，41（6）：66－73．DOI：10.13663/j.cnki.lj.2022.06.009．

［58］甄伟，朱学军，景丽．规范科技名词在学术文献中的使用调查［J］．中国科技术语，2012，14（4）：7－11．DOI：10.3969/j.issn.1673－8578.2012.04.002．

［59］魏建琳．教育信息化视野下高校图书馆数字化发展研究［J］．西安文理学院学报：社会科学版，2022，25（3）：95－98．

［60］陈阳，白海燕．科研信息服务平台用户活跃度测算研究——以国家科技图书文献中心为例［J］．数字图书馆论坛，2023，19（3）：28－35．

［61］劳柳．学术评价：美国大学的一种理论模式：以贝勒大学教育学院为例［J］．师资培训研究，2000（2）：6．DOI：CNKI：SUN：SZPX.0.2000－02－014．

［62］艾思学术．学术论文与非学术性文章的本质区别［EB/OL］．（2019－03－18）［2023－08－31］．https://www.keoaeic.org/question_highlights/2374.html．

［63］宋楚瑜．如何写学术论文［M/OL］．（2019－04－03）［2023－08－31］．https://www.keoaeic.org/featured/2431.html．

［64］胡键．怎样写好一篇学术论文［EB/OL］．（2015－04－07）［2023－08－31］．https://mp.weixin.qq.com/s/Wrg2CVpRIDi5CQvcTOO0－Q．

［65］韩星明，陈洁．科技学术论文的选题及取材与写作［J］．西安理工大学学报，1995，11（2）：5．DOI：CNKI：SUN：XALD.0.1995－02－013．

［66］刘洁民．论学术论文写作的选题原则［J］．理论月刊，2008（5）：129－131．DOI：10.3969/j.issn.1004－0544.2008.05.038．

［67］王林林．选题——撰写学术论文的关键一步［J］．法制与社会：锐视版，2008（28）：1．DOI：10.3969/j.issn.1009－0592.2008.28.194．

［68］肖建华．为新而求新，为创新而求新［EB/OL］．（2014－01－28）［2023－08－31］．http://blog.sciencenet.cn/blog－39419－763027.html．

［69］胡键．学术规范是学术的生命［EB/OL］．（2018－10－27）［2023－08－31］．https://mp.weixin.qq.com/s/WLCzptWlM6sMTi6u7ZC8qg．

［70］张伟，李华．人工智能在图书馆服务中的应用与前景展望［J］．图书情报工作，2021，65（10）：15－22．DOI：10.13266/j.issn.0252－3116.2021.10.003．

［71］蒲攀，马海群．大数据时代我国开放数据政策模型构建［J］．情报科学，2017，35（2）：3－9．DOI：CNKI：SUN：QBKX.0.2017－02－001．

［72］王琪. 撰写文献综述的意义、步骤与常见问题［J］. 学位与研究生教育，2010（11）：4 - 8. DOI: 10. 3969/j. issn. 1001 - 960X. 2010. 11. 011.

［73］支运波. 人文社会科学研究中的文献综述撰写［J］. 理论月刊，2015（3）：5 - 10. DOI: 10. 14180/j. cnki. 1004 - 0544. 2015. 03. 015.

［74］张丽华，王娟，苏源德. 撰写文献综述的技巧与方法［J］. 学位与研究生教育，2004（1）：3 - 7. DOI: 10. 3969/j. issn. 1001 - 960X. 2004. 01. 013.

［75］韩映雄，马扶风. 文献综述及其撰写［J］. 出版与印刷，2017（1）：6 - 10. DOI: 10. 3969/j. issn. 1007 - 1938. 2017. 01. 018.

［76］王琳博. 文献综述的特点与撰写要求［J］. 重庆工贸职业技术学院学报，2013（2）：96 - 100. DOI: CNKI: SUN: CQGM. 0. 2013 - 02 - 019.

［77］张庆宗. 文献综述撰写的原则和方法［J］. 中国外语，2008（4）：3 - 8. DOI: 10. 3969/j. issn. 1672 - 9382. 2008. 04. 014.

［78］郑召民，刘辉. 如何撰写文献综述［J］. 中国脊柱脊髓杂志，2011，21（5）：3 - 5. DOI: 10. 3969/j. issn. 1004 - 406X. 2011. 05. 22.

［79］李海燕，朱姣. 从期刊编辑视角谈学术论文投稿［J］. 北京印刷学院学报，2016，24（3）：3 - 7. DOI: 10. 3969/j. issn. 1004 - 8626. 2016. 03. 003.

［80］张俊苗，向月波，邱春丽，等. 学术论文投稿期刊选择的几点建议［J］. 教育科学论坛，2019（9）：5 - 8. DOI: CNKI: SUN: ZYJS. 0. 2019 - 09 - 022.

［81］廖肇银. 掌握编辑约稿的主动权［J］. 编辑学刊，2000（3）：1 - 4. DOI: CNKI: SUN: BJXZ. 0. 2000 - 03 - 005.

［82］余文兵，张带荣. 约稿应成为科技期刊编辑的重要工作［J］. 黄冈师范学院学报，2011，31（3）：2 - 5. DOI: 10. 3969/j. issn. 1003 - 8078. 2011. 03. 62.

［83］田峰. 学术期刊审稿制度起源与演变［J］. 管子学刊，2013（3）：98 - 103. DOI: 10. 3969/j. issn. 1002 - 3828. 2013. 03. 024.

［84］尹玉吉. 中西方学术期刊审稿制度比较研究［J］. 浙江大学学报（人文社会科学版），2012，42（4）：16 - 25. DOI: 10. 3785/j. issn. 1008 - 942X. 2012. 08. 241.

［85］康敬奎. 论学术期刊双向匿名专家审稿制度［J］. 继续教育研究，2011（12）：3 - 5. DOI: 10. 3969/j. issn. 1009 - 4156. 2011. 12. 086.

［86］王立争. 完善学术期刊双向匿名审稿制度的几点思考［J］. 编辑之友，2014（11）：4 - 8. DOI: 10. 3969/j. issn. 1003 - 6687. 2014. 11. 019.

［87］李强，王莉. 科研诚信建设：挑战与对策［J］. 科学学研究，2020，38（2）：209 - 216. DOI: 10. 3969/j. issn. 1003 - 2053. 2020. 02. 006.

［88］王晓红，张伟. 全球化背景下的文化传播与认同研究［J］. 新闻与传播研究，2021，28（2）：5 - 20. DOI: CNKI: SUN: XWCY. 0. 2021 - 02 - 001.

索 引

视频索引

音频索引

操作示例索引

视频编号	操作示例名称	页码	视频编号	操作示例名称	页码
操作示例 4−01	WOS 检索	110	操作示例 5−07	国家科技图书文献中心中外文会议库（NSTL）检索	149
操作示例 4−02	EV 叙词表检索	118	操作示例 5−08	国内外重要会议论文数据库（CNKI）检索	150
操作示例 5−01	利用数据库查询专利价值	131	操作示例 5−09	NASA 报告检索	154
操作示例 5−02	CNKI 标准数据库检索	139	操作示例 5−10	加拿大国家档案馆档案检索	157
操作示例 5−03	国际标准化组织检索	139	操作示例 6−01	如何将百度学术中的题录信息快捷导入 NoteExpress	164
操作示例 5−04	CNKI 学位论文数据库检索	144	操作示例 6−02	印象笔记的使用方法	206
操作示例 5−05	CALIS 学位论文中心服务系统检索	144	操作示例 7−01	算术运算符	229
操作示例 5−06	PQDT 学位论文数据库检索	145	操作示例 7−02	预定义变量	231

在线测试索引

在线测试编号	页码	在线测试编号	页码
在线测试 1−01	018	在线测试 5−03	148
在线测试 1−02	038	在线测试 5−04	152
在线测试 1−03	045	在线测试 5−05	159
在线测试 1−04	045	在线测试 5−06	159
在线测试 2−01	060	在线测试 6−01	166
在线测试 2−02	067	在线测试 6−02	185
在线测试 2−03	083	在线测试 6−03	204
在线测试 2−04	084	在线测试 6−04	220
在线测试 3−01	093	在线测试 6−05	221
在线测试 3−02	099	在线测试 7−01	226
在线测试 3−03	105	在线测试 7−02	236
在线测试 3−04	106	在线测试 7−03	243
在线测试 4−01	115	在线测试 7−04	256
在线测试 4−02	121	在线测试 7−05	257
在线测试 4−03	126	在线测试 8−01	266
在线测试 4−04	127	在线测试 8−02	281
在线测试 5−01	137	在线测试 8−03	290
在线测试 5−02	143	在线测试 8−04	290